초3부터
SKY는
시작됩니다

기적의 최상위 초중고 공부 전략서

초3부터
SKY는
시작됩니다

하지원 지음

다산
에듀

입시 정책의 변화

2023년 대한민국 사교육 시장 27조 원. 사상 최대치 기록

2025학년도 의대 증원(4695명) 및 무전공 확대

2025년 고교학점제 전면 시행

2026학년도 대입 학교폭력 조치 사항 의무 반영

2028학년도 통합형 수능으로 대입 개편

대한민국의 교육정책이 수시로 변한다고 학부모님들께서는 많이들 힘들어하십니다. 정부는 수능 킬러 문항을 없애고 사교육비 경감 대책을 내놓는 등 수없이 많은 정책을 매년 쏟아내고 있지만, 그 효과는 장담할 수 없습니다.

당장 2024학년도 수능만 해도 국어영역 만점자는 전국에서 단 64명으로 응시생 중 0.01%만이 만점을 받았습니다. 수학영역 역시 612명으로 만점자 비율이 0.14%에 그쳤습니다. 절대평가인 영어영역의 경우 1등급이 4.71%에 그치면서 킬러 문항을 배제한 게 맞는지 의문을 제기하는 이들이 많았습니다.

저도 공교육에 10년 넘게 종사했지만, '과연 대한민국에서 현실적으로 사교육비를 줄일 수 있을까?'라는 생각이 들 때가 있습니다. 교육부 입장에서는 더 좋은 방향으로 나아가기 위해 입시 정책을 계속 바꾸고 있습니다. 하지만 그럴 때마다 학부모와 학생들은 혼란스럽습니다. 그에 맞는 새로운 사교육 서비스도 잇따라 등장하고 있고요. 국영수에 탐구과목 중심의 학원은 말할 필요도 없습니다. 학생부종합전형 시대가 열리면서 학생부 컨설팅, SKY 제시문 기반 면접 대비 학원, 논술학원을 비롯하여 큰 틀에서는 영어유치원, 사고력 수학, 독서 토론 논술, 창의 융합 수업까지 사교육 시장에 들어왔습니다. 여기서 우리가 눈여겨보아야 할 점은, 사교육비 지출과 대입의 결과치가 과연 정비례하냐는 것입니다.

　대입 4년 예고제에도 불구하고 예외 조항으로 인해 대입 직전에 정책이 바뀌는, 그야말로 '혼돈의 해'를 보내고 있습니다. 그렇다고 제자리에서 불안해하고만 있을 수는 없겠죠. 이럴 때일수록 정신을 더 바짝 차리고 교육 정책과 뉴스에 더 귀를 기울이셔야겠습니다. 많은 분들이 부모가 되는 게, 특히 학부모가 되는 게 처음이라 우리 아이의 고3이 어떨지 내다보지 못하고 자꾸 옆을 봅니다. 그러니까 '누구는 뭘 시킨다고 하더라' '어느 집은 어디를 보낸다고 하더라.' 등의 이야기에 계속 흔들리게 되는 것이죠. 하지만 장기적인 안목을 가지고 변하는 정책 속 변하지 않는 교육과 입시의 본질을 알고 있다면 불안하지 않습니다.

특목고에서 10년 넘게 매년 200명 이상, 총 2000명 이상의 학생들을 직접 지도하면서 대입의 최종점에서 승리한 최상위권 학생들과 각 가정을 지켜보았습니다. 어려운 환경에서도 소위 말하는 SKY를 합격해 목표를 이루는 제자들도 있었고, 자녀를 뒷바라지해 줄 경제적 여건은 되지만 동기부여가 잘되지 않거나, 굴뚝같은 마음과는 달리 행동으로 옮기지 못하여 목표 달성을 해내지 못하는 아이들도 있었습니다.

이런 사례들을 통해 최상위권 아이들은 고3의 10년 전인 초등학교 3학년부터 자신에게 맞는 올바른 방법으로 제대로 준비를 해왔다는 것을 알게 되었습니다. 거기에서 『초3부터 SKY는 시작됩니다』라는 이 책의 제목이 탄생했습니다.

초등학교 3학년부터 사교육을 받고 선행학습을 시키라는 뜻일까요? 절대 아닙니다. 초등학교 3학년부터 학교 생활에 충실하면서, 스스로 해내는 자기주도학습 능력을 키워나가고, 지적 호기심을 극대화할 수 있는 탄탄한 독서 습관이 있으며, 사리 분별력과 메타인지 능력이 뛰어나 꼭 필요한 사교육만 엄선해서 받은 학생들만이 대입에서 원하는 목표를 달성할 수 있다는 메시지를 전하고 싶었습니다.

대한민국 사교육 시장 규모가 매년 역대 최고치를 갱신해왔습니다. 앞으로도 그럴 가능성이 아예 없다고 말씀드릴 수는 없습니다. 선행학습과 사교육을 제외하고 교육을 논하는 것이 현실적으로 불가능하다면, 확실한 기준을 세워서 현명하게 이용해야 합니다. 우리 가정과 내 자녀를 객관적으로 파악하는 일이 우선입니다. 과도한 사교육과 선행학습으로 자녀의 몸과 마음이 멍들지 않아야 하기에 부모는 늘 냉철한 판단력을 가져야 합니다. 욕심은 내려놓고 자녀에 대해 정확하게 파악해야 합니다. 과유불급. 지나치면 모자란 것보다 못합니다.

우리 가정과 자녀가 먼저 ① 심신의 건강과 기본에 충실한 가정교육, ② 성실한 초중고 학교 생활, ③ 자기주도학습 능력, ④ 탄탄한 독서 습관으로 다져진 문해력과 논리력, 이 4가지 조건을 충족하고 있는지 먼저 파악해 보시길 바랍니다. 최상위권이 되기 위해 가장 중요한 뼈대를 튼튼하게 세운 다음 꼭 필요한 사교육을 활용하세요. 자본주의사회와 사교육 시장에서는, 남들이 좋다고 하는 것에 흔들리지 않을 굳건한 줏대와 부모님만의 교육철학이 필요합니다.

'특목고를 보낼까? 자사고를 보낼까? 가서 못하면 어떻게 하지? 그럴 바엔 일반고에 가서 내신성적을 잘 받아야 수시모집으로 인서울 대학에 갈 수 있지 않나? 아니야. 그래도 우리 아이는 분위기에 휩쓸리는 편이니까 우수한 집단에 가서 열심히 하는 친구들 사이에서 공부를 해야 좋은 대학에 갈 가능성이 높아질 거야.' 그러다가도 '대치동으로 이사 가야 하나? 우리 집 형편에 아이 교육을 위해서 대치동까지 들어가는 건 무리인데…. 그래도 대치동으로 안 들어갔다가 나중에 후회하면 어떡하지? 아니야. 오히려 대치동으로 갔다가 너무 치열해서 후회할지도 몰라.'

매일 갈팡질팡하느라 정신없지 않으신가요? 이런 혼돈의 시간 속에서 자녀의 중심을 잡아줄 사람은 부모님밖에 없습니다. 자녀 교육과 대입을 공부하고 또 공부하세요. 그리고 자본주의사회와 사교육 시장에 흔들리지 말고 정말 필요한 교육만을 자녀에게 제공해 주세요.

모든 선택에는 일장일단이 있습니다. 100% 만족스러운 선택은 없습니다. A를 선택했으면 A가 주는 이점과 함께 B라는 선택을 하지 못했을 때 놓치는 부분을 가지고 가야 하는 겁니다. 이런 결과를 수용할 수 있으려면 A가 주는 혜택이 B를 선택하지 못했을 때의 아쉬움보다 더 크다는 것을 각 가정에서 스스로 판단할 수 있어야 합니다.

이는 가정 내 교육철학과 맞물려 있는 부분입니다. 아이를 키우면서 내려야 하는 수많은 선택지 앞에서 다른 가정의 이야기에 귀를 기울이는 대신, 우리 가정과 내 자녀의 이야기에 귀 기울이고 소통하면서 현명한 결정을 내리는 것이 중요합니다.

AI 시대에 학력이 더 이상 무슨 의미가 있냐고 반문하시는 분들도 계십니다. 하지만 저는 여전히 의미가 있다고 생각합니다. SKY 졸업장 자체의 의미는 퇴색되었을지 몰라도 훌륭한 사람들이 많이 모여 있는 집단에서 보고 배우면서 성장하는 것이 큰 의미를 지닌다는 것을 저도 사회 생활을 하면서 많이 느꼈기 때문입니다.

이 책에 특목고에서 10년 동안 고3들과 현장에서 함께 호흡한 교사이자 한 아이의 엄마로서 제가 깨달은 것들 중 학부모님들께 들려드리면 도움될 정보들만 담으려 노력했습니다. 최근 교육계의 이슈들까지 정리했으니 1회독에 그치지 말고, 곁에 두고 고민이 생길 때마다 꺼내 읽고 또 고민해 보면서 부디 현명한 결정들을 해나가길 바랍니다. 가장 정확한 정보는 동네 엄마들이 전해주는 '카더라' 통신이 아니라 교육부에서 발표하는 정책, 검증된 교육 기사, 각 고등학교와 대학교의 입시요강입니다.

다시 한번 강조하지만, 변하는 입시 정책 속에서 변하지 않는 것이 무엇인지 입시의 본질을 꿰뚫어 볼 수 있어야 합니다. 초3부터 고3까지 시기별로 알차게 담은 10년 로드맵과 최상위권 학생들 및 그 가정의 특징까지 정리한 이 책을 통해, 여러분들의 자녀가 긴 입시 레이스의 최종점에서 승리를 거두었으면 좋겠습니다.

2024년 6월 하지원

차례

1부
SKY 입학,
10년 계획표를 짜라

1장 아이의 대입은 초3부터 시작된다

2장 특목고 10년 경력 교사가 안내하는
똑똑한 사교육 활용법 6가지

2부
내 아이를 위한
실전 10년 입시 로드맵

3장   공부 정서를 형성하는 영유아기 로드맵

3부
최상위권 아이들을 길러낸
특목고 교사의 조언

9장 행복한 최상위권 학생들의 14가지 사례

10장 수없이 고민하는 학부모님들에게 전하는 12가지 조언

1부

SKY 입학,
10년
계획표를 짜라

아이의 대입은
초3부터 시작된다

태어나서 10년, 이후의 10년이 평생을 좌우한다

저는 현재 만 5세 아들을 키우고 있는 엄마입니다. 초보 엄마로서 아이와 올바르게 상호작용 하며 건강한 정서를 만들어주고자 바쁜 하루하루를 보내고 있지요. 고등학교 교사로 10년 이상 일하며 다양한 아이들의 상황을 직접 경험하고 지도한 만큼 내심 내 아이의 양육 또한 잘할 수 있으리라는 자신이 있었지만, 현실은 다르더군요. 직접 아이를 낳아 길러보니 그동안 저에게 학생들을 맡겨주셨던 학부모님들의 심정을 더 깊이 이해하게 되었습니다. 매일 새로운 벽에 부딪히고 극복하면서 아이와 함께 성장하고 있지요.

모든 부모가 그렇듯 아이가 배 속에 있을 때는 건강하게만 자라 주면 좋겠다고 소망합니다. 그렇지만 막상 세상에 태어나 아이를 키우다 보면 점점 바라는 점도 많아집니다. '엄마 말 좀 잘 들었으면…' '공부를 잘했으면…' 하는 바람이 조금씩 피어오릅니다.

특히 요즘은 영어유치원과 같이 어릴 때부터 부모가 마련해 준 교육 환경이 아이의 평생 성적을 결정한다는 분위기다 보니 마음 이 더욱 조급해집니다. 하루라도 빨리 아이 교육에 깊이 관여하고 속도를 높여야 할 것만 같은 기분이 들지요. 대학교에 입학할 때까 지 뒤처지지 않고 공부 잘하는 아이로 키우고 싶기 때문입니다. 교 육 현장에서 오래 일한 저도 이런 고민을 하는데 학부모님들은 오 죽할까요.

공부를 잘한다는 것의 의미

그런데 과연 공부를 잘한다는 건 무엇을 의미할까요? 단순히 좋 은 성적을 받으면 공부를 잘하는 것이라 할 수 있을까요? 성적은 무조건 어릴 때부터 공부를 많이 하면 높아지는 걸까요? 10년 이상 특목고에서 근무한 교사의 입장에서 결론부터 말씀드리자면 단연 코 그렇지 않습니다.

초등학교부터 고등학교까지 12년 동안 이어지는 입시 레이스에서 지치지 않고 공부해 나가려면 근성, 인내심, 자기 조절력 등 내면의 근력을 키워야 합니다. 저는 이를 '인격 수양'의 과정이라고 말합니다. 이러한 자질이 있어야 공부할 때도 한자리에 앉아 선생님의 말씀에 귀 기울이고 수업에 집중할 수 있으며, 어려운 문제도 끈기를 갖고 푸는 힘을 지니게 됩니다. 이런 과정을 통해 성적이 향상되는 것은 물론입니다.

전국에서 최상위권 성적의 학생들이 모이는 특목고에서 학생들을 가르치면서 대학 입시 결과의 차이를 만드는 10년에 더욱더 주목하게 되었습니다. 매년 200여 명, 10년 동안 총 2000명의 학생들을 지도하면서 수많은 학생 및 학부모님들과 상담해 보니 그들에게는 공통된 특징이 있었습니다. 바로 자녀들이 초등 저학년일 때까지는 공부를 깊이 지도하기보다 앞서 말한 인격 수양의 과정을 중요시했다는 점이었습니다.

명문 대학에 입학하기 위해 어릴 때부터 대치동 학원가나 고액 과외를 시킨 부모님은 거의 없었습니다. 그보다 초등 저학년 시기까지는 대부분 가정에서 부모와 시간을 함께 보내며 유대 관계를 탄탄히 쌓아왔습니다. 앞서 말한 인격 수양의 과정을 성실히 거친 것이지요.

앞선 10년 동안 이런 인격 수양의 과정을 잘 보냈다면, 그다음

10년부터 비로소 학문적 탐구와 공부 몰입으로 파고들어야 합니다. 본격적인 교과목 학습 및 평가가 시작되는 초3 무렵부터는 시기별로 전략적인 공부법을 익히며 로드맵을 그려야 최상위권 아이로 성장할 수 있습니다.

최상위권 학생들이 갖춘 것

10년 동안 상위권 학생들을 지도하면서 최상위권 학생들의 특징, 가정환경, 부모님의 양육방식과 마인드셋을 관찰하고 연구했습니다. 그 결과 부모님의 교육열과 사교육의 힘으로 상위권까지는 만들 수 있지만 그것만으로 최상위권은 만들기는 어렵다는 결론에 이르렀습니다.

상위권에서 최상위권으로 갈 때 가장 중요한 것은 '자녀가 스스로 움직이는 힘'입니다. 동기부여가 되고, 스스로 배움의 즐거움을 깨달은 상태. 그 상태가 짧게는 3년 길게는 10년 정도는 꾸준히 지속되어야 최상위권까지 갈 수 있다고 생각합니다.

어렸을 때부터 영어유치원, 사고력 수학, 가정방문형 학습지, 독서토론, 주요 과목 학원, 영어도서관, 사립초등학교 등 안 보낸 곳이 없을 정도로 교육만큼은 돈을 아끼지 않고 최대한으로 지원하는 부모님들이 있습니다. 그러나 지나치게 적극적이고 기대치가 높은 부모 밑에서 자란 자녀는 오히려 소극적으로 변하고 부모의 지시만 기다리게 됩니다.

선행학습을 무리해서 시키거나 명문대 진학률이 높다는 학원에 보내 수준에 맞지 않는 과도한 공부를 하게 만들면 학생들은 공부에 흥미를 잃을 수밖에 없습니다. 저는 이 책을 보는 분들께 자녀 스스로 '배움의 즐거움'을 느낄 수 있는 기회를 빼앗지 말라고 말씀드리고 싶습니다.

요리를 잘하려면 신선한 재료를 구하는 것부터 재료를 손질하고 간을 맞추는 일까지 여러 시행착오를 거치면서 반복해야 합니다. 하지만 요즘 아이들은 요리를 할 줄 모르면서, 할 의지도 없을뿐더러 고급 레스토랑이나 미슐랭 레스토랑에서 맛만 평가하는 사람이 되어 있습니다. 아무리 많이 먹으러 다녀도 직접 요리를 해보지 않으면 요리 실력은 늘지 않습니다.

지나친 선행과 사교육에 길들여진 학생들은 자기주도학습 능력이 떨어질 수 있습니다. 시간은 더 걸릴지라도, 여러 시행착오를 거치면서 모르는 것을 스스로 고민하고 선생님께 질문하고 깨닫는 시간들을 축적해야 자기주도학습 능력을 몸에 장착할 수 있게 됩니다. 처음에 자전거를 탈 때, 수영을 배울 때 옆에서 누군가 조금 도와주면 수월하게 배울 수 있죠? 공부를 할 때도 딱 그 정도의, 살짝 도움을 주는 정도로만 사교육을 시켜보길 바랍니다. 어느 정도 사교육을 통해 습득을 하고 나면 스스로 힘차게 페달을 밟고, 발차기를 해서 나아갈 수 있습니다.

자녀를 명문대에 보내려는 이유

학력이 무의미한 시대가 왔다고들 말합니다. 정말일까요? 40대인 제가 학교를 다니던 때보다는 확실히 그런 것 같습니다. 학력이 여전히 중요한 분야들도 있지만, 학력보다는 진짜 실력으로 승부하는 영역이 많아졌습니다. 지금은 명문대를 졸업하고도 자신의 길을 찾지 못해 갈팡질팡하는 청년들도 많고 대학에 진학하지 않았지만 자신의 길을 개척해 가는 청년들도 많습니다. 저는 모든 학생들이 공부를 잘할 필요도 없으며, 각자 고유의 재능대로 자신의 길을 잘 찾아가는 것이 현명하다고 생각합니다.

하지만 공부의 길로 가기로 마음먹고 이왕 대학에 갈 거라 결심한 학생들이라면 자신이 원하는 대학과 전공을 목표로 해보는 것이 좋겠다는 게 저의 의견입니다. 사회생활을 하면서, 그리고 특목고에서 지도한 학생들이 성장해서 사회로 진출한 모습을 보면서 느꼈습니다. 운으로 그 자리까지 오른 사람은 없습니다. 모두 짧지 않은 시간 동안 목표를 향해 꾸준히 노력한 결과로 이룬 성과입니다. SKY에 가면 이처럼 자신의 일에 책임감을 느끼고 최선을 다해 살아가는 인재들이 있는 집단 속에서 호흡하고 성장할 수 있습니다.

전 세계에서 손꼽히는 석학들의 지도를 받으며 꿈을 키울 수 있는 건 물론이고, 열심히 하는 친구들 사이에서 보고 배우는 것도 많아집니다. 아이들에게는 또래문화가 중요하기 때문에 열심히 공부하고 독서를 하는 그룹에 들어가면 스스로 성실하게 행동할 가능성이 높습니다. 이런 아이들이 나중에 사회에 진출했을 때 우수한 인재들이 많이 모여 있는 집단에 속하게 될 가능성도 높습니다.

공부머리는 유전일까요?

특목고에는 공부를 잘하는 학생들만 있을까요? 특목고에 공부를 잘하는 학생들이 많이 모인 것은 맞지만 모두가 잘하는 건 아닙니다. 1~9등급 상대평가 체제로 보면 특목고에서도 1등급을 받는 학생이 있는 만큼 9등급을 받는 학생도 존재하기 때문입니다.

저는 10년 동안 특목고에서 학생들을 가르치면서 분명히 '공부머리'라는 것이 존재한다고 느꼈습니다. 오랜 시간 노력만으로 그 공부머리를 만들어온 경우도 있겠지만, 똑같이 설명을 해도 쉽게 알아듣고 자신의 것으로 소화하는 학생이 있습니다. 반면에 정말 많이 노력하지만 성적으로 그 결과치가 드러나지 않는 학생들도 분명히 존재합니다.

후자의 경우, 공부머리가 좋지 않은 것일수도 있고 공부 방법을 모르는 것일 수도 있습니다. 하지만 한 가지 확실한 점은, 노력에 비해 성적이 잘 나오지 않는 학생들은 핵심을 간파하고 그것을 자신의 방식으로 이해한 다음 시험 때 인출해 내는 능력이 부족하다는 것입니다.

많은 교육 관계자들이 "공부는 DNA다!"라고 말씀하시곤 합니다. 네, 저도 공부머리는 중요하다고 생각합니다. 그런데 이미 타고난 공부머리의 차이를 어쩌겠습니까? 유전자 탓을 하고 있을 시간에 우리가 후천적으로 할 수 있는 부분에 집중하는 편이 더 현명합니다. 바로 공부 환경을 만들어주고, 공부 시간을 확보하도록 도와주고, 수준에 맞는 학습 진도를 나가게 하는 것입니다.

공부 자체가 너무 재미있고 보람차서 계속 공부하고 싶은 소수의 학생을 제외하면, 집에서 자신을 관리하는 건 매우 어려운 일입니다. 집에는 공부를 방해하는 요소가 너무 많습니다. 자꾸만 눕고 싶게 만드는 침대, 보고 싶게 만드는 TV와 컴퓨터, 스마트폰, 맛있는 음식을 먹고 나면 몰려오는 식곤증…. 이런 유혹에 하나둘씩 넘어가다 보면 "에이, 망했다. 오늘 날렸다" 하며 악순환이 반복되죠.

그러므로 "무조건 공부할 수 있는 환경이 있는 밖으로 나가라!"라고 말씀드리고 싶습니다. 학교(학원) 수업을 마치면 바로 스터디

카페에 가서 2시간 동안 그날의 학습 내용을 복습하는 등, 스스로 공부에 집중할 수 있고 루틴을 잡을 수 있는 장소를 정한 뒤 매일 매일 이런 습관을 잡아주는 게 필요합니다.

순공 시간은 객관적으로 파악하라

공부는 엉덩이 싸움이라고들 합니다. 물론 공부 방법도 중요하지만 처음에는 오랜 시간 공부에 투입하는 절대적인 시간이 가장 중요합니다. 공부에 집중하며 몰입하는 시간을 충분히 쏟아야 공부를 꾸준히 해나가는 습관을 지니게 됩니다. 요즘은 학생들 사이에서 이른바 '순공 시간'을 재며 공부하는 습관이 중요한 공부법으로 떠오르고 있습니다. 순공 시간이란 '순수 공부 시간'의 줄임말로, 학교나 학원 수업을 듣는 시간을 제외하고 혼자 공부하는 시간을 뜻합니다.

이 순공 시간을 어떻게 계획적으로 잘 사용해야 하는지 그 방법을 아는 것이 매우 중요합니다. 근력운동을 할 때, 처음에는 적은 무게의 아령으로 시작해서 점점 무게를 늘려 근육을 단련해 나가는 것과 같은 원리입니다. 처음부터 "하루 10시간 이상씩 공부할 거야!"라며 너무 큰 목표를 잡으면 매일 달성하기 어려울 뿐만 아니라, 365일 내내 지키기도 힘듭니다. 제풀에 지쳐 며칠 가지도 못하고 포기하게 되죠. 그러므로 스스로를 객관적으로 파악한 다음 실천할 수 있는 선에서 공부 목표를 시작해야 합니다. 처음부터 대단하게 시작할 필요가 없습니다.

처음 시작할 때는 하루 자습 4시간을 목표로 잡고 한 달 정도 목표를 지킵니다. 이 습관이 자리를 잡으면 1시간씩 목표를 늘려나가는 방향으로 가야 조금씩 성취감을 느낄 수 있고 더 오래 지속할 수 있습니다. 고등학교에서 상위권에 있는 학생이라면 이미 주말 기준 하루 10시간 이상을 공부 시간으로 확보하고 있을 것입니다. 이런 학생들도 처음에는 길지 않은 시간을 목표로 시작한 뒤, 한 단계씩 습관을 발전시켜 나가면서 공부 시간을 늘려온 것입니다.

최상위권을 목표로 한다고 수면과 운동, 산책의 시간을 줄이라는 말이 아닙니다. 실제로 공부 시간으로 확보할 수 있는, 즉 낭비하고 있는 시간은 없는지 꼼꼼하게 체크한 다음, 공부 투입 시간을 조금 더 늘리는 방향으로 가야 합니다. 최상위권들의 경우 자습만 한다고 가정했을 때 하루 최소 12시간 정도의 시간을 사용한다고 보시면 됩니다. 여기에 식사 및 씻는 시간, 이동 시간까지 줄여서 순공 시간을 14~15시간까지 확보하는 학생도 있습니다.

고등학교 최상위권들의 24시간 활용법

- **수면** : 6~7시간
- **하루 식사 및 정비** : 3~4시간
- **학교, 학원, 스터디카페 이동 시간** : 2시간
- **공부(수업+자습) 시간** : 12시간

목표 시간을 잡기 전에 자신이 시간을 어떻게 활용하고 있는지 잘 확인해 보길 바랍니다. 분명히 낭비되는 시간이 있을 겁니다. 그 시간을 매일 1시간씩 확보하면 한 달에 30시간, 1년이면 365시간을 더 갖게 됩니다. 누군가는 1년을 11개월처럼 쓰고, 누군가는 13개월처럼 씁니다. 절대적인 공부 시간이 누적되면 나중에 그 차이가 크게 벌어지기 마련입니다.

시험 기간에 하루 1~2시간 정도 쪽잠을 자면서 공부하는 최상위권들도 있지만 평소에는 절대 그런 패턴으로 공부하지 않습니다. 깨어 있는 낮시간에 공부를 열심히 하는 학생들이 집중력이 좋고 공부 효율도 높습니다. 최소 매일 초등 8시간, 중등 7시간, 고등 6시간 이상의 수면 시간을 확보해야 합니다. 이것이 학교에 가서 졸지 않고 본 수업을 잘 들을 수 있는 전제조건인 동시에 입시 마라톤에서 최종 승리하는 필수조건입니다.

충분히 수면을 취하고, 매 끼니 식사를 잘하고, 적절한 운동과 산책을 병행하면서 매일 할 수 있는 선에서의 공부 시간을 확보하는 게 중요합니다. 하루 이틀 하고 그만둘 일이 아니니까요. 대입은 장기 마라톤이기 때문에 자신의 페이스와 루틴을 잡는 것이 매우 중요합니다.

수준에 맞는 학습 진도 나가기

앞서 제가 초3부터는 본격적인 공부 몰입이 중요하다고 말씀드렸습니다. 하지만 이 말은 10세부터 사교육을 시키라는 뜻도, 무조건 선행학습을 해야 한다는 뜻도 절대 아닙니다. 대부분의 학부모님들은 선행학습을 무조건 많이 하면 성적 상승에 유리할 거라 생각하십니다. 하지만 오히려 무리한 선행은 현재 학습을 등한시하게 만들어 아이의 공부 뿌리를 흔들리게 합니다.

대치동에서는 초등학교 5학년들이 고등 수학을 선행한다는 이야기를 심심치 않게 듣습니다. 대치동에서는 종종 들려오는 이야기입니다만, 영재학교를 진학할 일부 학생들을 제외하고는 그렇게 바람직한 현상이라고 볼 수 없습니다. 실제 선행학습으로 고등학교 입학 전에 고등 수학 과정을 다 끝내놓고, 영어도 초등학교 때부터 열심히 해서 고등학교 입학 전부터 수능 영어 수준까지 마스터한 후에 실제 고등학교에서 내신을 잘 받아 성공한 사례들도 있을 겁니다.

하지만 그렇지 않은 경우도 눈여겨보아야 합니다. 진도만 급하게 나가는 과도한 선행으로는 깊이 있는 학습이 이루어지지 못합니다. 또한 정신적으로, 체력적으로도 아이들을 피폐하게 만들어 사춘기가 되면 극심하게 방황하고 나중에는 반항하는 경우까지도 발생합니다.

그러니 무리한 선행 대신 학교 수업과 수행평가를 성실히 듣게 하고, 가정 내에서 독서교육 등을 통한 기초 뿌리를 단단하게 만들어주는 것에 초점을 맞춰야 합니다. 대한민국에서 선행학습을 하지 않는 게 불가능하다고 생각하시나요? 그렇다면 해당 학년 교과에 대해 100% 이해했다는 전제하에 1학기 정도의 선행, 아무리 빨리 나간다고 해도 1년 정도의 선행이면 충분합니다. 우리 아이가 상위 1% 안에 드는 영재가 아닌 이상 선행학습은 적당히, 아이들이 정서적으로 다치지 않을 선에서 각 아이의 능력치와 기질에 맞게 진행해야 합니다.

왜 자기주도학습 인재를 원할까요?

자녀가 학교와 학원에서 매 수업 시간에 얼마나 집중하고 있는지 궁금하지 않으신가요? 어떤 학생은 언제나 집중을 해서 듣는데, 또 다른 학생은 등교해서 하교할 때까지 수업을 듣는 둥 마는 둥, 졸았다가 대충 들었다가 합니다. 이 둘의 가장 큰 차이는 바로 스스로 학습 동기부여가 되었느냐 되지 않았느냐에 있습니다.

교육 현장을 살펴보면 SKY와 특목고 등등에서 자기주도학습 능력을 가진 인재상을 강조하는 추세입니다. 그리고 우리가 여기에서 주목해야 하는 이유는, SKY와 의대에 진학하는 학생들의 대다수가 이미 자기주도학습 능력을 장착하고 있기 때문입니다.

대입 공정성 방안을 목적으로 2024학년도 대입부터는 자기소개서 제출이 전면 폐지되었지만, 그전까지는 잘 쓴 자기소개서도 대입 조건 중 하나였습니다. 면접관을 직접 만나기 전에 자기주도학습을 해왔다는 점을 보여줄 수 있는 요소이자 학생부 기반 면접의 소재로도 쓸 수 있었기 때문입니다.

용인 한국어외국어대학교 부설 고등학교 자기소개서 문항

나의 꿈과 끼, 인성(1500자 이내)

· 본인이 스스로 학습 계획을 세우고 학습해 온 과정과 그 과정에서 느꼈던 점, 건학 이념과 연계해 용인 한국외국어대학교 부설 고등학교에 지원하게 된 동기, 고등학교 입학 후 자기주도적으로 본인의 꿈과 끼를 살리기 위한 활동 계획 그리고 고등학교 졸업 후 진로 계획에 관하여 구체적으로 기술하십시오.

서울대학교 자기소개서 문항

1. 고등학교 재학 기간 중 자신의 진로와 관련하여 어떠한 노력을 해왔는지, 본인에게 의미 있는 학습 경험 및 교내 활동을 중심으로 기술하여 주시기 바랍니다. (띄어쓰기 포함 1500자 이내)

2. 고등학교 재학 기간 중 타인과 공동체를 위하여 노력한 경험과 이를 통하여 배운 점을 기술하여 주시기 바랍니다. (띄어쓰기 포함 800자 이내)

3. 고등학교 재학 기간 (또는 최근 3년간) 읽었던 책 중 자신에게 가장 큰 영향을 준 책 두 권을 선정하고 그 이유를 기술하여 주십시오. (띄어쓰기 포함 800자 이내)

위의 예시에서 서울대학교 자기소개서 1번 문항과 3번 문항을 보시면 '고등학교 재학 기간 중 어떤 노력을 해왔는지 기술하라' '본인에게 의미 있는 학습 경험과 자신에게 가장 큰 영향을 준 책 두 권을 선정하고 그 이유를 기술하라'고 되어 있습니다. 무슨 학원을 얼마나 다녔는지, 선행은 얼마나 했는지가 중요한 포인트가 아니라는 것을 여기서 한 번 더 확인할 수 있습니다. 자녀 스스로 내적 동기부여가 되어, 배우고 성장하는 과정이 즐겁고 재미있다고 느껴야 그 행위를 지속할 수 있습니다.

그렇다면 공부의 동기부여는 어디에서 오는 것일까요? 어렸을 때부터 "이번 시험 1등 하면 최신 스마트폰으로 바꿔줄게" 하는 식의 동기부여에 길들여진 학생들은 외적 보상에 따라 움직일 가능성이 높죠. 이건 단기적으로 보았을 때 효과가 있습니다. 어떤 부모님들은 이렇게 해서라도 1등을 했으면 좋겠다 싶으실 겁니다. 하지만 장기적인 관점으로 보았을 때 저런 식의 외적인 보상을 위해 움직이는 것은 바람직하지 않습니다. 자녀와 성적으로 협상하지 마세요. 공부를 잘하고 좋은 성적을 받는 것이 대한민국에서는 마치 부모님의 성적표(특히 자녀교육에 큰 책임을 지고 있는 엄마의 성적표)처럼 보이지만, 그건 자녀의 인생입니다.

자녀 스스로 공부의 중요성을 인식하고 '내 인생을 위해서 내가 최선을 다해야겠다'를 스스로 깨닫게 되었을 때 공부를 열심히 하고 나서 받은 성적표가 비로소 가치 있게 되는 것입니다. 부모님께서 성적을 미끼로 자녀와 협상을 하는 것은 바람직하지 않습니다. 성적표를 한 번 받고 말 건가요? 공부를 1년 하고 말 건가요? 최소 12년 이상, 대학 공부까지 16년을 해야 합니다.

무턱대고 '이 학원이 좋다고 하더라. 이 선생님이 잘 가르친다고 하더라' 이러면서 사교육에 이끌려 다니지 않고, '내가 이런 부분이 부족하니까 이 학원에서 이걸 배워야겠다'고 스스로 목표와 공부 계획을 세워 공부하며 부족한 부분을 정확하게 파악해야 합니다. 그다음에야 혼자 해결하기 힘든 부분을 사교육의 도움을 받는 것입니다.

그렇다면 자녀의 성적에 대한 피드백은 얼마나, 어떻게 하는 게 좋을까요? 성적을 잘 받아왔을 경우 잘했다며 수고 많았다고 칭찬해 주는 것은 어찌 보면 당연한 반응입니다. 하지만 이때 주의해야 할 점이 있습니다. 좋은 성적을 너무 격하게 칭찬하거나 반응하면 마음속으로 자녀는 부담감을 느낄 수 있습니다. '내가 성적을 잘 받으니 부모님께서 저렇게 좋아하시는구나. 다음에 이것보다 못 받으면 어떡하지?' 하고 말이죠.

그렇기 때문에 좋은 성적을 받아왔을 때도 결과 그 자체보다는 노력한 그 노고와 과정을 인정하고 칭찬해 주는 것이 중요합니다. 반대로 좋지 못한 성적을 받아왔을 때 실망한 기색이 역력하면 자녀는 성적이 나오는 시험 자체에 대해 부담감을 가질 수 있습니다. 그러므로 성적이 좋든 좋지 못하든, 한결같이 담담한 마음으로 자녀의 노력 과정을 귀하게 여기는 피드백을 전하시길 바랍니다.

자기주도학습의 진짜 의미

자기주도학습을 흔히들 독학과 혼동하고는 합니다. 자기주도학습은 독학하라는 뜻이 아닙니다. 책만 보고 혼자 그 뜻을 깨닫게 된다면 독학이라고 할 수 있겠죠. 실제로 독학을 통해 공부를 해내는 사람도 있을 겁니다. 그러나 진정한 의미의 자기주도학습은 스스로 목표를 설정한 다음 계획을 세우는 것, 그리고 많은 가르침을 받는 과정에서 배운 내용을 자신의 것으로 소화하는 행위를 말합니다. 그 과정에서 모르는 게 있으면 적극적으로 질문을 하고 선생님들과 토론도 하며 성장해 나가는 것이죠. '학습'이라는 단어를 보면 쉽게 이해할 수 있습니다.

학습의 핵심은 '배우다'와 '익히다', 이 두 가지입니다. 익히려면 혼자만의 시간이 필요합니다. 우리가 몸에 좋은 음식만을 계속 먹는다면 어떻게 될까요? 탈이 나고 맙니다. 좋은 음식은 천천히 꼭꼭 씹어서 스스로 소화한 다음 몸에서 좋은 영양성분을 흡수할 시간을 줘야 합니다. 공부도 이와 마찬가지입니다.

그런데 요즘 학생들은 배우는 데만 너무 시간을 들인다는 게 문제입니다. 가장 먼저 학교 수업 시간에 배웁니다. 특목고는 내신시험이 너무나 중요하여 경쟁이 치열하기 때문에 수업 시간에 조는 학생이 거의 없습니다. 눈에 불을 켜고 선생님의 한 마디라도 놓치지 않기 위해 애를 쓰죠. 학교 수업 외에 학원, 과외, 인강까지 이 패턴을 반복합니다. 정말 배우는 게 끝이 없습니다.

'학교에서도 공부하고 학원에서도 공부하고 과외로 인강으로 계속 공부하니까 열심히 하고 잘하는 학생이겠네?' 생각하실 수도 있습니다. 이것마저도 하지 않는 학생들도 있으니까요. 하지만 이런 패턴을 가진 학생은 배우는 데만 시간을 많이 들이고 스스로 익히는 시간을 가지지 않기 때문에 부족합니다.

아무리 과목별 일타 강사, 일타 족집게 과외 선생님을 붙여서 배우더라도 스스로 익히는 시간을 충분히 갖지 않는다면 내 것으로 소화할 수 없습니다. 시험을 칠 때는 온전히 혼자 앉아 내 안에 있는 재료만 활용해서 판단하고 문제를 풀어내야 합니다.

이를 위해서는 가정에서 스스로 자신에게 필요한 공부가 무엇인지 파악하는 능력을 기르는 훈련을 해야 합니다. 학습에서 배우는 것 50%, 스스로 익히는 것 50%, 최소한 1:1 비중으로 공부를 해야 합니다. 배운 것은 온전히 나의 것으로 소화한다는 생각으로, 학학학→습이 아닌 학→습→학→습의 패턴으로 나가야 합니다. 지금 학교, 학원, 과외, 인강에서 배우기만 하고 자신의 것으로 익히는 '습'이 일어나지 않는다면 과감하게 정리해야 합니다.

자기주도학습 능력을 갖추면 훌륭한 인재로 성장합니다

이 자기주도학습 능력은 대입에서만 중요한 게 아닙니다. 지금 바로 '의대 공부량'이라고만 검색해 보세요. 실제 어마어마한 양의 공부를 해야 한다는 것을 확인해 보실 수 있습니다. 그 엄청난 공부를 1년만 하고 그치는 게 아니라는 점을 아셔야 합니다. 최소한

6년 이상 해내야 하고, 의대 공부를 가르쳐줄 일타 강사나 족집게 과외 선생님도 없습니다.

어렸을 때부터 자기주도학습 능력을 키워야 하는 이유가 여기에도 있는 것입니다. 의대에 합격할 정도의 최상위권 학생들은 이미 자기주도학습 능력을 대부분 갖추고 있습니다. 이 말인즉슨, 의대에 가서 함께 공부를 할 때도 제대로 된 자기주도학습 능력을 갖춘 학생들만이 의대 내에서도 좋은 성적을 받고 졸업해서도 자신이 원하는 과를 전공할 수 있다는 뜻입니다.

대학을 졸업하고 다양한 직업을 갖고서 살아갈 때도 마찬가지입니다. 대학 때는 그 교과를 가르쳐주시는 교수님이라도 계시지만 사회에 나가면 바로 자신에게 주어진 일을 '혼자' 완수해 내야 하죠. 이때야말로 진정한 자기주도학습 능력을 발휘해서 회사에서 배우고 익힌 것을 자신만의 성과물로 만들어내야 하는 것입니다.

특목고 고입 → 의대 및 SKY 대입 → 대학 입학 이후 전공 공부 → 대학 졸업 후 사회생활에서까지 인생 전반에 영향을 미치는 자기주도학습 능력을 어렸을 때부터 주도적으로 키우는 것이 최선입니다. 이것은 무조건 갖춰야 하는 능력이니 의심을 품지 말고 자기주도학습 능력과 나아가 모든 것을 스스로 주도하는 힘을 반드시 길러주시기 바랍니다.

특목고 10년 경력 교사가 안내하는 똑똑한 사교육 활용법 6가지

혼자 공부하는 시간은 꼭 필요합니다

2023년 기준 사교육 시장 27조 원. 역대 사상 최대치를 기록했습니다. 사실 한 번 오른 사교육비를 줄이기는 힘듭니다. 정부에서 어떻게든 사교육비 경감을 위서 고심하고 또 고심해서 다양한 정책을 내놓지만, 각 가정에서는 그 정책이 크게 유효해 보이지 않습니다. 이유가 뭘까요?

바로 성적이 떨어질까 봐 두렵기 때문입니다. 학부모님도, 학생들도 걱정되고 불안할 겁니다. 하지만 여기에서 다르게 생각해 볼 필요가 있습니다. 요즘 대다수의 아이들이 어릴 때부터 독서교육, 영어교육, 사고력 수학교육을 비롯한 다양한 사교육을 받는데도 왜 학생들의 문해력은 점점 안 좋아진다는 소리만 들리는 걸까요?

가장 중요한 건 얼마나 많은 사교육을 받느냐가 아니라, 어렸을 때부터 영상이나 미디어에 노출되지 않고 얼마나 많은 책을 제대로 읽었느냐입니다. 시험을 치는 순간에는 시험지와 펜, 그리고 나밖에 없습니다. 이해가 안 가는 문제를 만났을 때 시원하게 문제풀이를 해줄 선생님도, 유튜브 강의도 없습니다. 스스로 텍스트를 이해하는 능력 하나로 많은 문제를 풀어나가야 하는 것입니다.

그러나 요즘 학생들은 어렸을 때부터 너무나 많은 선생님과 강의의 도움을 받고 있습니다. 스스로 알기 위해 노력하고 깨우치기 위해 고민해 볼 시간도 없죠. 옆에서 누군가가 계속 족집게처럼 핵심만 알려주는 겁니다. 사실 핵심이란 그런 것이 아닙니다. 본인이 스스로 고민하고 내용을 이해한 다음, 중요하다고 생각하는 부분을 요약 및 정리하는 게 핵심입니다. 머릿속에 넣은 내용은 시험을 볼 때 밖으로 인출해 낼 수 있어야 하는데, 혼자서 그런 것을 해본 적이 없으니 문제가 잘 이해되지 않고, 알고 있던 내용과 암기했던 내용도 알 듯 말 듯 헷갈리는 것입니다.

아무리 많은 교육과 도움을 받더라도 궁극적으로는 스스로 생각하고 내 것으로 만든 다음, 핵심만 머릿속에 넣어 시험 때 제대로 인출하는 시간이 필요합니다. 그리고 이것은 다양한 사교육이 아니라 '자기주도학습 시간'을 확보해야 가능한 것입니다. 그러니 사교육은 적당히 받고 아이가 배운 내용을 스스로의 것으로 만드는 시간을 꼭 확보해 주시기 바랍니다.

사교육을 적당히 받고 있는지 확인할 것

사교육을 똑똑하게 활용하기 위해서는 우리 아이가 현재 사교육을 적당히 받고 있는지의 여부를 확인하는 게 먼저입니다. 가장 손쉽게 확인할 수 있는 방법을 알려드리겠습니다.

먼저, 아이가 학교와 학원 숙제만으로도 매일 버거워하진 않는지 살펴보세요. 학교와 학원의 진도를 잘 따라가고 있는지, 복습은 제대로 하고 있는지 꼼꼼하게 확인하셔야 합니다. 현재 내 아이가 진도와 숙제를 힘들어하고 있다면 과도한 사교육일 가능성이 높습니다. 특히 초등학생의 경우, 주요 과목은 물론이고 예체능까지 익히기 위해 여러 개의 학원을 다니는 경우가 많습니다. 이 때문에 부모님들이 학원 스케줄 짜는 일을 힘들어 하시지요. 하지만 그 바쁜 스케줄을 다 소화해야 하는 자녀는 얼마나 힘이 들지 생각해 보셔야 합니다.

아이가 여러 개의 학원을 다니고, 많은 양의 숙제를 한다고 해서 그것이 전부 자녀의 것이 되지는 않습니다. 배우는 일과 내 것으로 만드는 일인 '학'과 '습'이 1:1비율로 이루어져야 합니다. 매우 중요한 부분이지요. 그런데 학교와 학원에서 너무 많은 수업을 듣고 숙제를 버거워한다면 자녀의 것으로 만드는 시간이 부족한 상태입니다. 배우는 것은 많은데 시험 성적이 안 나온다면 더더욱 그렇다는 뜻이고요. 자녀의 시간과 에너지를 최대한 효과적으로 쓸 수 있도록 배정해 주시길 바랍니다. 잘 쉬는 것도 중요한 일이니까요.

사교육비가 경제적으로 부담돼서 매달 다른 영역의 소비를 줄이거나 학원비를 벌기 위해 수입원을 늘려야 할 상황이라면 이 또한 과도한 사교육이라고 보시면 됩니다. 자녀교육은 1~2년 하고 끝나는 게 아닙니다. 길게는 유치원부터 고등학교까지 15년 동안 해야 합니다.

그런데 매달 사교육비가 부담되는 상황이라면, 그걸 15년 동안 이어갈 수 있을까요? 초중등 때보다 고등학교 때 사교육비가 더 많이 든다는 것을 고려한다면, 만약에 N수까지 해야 하는 상황이 온다면 15~16년간 교육비가 총 얼마가 들까요? 복지부가 조사한 〈2023년 아동종합실태조사 결과 발표〉에 따르면 2023년 6~17세 평균 사교육비는 43만 5500원으로 집계되었습니다. 전국을 대상으로 조사한 평균값이므로 서울 지역은 대략 평균 50만 원으로 잡

고 영어유치원-사립초등학교-일반중-특목고·자사고를 졸업한다는
가정 하에 계산해 보겠습니다.

구분	금액	연간 금액	총 금액
영어유치원	150만 원(1개월)	1,800만 원	5,400만 원(3년)
사립초등학교	200만 원(1분기)	800만 원	4,800만 원(6년)
특목고·자사고	200만 원(1분기)	800만 원	2,400만 원(3년)

사교육을 제외하더라도, 1억 2600만 원이 듭니다. 여기에 초, 중,
고 12년 동안 월 평균 사교육비를 최소 50만 원 정도 잡으면 1년에
600만 원, 12년 동안 7200만 원입니다. 정말 2억 정도 드는 것이죠.

자녀교육은 언제나 이상적으로 생각하기보다 현실적으로 생각
하셔야 합니다. 사교육이 정말 필요한 과목만 제외하고 과감하게
사교육 다이어트를 단행해야 하는 상황이라고 보시면 됩니다.

'학원 마케팅'에 속지 마세요

"어머님, 왜 지금까지 아이를 방치하셨어요? 레벨 테스트 결과
이 실력으로는 저희 학원에 들어올 수 있는 반이 없습니다."

상담을 갔다가 학원으로부터 이런 피드백을 받고 좌절하는 학부모님들을 수없이 봤습니다. 이런 피드백을 들으면 '돈 내고 학원에 보내겠다는데, 왜 안 받아주는 거야?' 하고 속상한 마음이 들기도 하면서, 한편으로는 '정말 그동안 나 때문에 아이가 공부를 못했던 건가?'라는 미안한 마음이 들 수도 있습니다. 하지만 과도한 선행학습을 유발하고 '당장 배우지 않으면 늦는다' '당신 자녀만 안 하고 있다'는 식의 공포감을 조성하는 학원 마케팅에는 절대 속지 않는 지혜가 필요합니다.

제 아이가 유치원 입학을 앞두었을 때의 일입니다. 저희 동네에 유명한 영어유치원 입학설명회를 간 적이 있습니다. 유치원부터 초등영어까지 연계해서 다닐 수 있는 곳이었는데요. 그날 설명회를 들으러 간 학부모님들 앞에서 설명하는 원장님의 말을 듣고 바로 마음을 접었습니다.

"저희 유치원을 졸업한 이후에 초등영어 연계 과정까지 듣고 나면, 아이는 초등학교 때 고교영어까지 모두 마스터할 수 있습니다."

이 말을 듣고 제가 무슨 생각을 했을까요? 정말 복잡한 마음이 들었습니다. 당장이라도 원장님을 붙잡고 '원장님, 그게 말이 되나요? 제가 10년 차 외고 영어 교사인데 그건 절대 불가능합니다. 그리고 그렇게 교육해서도 안 됩니다'라고 말씀드리고 싶었습니다. 물론 참았지만요.

초등학교 때 고교영어를 마스터할 수 있는 아이들이 있긴 합니다. ① 영어 백그라운드가 좋거나(모국어가 영어거나 어릴 때 해외 거주 기간이 제법 되는 경우), ② 타고난 언어 감각이 뛰어난 아이일 경우, ③ 다독하여 배경지식과 논리력이 탄탄한 경우, ④ 사교육을 통한 객관식 문제풀이 훈련을 한 경우 등 이 네 가지 모든 조건을 갖춘 극소수의 아이들이요. 영어유치원 원장님 설명처럼 초등학교 때 고교영어를 마스터하려면 네 가지 조건 중 한 가지만 갖추어서는 절대 안 됩니다. 이 모든 조건을 다 갖추어야 고등 영어를 마스터할 수 있습니다.

2024학년도 수능영어 오답률이 가장 높은 33번 문항

33. There have been psychological studies in which subjects were shown photographs of people's faces and asked to identify the expression or state of mind evinced*. The results are invariably very mixed. In the 17th century the French painter and theorist Charles Le Brun drew a series of faces illustrating the various emotions that painters could be called upon to represent. What is striking about

them is that _____. What is missing in all this is any setting or context to make the emotion determinate. We must know who this person is, who these other people are, what their relationship is, what is at stake in the scene, and the like. In real life as well as in painting we do not come across just faces; we encounter people in particular situations and our understanding of people cannot somehow be precipitated** and held isolated from the social and human circumstances in which they, and we, live and breathe and have our being. [3점]

* evince: (감정 따위를) 분명히 나타내다 **precipitate: 촉발하다

33. 다음 빈칸에 들어갈 말로 가장 적절한 것을 고르시오.

① all of them could be matched consistently with their intended emotions

② every one of them was illustrated with photographic precision

③ each of them definitively displayed its own social narrative

④ most of them would be seen as representing unique characteristics

⑤ any number of them could be substituted for one another without loss

2024학년도 수능영어에서 오답률이 가장 높았던 지문은 33번 독해 문항이었습니다. 정답은 ⑤인데 오답률 85.7%를 기록하였습니다. 2024학년도 수능 원서 접수 인원이 약 50만 5천명, 실제 영어 과목에 응시한 학생이 약 44만 5천 명이었는데 33번 독해 문항의 경우 그 중 85.7%에 해당하는 약 38만 명이 틀렸다는 의미입니다. 고3과 N수생들 중 85.7%가 틀린 이런 고난도 지문을 초등학생이 이해해서 푼다는 건 말이 안 된다고 생각합니다.

학부모님들 중에서는 '요즘 수능영어보다 더 어려운 토플시험도 거뜬히 100점을 넘기는 초등학생들이 많은데 무슨 소리냐'고 생각하시는 분들도 계실 겁니다. 하지만 아무리 수능영어가 쉬워졌다고 해도 오답률이 높은 지문은 절대 초등학생이 이해할 수 있는 수준이 아닙니다.

실제 고등학생들이 단어를 모르고 해석이 안 되어서 문제를 풀지 못하는 것이 아닙니다. 지문 자체를 논리적으로 이해하기 어렵기에 추론 자체가 힘들어 90점만 넘으면 다 1등급을 주는 절대평가 체제임에도 매년 수험생의 6~8% 정도만 1등급을 받아가는 시험입니다. (2024학년도 기준 수능영어 1등급은 4.7%였습니다)

개인적으로 이런 생각도 듭니다. 이렇게 어려운 시험을 왜 초등학생이 마스터해야 합니까? 그건 초등학생을 힘들게 하는 겁니다. 전 교과에서 그런 식의 선행학습을 시켜 아이들을 힘들게 만든다면 그건 정말 잘못된 교육입니다.

비단 영어유치원뿐 아니라, 모든 학원의 입학설명회에서 자녀가 이 학원만 나니면 다 살될 수 있다고 말하면 오해의 소지가 다분하다는 점을 알고 계셔야 합니다. 어떤 학원을 다니든 우리 아이가 무조건 그렇게 될 수 있을 거라고 맹신하시면 안 됩니다.

한 고등학교에서 의대를 150명 보낸다는 말의 실체

교육소식지 《베리타스 알파》에서는 매년 〈서울대를 많이 보낸 고교리스트〉와 〈의학계열(의치한약수)을 많이 보낸 고교리스트〉를 정리해서 발표합니다. 의대를 많이 보낸 학교를 보면 전교생이 300명 선인데 의대만 150명씩 보냅니다. 그럼 내 아이가 그 학교에 가서 전교 150등 정도만 해도 의대를 갈 수 있다는 뜻일까요? 앞서 말한 학원 마케팅과 더불어, 이런 통계자료의 정확한 의미를 파악할 수 있는 분별력이 필요합니다.

대학 수시 원서는 1인당 6개까지 쓸 수 있는데요. 최상위권 학생들은 보통 '수시 6관왕'을 하는 경우가 많습니다. 서울대 의대에 지원하고 합격한 학생은 다른 의대에도 나머지 5개의 원서를 넣어 합격할 가능성이 높다는 말이죠. 이 학생은 서울대 의대 '1곳'을 다니게 되겠지만, 학교에서 대입 실적을 카운팅할 때는 이 학생을 '의대 6명'으로 카운팅하는 것입니다. 그러므로 중복 카운팅 된 경우를 제외하면 실제로 합격해서 의대에 진학한 학생의 수는 발표되는 수보다 적다고 보시는 게 맞습니다.

게다가 그 숫자에는 소위 말하는 현역, 즉 고3 학생들의 합격자 수만 포함된 게 아닙니다. 대한민국에 의대 열풍이 부는 지금은 재수, 삼수를 해서라도 명문 의대에 가려는 학생들이 많습니다. 고3 때 지방대 의대 합격, 재수 때 수도권 의대 합격, 삼수 때 인서울 의대 합격까지 하여 3년 내내 그 고등학교 입시 결과에 숫자를 올려준 학생들도 있습니다. 표면에 드러나는 합격자 수치가 절대적인 수치가 아니라는 점을 꼭 알고 계셔야 합니다.

통계상으로는 강남 8학군을 비롯한 학군지와 특목고에서 SKY와 의대 진학을 많이 하는 게 맞습니다. 하지만 학군지와 특목고에 간다고 모두가 SKY와 의대를 가지는 못합니다. 내 아이에게 반드시 적용되는 결괏값은 아닐 수 있다는 뜻입니다. 자녀의 의견을 먼저 존중하고, 우리 집에 적합한 선택인지 다각도로 검토한 뒤, 신중하게 최종 결정을 내려야 한다는 말씀을 꼭 드리고 싶습니다.

꼭 대치동으로 이사를 가야 할까요?

강남 8학군 학교에 다니면 원하는 대학교에 입학할 가능성이 높아지는 것은 사실입니다. 하지만 평소에 학부모님이 우리 아이는 '무조건 1등을 해야 한다'는 기대치를 갖고 계셨거나 경제적 여유가 없는데 오직 자녀 교육을 위해 이사를 생각하시는 경우라면 다시 한번 신중히 결정하시길 바랍니다. 더군다나 회복탄력성이 낮은 자녀라면 더더욱 그렇습니다. 제가 이렇게 말씀드리는 이유가 있습니다.

고등학교 3년이라는 시간은 절대 짧은 시간이 아닙니다. 시험 기간마다 자녀가 살얼음판을 걷는 느낌을 받는다면 어떨까요? 오로지 자녀 교육만을 위해 높은 부동산 가격을 뚫고 학군지에 들어왔다고 해봅시다. 동네 분위기에 따라 사교육에 어마어마한 비용을 지불합니다. 아이는 아이대로 과한 경쟁에 몇 년 동안 시달리고, 부모님은 부모님대로 경제적인 이유로 고생합니다.

그렇게 3년을 달렸지만 대입 결과가 원하는 대로 나오지 않는다면 상처만 남을 뿐입니다. 누구에게도 좋은 선택이 아닙니다. 단순히 학군지로 이사를 가고 특목고에 입학한다고 미래가 밝을 것이라 생각하시면 안 됩니다. 우리 가정의 여건과 부모님의 성향, 자녀의 능력과 기질, 동네의 분위기 등 모든 것들을 다각도로 검토하고 또 검토해서 신중하게 진입하시길 권장합니다.

'대치동은 이렇다더라' 하는 대치동에 관한 소문들은 늘 있는데요. 국영수 각 과목별로 가장 많이 들리는 소문들에 대한 제 생각을 답변해 드리려고 합니다. 학군지 진입과 특목고 입학에 관한 결정을 내리는 데 도움이 되길 바랍니다.

Q1. 수능국어 만점자가 수학 만점자보다 적게 나오는 추세가 몇 년 지속되면서 대치동에서는 국어 공부에 가장 많은 투자를 하고 있다고 하던데, 진짜인가요?

지금까지 수능국어는 모국어니까 어떻게든 되겠지 하는 분위기가 있었기에 사교육 시장은 뭐니 뭐니 해도 영어와 수학이 큰 비중을 차지해 왔던 것은 사실입니다. 하지만 수능국어 만점자 비율이 2022학년도 0.0063%, 2023학년도 0.08%, 2024학년도 0.01%인 걸 보면, '국어 때문에 불수능'이라는 말이 나오는 데에는 이유가 있는 듯합니다. 특히 비문학이 수능국어에서 최상위권을 결정짓는다는 분석이 나오면서 국어 공부에 더욱 신경 쓰고 사교육도 이전보다 많이 시키고 있는 분위기가 형성된 것은 사실입니다.

자연스레 어린 나이부터 시작하는 문예원은 평균 입학 대기 기간만 1년이 되었습니다. 다양한 독후활동을 진행하는 논술화랑, 지혜의 숲 등의 학원도 학부모님들 사이에서 인기가 많습니다. 유치원 때부터 독서를 시작해야 초등학교 때 자연스럽게 독서 습관을 길러줄 수 있으며, 중학교를 넘어가면 교과 공부와 내신시험 때문에 독서할 시간이 없다고 생각하기 때문입니다. 기파랑문해원, 지니국어논술학원, 천개의고원 등의 국어전문 학원을 거쳐 학년이 올라갈수록 내신과 수능에 무게를 둔 국어 학원을 주로 다니게 됩니다.

저는 이런 말씀을 드리고 싶습니다. 대치동부터 국어영역에 대한 인식이 달라졌고 국어영역 교육에 더 많이 투자하고 있는 것은 사실입니다. 그러나 '7세부터 독서·토론·논술 학원을 다녀야 한다'는 식의 공식은 없다는 것입니다. '몇 살부터 무슨 학원을 다녀야 대입에서 성공한다'는 건 없습니다. '가정에서부터 부모님의 노력으로 자녀의 독서 습관을 제대로 잡는 것'이 더 중요합니다.

Q2. 대치동에 사는 아이들은 5세부터는 영어유치원을 다니고 초등학생 때는 수능영어를 마스터한다는데 진짜인가요?

어떤 가정에서는 5세부터 영어유치원을 보내고, 6세가 되면 사고력 수학 학원에 보내겠지요. 하지만 대치동이라고 다 그런 건 아닙니다. 저만 해도 대치동 인근에서 유치원생 자녀를 키우고 있지만, 일반 사립유치원에 다니고 있으며 유치원에서 하는 방과후 영어 프로그램만 듣고 있습니다.

대치동에서는 초등학교 때 황소수학학원에 입학하려면 유치원 때부터 미리 사고력 수학을 다녀야 한다는 소리가 들려옵니다. 하지만 사고력 수학에 집중하다 덧셈·뺄셈·곱셈·나눗셈 기본적인 사칙연산이 제대로 안 된다는 소리도 또한 들려오지요. 이렇듯 모든 것은 선택사항입니다.

영어유치원에서 미국 교과서로 공부하고, 초등 저학년 때 영어 4대 영역(읽기·듣기·말하기·쓰기)를 집중적으로 공부한 다음 초등 고학년 때 수능영어를 마스터한 뒤에 수학에 집중한다는 이야기도 있습니다. 이와 같은 과정을 거치는 아이들도 있습니다. 앞에서도 말했지만 외고에서 영어를 10년 넘게 가르친 교사 입장에서 초등 고학년 때 수능영어를 '마스터'하는 것은 불가능하다고 생각합니다. 워낙 영어에 재능이 뛰어난 아이라면 고3 수능영어 1등급(90점 이상)을 받을 수는 있겠지만 그것을 보고 '수능영어 마스터'라고 표현하기는 어렵습니다.

수능영어에서 오답률이 높은 지문을 살펴보면 지문의 주제와 소재가 추상적이기에 이것을 초등 고학년이 마스터하는 게 가능한가 싶습니다. 그럼에도 초등학생 때부터 영어 교육에 힘을 쏟는 이유는, 영어는 '언어'이기에 습득이 가능한 과목이라고 생각하기 때문입니다. 유치원부터 초등 저학년 때까지 상대적으로 시간이 많으니 아이들이 언어를 스펀지처럼 흡수할 수 있을 때 습득하도록 지도하는 분위기는 맞습니다. 미리 해두면 초등 고학년부터는 수학 공부에 집중할 수 있는 시간을 벌 수 있다고 생각하기 때문입니다.

하지만 저 과정은 반드시 따라야 하는 건 아닙니다. 아이들마다 성장 속도와 배우는 속도가 다르기 때문에 꼭 저 속도와 저 과정으로 사교육을 진행할 필요가 없다는 뜻입니다. 저렇게 하지 않으면 내 아이가 뒤처지는 것도 절대 아닙니다. 아이의 발달 속도를 고려하여 아이가 즐겁게 받아들일 수 있는 수준으로 지도하는 게 가장 좋습니다.

Q3. 고등학교 입학 전까지 고등수학을 3회독 선행해야 한다고 하는데 정말인가요?

중학교 때 고교 3년의 교과 과정을 다 선행하고 간다는 것은 무리입니다. 그것을 더 앞당겨서 초등학교 5학년생부터 고교 수학 선행을 시킨다는 건 더 무리겠죠. 수학에 특별한 재능을 보이는, 영재학교나 과학고등학교에 갈 가능성이 높은 학생들에게는 수월성 교육을 시켜주는 게 맞습니다. 하지만 일반 학생들에게 학습 시기를 앞당겨서 대략적인 이해만 시키는 선행은 잘못된 방법입니다. 수박 겉핥기식의 선행은 큰 의미가 없습니다.

선행학습으로 제대로 이해하지 못했기 때문에 반복하고 또 반복을 하는 것입니다. 아이는 수학 선행뿐 아니라 현행학습도 해야 하고, 학교와 학원 숙제도 해야 하고 국어·영어·사회·과학도 해야 하는데 처음부터 수학 선행에 너무 많은 시간을 들이면 정작 현 단계에서 해야 할 것들을 해내지 못하기 마련입니다. 현행학습을 제대로 이해하고 심화학습까지 마스터한 다음, 한 학기 또는 최대 한 학년 정도의 선행이 의미가 있습니다.

수시로 변하는 교육 정책에도 필승하는 방법

대학(大學)은 한자 그대로 '큰 학문을 공부하는' 곳입니다. 그리고 그런 공부를 할 수 있는 인재를 원합니다. 입시 정책은 계속 바뀔 수 있습니다. 하지만 학생들이 하는 공부는 기본적으로 국어·수학·영어·탐구 과목으로 구성되어 있습니다. 학생들의 기본적인 상식과 문해력, 논리력을 테스트하는 맥락 또한 어느 대학교 입시나 동일합니다. 최상위권 대학은 언제나 학업능력이 뛰어난 학생을 원하기에 학생이 학교 생활을 충실하게 했는지 검증하려고 학생부를 본다는 사실은 바뀌지 않습니다.

따라서 초등~중등까지 국영수 공부를 충실히 하면서 다방면의 독서를 통해 사회·과학탐구 과목에 대한 상식을 채워 기초공사를 튼튼히 해나간다면, 어떤 교육 정책이 펼쳐지더라도 필승할 수 있습니다. 진부한 내용이라고 생각하실 수도 있습니다. 그러나 기본이 안 되어 있는 학생이 입시에서 원하는 대학과 학과에 진학하기란 어렵습니다. 그러므로 고등학교 진학 전까지 부지런히 국영수 공부와 독서, 글쓰기 훈련을 시켜주세요. 그다음 순서가 입시 정책에 따른 대입의 방향성과 진학할 대학을 결정하는 것입니다.

독서교육과 글쓰기 훈련의 중요성은 제가 앞으로도 이 책에서 몇 번이고 말씀드릴 것입니다. 그만큼 중요하기에 한 번 더 짚고 넘어가겠습니다.

공부는 기본적으로 글을 읽고, 이해하고, 배운 것을 정확하게 시험에서 인출해 내는 과정입니다. 올바른 독서는 글을 읽고, 이해하고, 작가의 의도와 주제를 정확하게 이해하는 과정입니다. 이런 의미에서 공부와 독서는 밀접한 관련이 있습니다. 그러므로 가정에서 먼저 부지런히 독서 습관을 잡아주세요.

최근 수능 만점자 인터뷰를 보면 공부는 열심히 했지만 책을 즐겨 읽지는 않았다고 말하는 경우도 있습니다. 이 말은 교과서 공부 외에 추가로 독서를 하지 않았다는 말입니다. 제가 뒤에서도 강조할 부분인 '교과서 읽기'는 독서의 기본 중의 기본입니다. 전 교과의 교과서를 읽고 이해하는 과정을 거친 다음에 관련 책들을 읽으면서 지식과 지혜를 확장해나가는 것이 중요합니다. 이 두 과정을 다 거친 다음 좀 더 체계적인 독서교육의 필요성을 느끼신다면 독서 프로그램이 짜여 있는 독서논술학원이나 가정방문형 독서지도사를 통한 교육도 고려해 보시길 권장합니다.

그리고 이렇게 중요한 독서교육은 '글쓰기'로 완성된다는 것도 알고 계셔야 합니다. 글쓰기는 자기주도적인 작업입니다. 어릴 때부터 책을 읽고 자신의 생각을 글로 정리하는 습관을 만들어주세요. 글을 쓰는 능력은 오직 글을 쓰는 행위를 통해서만 기를 수 있습니다. 일기부터 독후감까지 꾸준히 글쓰기 훈련을 지도해 주세요. 독서와 마찬가지로, 이후에 필요하다면 전문 학원을 통해 능력을 극대화시켜 주셔도 좋습니다.

내 아이 입시 로드맵을 만들기 위한 부모 체크리스트

1. 자녀와 애착 관계 및 신뢰 관계를 잘 형성해 오고 있다. (O / X)

2. 자녀의 기질과 타고난 능력을 객관적으로 파악하고 있다. (O / X)

3. 독서의 중요성을 인지하고 있으며 아이의 독서 습관을 잡아주기 위해 노력하고 있다. (O / X)

4. 앞으로 놓이게 될 수많은 선택지 중 우리 아이에게 가장 적합한 선택을 하기 위해 다양한 정보를 알아보고 있다. (O / X)

5. 자기주도성의 중요성을 알고 있으며 공부뿐만 아니라 평소에도 아이의 자기주도력을 길러주기 위해 노력하고 있다. (O / X)

6. 다방면에서 자녀에게 본보기를 보여주는 훌륭한 부모가 되기 위해 노력하고 있다. (O / X)

7. 장기적인 안목을 갖고 자녀의 적성과 능력에 맞는 전공과 진로를 찾아가는 데 도움을 줄 준비가 되어 있다. (O / X)

8. 불안한 마음 때문에 자녀를 과도한 사교육을 시키지 않고, 학교 수업이나 과제 수행, 독서 같은 기본에 충실한 학습 습관을 잡아주고 있다. (O / X)

9. 자녀가 실수하거나 실패했을 때 혼을 내거나 비난하지 않고 다시 일어설 수 있도록, 앞으로 나아갈 용기를 낼 수 있도록 격려하고 응원하고 있다. (O / X)

10. 초중고 12년 동안 자녀가 올바른 습관과 가치관을 지니고 교육에 임할 수 있도록, 공부에 흥미를 가지고 배움의 과정이 즐겁다는 것을 느낄 수 있도록 도와주고 있다. (O / X)

2부

내 아이를 위한
실전 10년
입시 로드맵

공부 정서를 형성하는 영유아기 로드맵

부모와의 유대 관계 형성이 먼저입니다

저도 아이를 출산하고 만 3세까지 키우면서 '세 살 버릇 여든까지 간다'는 속담의 뜻을 이해하게 되었습니다. 제 생각보다 이 시기의 아이는 참 많은 것이 형성되더군요. 특히 건강과 정서적인 부분들이 이 시기 아이들의 성장에 가장 큰 비중을 차지합니다.

아이들은 가족, 특히 부모님을 통해 세상의 모든 것을 경험하게 됩니다. 따뜻한 스킨십이나 상호작용을 통해 몸과 마음의 안정을 얻기도 하고, 다른 사람들과 어떻게 지내야 하는지도 알게 되지요.

말을 하기 시작하면서 어린이집과 유치원에 다닐 때면 친구 관계도 형성됩니다. 초등학교 입학 전까지는 아이의 생활 습관 등 많은 것들이 형성되고 발현되는 시기입니다. 그래서 이 시기에 인사 예절, 식사 예절, 청결 습관, 독서 습관, 질서 지키기 등 일상 생활에서 기본을 이루는 습관을 잡아주는 것이 정말 중요합니다.

지금 만 5세인 저희 아이만 보아도 제가 만들어준 습관대로 생활합니다. 그 모습을 보면 '처음에는 우리가 습관을 형성하지만, 나중에는 습관이 우리를 형성한다'는 말이 더욱 와닿습니다. 저희 아이는 잠자기 전에 무조건 30분씩 베갯맡 독서를 하는데요. 아이가 어렸을 때부터 습관처럼 해오던 것이라 자기 전에 당연히 엄마가 책을 읽어주어야 한다고 생각합니다.

또, 저녁 식사를 끝낸 다음 씻고 유치원 숙제를 한 뒤에 자기 물건을 모두 정리하고 잠자리에 드는 일 또한 자연스럽게 여깁니다. 모든 아이들이 자기 전에 책을 읽고, 숙제하는 걸 자연스럽게 여기지는 않습니다. 그렇게 되기까지 몇 번이나 반복해서 말을 해야 합니다. 그럼 아이는 엄마가 또 잔소리를 한다고 여기게 되는 가정도 어딘가에는 분명히 있습니다.

그만큼 습관이 중요합니다. 기분 좋게 아이의 습관을 만들어주는 것 또한 중요하지요. 어떤 날은 하라고 했다가 다른 날은 '그래, 기분이다. 오늘은 패스!' 이런 식으로 일관성 없이 지도하면 습관까지 형성되기는 어렵습니다. 좋은 습관을 만들어주기 위해서는 기분이 안 좋은 날에도, 몸이 피곤한 날에도 예외 없이 좋은 마음으로 아이와 함께해 줄 수 있는 인내심과 끈기가 필요합니다.

저는 자녀교육에서 가장 중요한 것을 고르라고 하면 인성교육을 고르겠습니다. 고리타분한 이야기가 아니라 진심입니다. 인성교육을 놓친다면 아무리 많은 입시정보와 사교육을 시켜도 밑 빠진 독에 물 붓는 격입니다. 다른 건 몰라도 인성교육에는 반드시 힘써주시기 바랍니다. 인성이 바른 아이는 학교에 가서도 스스로 알아서 잘할 가능성이 높아집니다.

꽃마다 피는 계절이 다릅니다. 아이라는 꽃의 종류가 다르니 당연히 꽃이 피는 계절도 다르겠지요. 부모님들은 자녀가 타고난 기질과 능력을 있는 그대로 바라봐 주어야 합니다. 이것이야말로 영유아기부터 초등 저학년 때까지 해야 할 가장 중요한 일입니다. 그렇게 해야만 아이를 객관적으로 바라볼 수 있습니다.

초등 3~4학년 정도가 되면 아이가 타고난 재능과 기질이 보이기 시작합니다. 이때가 되었는데도 딱히 재능 있는 분야가 드러나지 않을 수 있습니다. 특출나지 않더라도 우리 아이의 능력과 기질 중 잘 드러나는 부분이 분명 있을 것입니다. 무엇보다 아이가 어떤 것을 할 때 가장 행복해하는지 잘 관찰해 봐야 합니다.

첫 10년이 그래서 중요합니다. 특히 태어나서 만 3세까지 첫 3

년은 아이가 먹는 것부터 입는 것, 노는 것, 자는 것까지 전부 부모님에게 의존하는 시기이기 때문에 부모님을 통해서 세상을 인식하고 자아를 형성해 나갑니다.

평소에는 좋은 부모님이었다가 화가 나면 화를 주체하지 못해 폭력적인 성향으로 바뀌는 부모님(때리는 것뿐만 아니라 언어폭력을 비롯해서 강압적이고 냉랭한 가정 분위기, 과도한 부부싸움 등)이 되지 않도록 주의해야 합니다. 부모님이 원칙도 없이 기분에 따라 이랬다가 저랬다가 하면 아이들도 헷갈립니다. 그리고 아이 역시 원칙이 없고 줏대도 없는 기분에 따라 이랬다저랬다 하는 사람으로 성장할 수도 있습니다.

올바른 모국어 교육이 중요한 이유

한글을 빨리 익히면 익힐수록 아이에게 좋을까요? 이 의견에 저는 개인적으로 반대합니다. 주변에 있는 수많은 책과 간판, 자막 등 다양한 방법을 통해 아이는 때가 되면 스스로 한글을 깨우칠 수 있습니다. 그러나 이걸 너무 어린 나이에 억지로 빨리 깨우치게 하려면 가르치는 사람도 힘들고, 배우는 아이도 고생스럽습니다. 일각에서는 글자를 일찍 깨우치면 아이가 책을 볼 때 삽화(그림)를 보지 않고 문자에만 집중하게 되기에 상상력을 펼칠 기회가 줄어든 다고 합니다. 일리는 있지만 글자를 깨우친다고 해서 책 속에 있는 그림을 보지 않는 것은 아닙니다. 그렇기에 적당한 시기(만 5~6세) 에 글자를 깨우치고 스스로 책을 읽을 수 있게 해야 더 가치있다고 생각합니다.

요즘 아이들은 어려운 받침이 있는 글자를 제외하면 대부분의 한글을 읽을 줄 아는 상태로 초등학교에 입학합니다. 유치원에서 한글교육을 하기 때문에 쓰는 것은 잘하지 못하더라도 읽는 것 정 도는 익히고 있습니다. 한글을 읽을 수 있게 되면서 아이는 세상을 보는 눈이 달라집니다. 스스로 책을 읽을 줄 알게 되므로 사고의 깊이 또한 한층 더 깊어집니다. 자연스럽게 지적 호기심도 더 늘어 나죠.

제가 직접 가르쳤던 제자 중에 부동의 전교 최상위권이었던 남 학생이 있었는데요. 이 학생은 수학과 영어도 잘했지만 국어를 정 말 잘했습니다. 수업시간에 지켜보면 성적을 잘 받기 위해 애쓴다 는 느낌보다는 선생님의 말씀을 재미있게 듣는다는 느낌이 강했습 니다. 이 학생은 어떤 성장 과정을 거쳤는지 궁금해서 자주 대화를 나누며 여러 가지를 물어봤었습니다. 그중에서도 어릴 때 한글을 깨우친 과정이 인상적이었습니다.

어릴 때부터 엄마가 책을 정말 많이 읽어주셨다고 했습니다. 먼저 페이지마다 엄마의 목소리에 집중하면서 삽화를 통해 스토리를 파악했다고요. 그렇게 하자 똑같은 책을 읽어주실 때 무슨 내용이 나오는지 알게 되어, 나중에는 스스로 책을 펴서 엄마처럼 따라 읽게 되었다고 말해주었습니다. 재미있는 스토리를 반복적으로 엄마가 들려주자 그 목소리를 '소리'로 습득하고 '문자'를 인지하기 시작하여 소리와 한글을 매칭할 수 있었던 것입니다.

저도 이게 좋은 방법이라고 생각했습니다. 어린아이를 앉혀놓고 "자, 따라서 써봐"라고 하는 것보다 수년 동안 다양하고 재미있는 한글책을 읽어주고, 특히 아이가 좋아하는 책을 반복해서 읽어주어 한글을 깨우치도록 하는 게 아이 입장에서는 훨씬 더 재미있고 자연스럽습니다.

요즘은 가정에서 활용할 수 있는 한글카드, 한글 벽보, 세이펜 연동 교재, 유아용 한글책 등 정말 많은 교재와 교구들이 있습니다. 어차피 자녀와 놀아주실 거라면 학습적인 부분에서도 도움이 되는 놀이교재와 교구를 활용해 보세요. 자연스럽게 한 글자, 한 단어씩 아이가 습득하게 될 겁니다.

유치원을 다니기 시작하는 만 4세부터는 한글을 인식하기 시작하고 만 5세부터는 글씨를 쓰기 시작하며 만 6세에는 웬만한 한글은 다 읽게 됩니다. 어려운 글자를 제외하고는 제법 쓰기도 하고요. 그 나이가 되기 전까지 부지런히 다양한 소재의 재미있는 책을 꾸준히 읽어주는 방법을 추천합니다. 가정에서 책도 열심히 읽어주지 않으면서 아이가 좋아하는 영상만 보여주는 건 최소한의 노력도 하고 있지 않다고 볼 수 있습니다. 그러므로 초등학교 입학 전에 맞춤법은 다 모르더라도 어려운 한글을 제외하면 읽고 쓸 줄 알도록 지도해 주시길 바랍니다. 이건 부모님들이 조금만 부지런하게 움직이시면 해낼 수 있는 일입니다.

영어유치원, 꼭 보내야 할까요?

처음 아이가 태어나고 만 3세까지는 심신의 안정과 성장을 위한 '보육'에 초점이 맞춰져 있었다면, 만 4세 이후부터는 '교육'의 개념이 들어가기 시작합니다. 어느새 유치원에 입학할 시기가 다가오죠. 가정에서 얼마만큼 아이 정서를 케어해 주고 따뜻한 분위기 속에서 책 읽기와 과제 수행을 부지런히 했느냐에 따라서 아이의 모국어 발달 및 영어의 습득 정도가 달라집니다.

영유아기 때에는 부모님의 역할이 매우 큽니다. 제가 외고 영어 교사로 10년 이상 근무하다 보니, 아이의 유치원 입학을 앞두고 학부모님들에게 가장 많이 받은 질문은 다음과 같습니다.

"영어유치원 보내실 거예요?"

결론부터 말씀드리면, 저희 아이는 영어유치원에 보내지 않았습니다. 저도 저희 아들의 유치원 입학을 앞두고 일반유치원과 영어유치원 각각 4곳씩 상담을 다녀봤습니다. 제가 영어유치원이 아닌 일반유치원을 보내기로 한 이유는, 이때 첫 단체 생활에 대한 적응하고 기본 규칙을 익히는 것에 더 중점을 두어야 한다고 판단했기 때문입니다.

한국 나이 5세(만 4세)의 아이에게는 무엇보다 단체 생활에 적응하고, 몸과 마음을 즐겁게 그리고 건강하게 유지하며 활동하는 것이 최우선입니다. 저희 아이는 6세(만 5세)에도 일반유치원을 다니고 있습니다. 영어 습득 이전에 모국어를 확실하게 습득하고 최대한 발달시켜 주는 게 더 중요하다고 생각했기 때문입니다. 모국어가 자리잡고 나면 아이도 수월하게 영어를 이해하게 됩니다.

또한 한국 유치원이 가지는 장점(다양한 프로그램, 매주 나가는 숲 체험, 단체로 나가는 소풍 및 체험 활동, 생활체육, 요리교실 등)의 가성비가 엄청나게 좋습니다. 영어유치원의 절반 가격으로 오전 9시부터 오후 4시(방과후 포함)까지, 총 7시간 동안 이 모든 것을 배우며 성장할 수 있으니 더할 나위 없이 만족스럽습니다. 그래서 유치원 시절에는 단체 생활 및 규칙 준수, 독서 습관을 통한 전인교육 및 모국어 습득에 중점을 두었습니다. 모국어 발달이 튼튼하게 잘된 아이들은 조금 더 늦게 영어를 시작해도 잘 습득합니다.

저희 아이는 영어유치원을 보내지 않았지만, 사실 영어유치원은 각 가정의 교육 목적과 상황, 아이의 기질에 따라서 선택할 수 있습니다. 자녀를 영어유치원에 보내기로 마음먹으셨다면 적어도 영어를 싫어하게 되지 않도록 주의해야 합니다. 동시에 가정에서는 모국어 발달에 신경을 쓰는 게 좋습니다. 그러니 먼저 상담을 받아보시고, 아이들이 즐겁게 다닐 수 있는 영어유치원에 등록할 것을 추천드리고 싶습니다.

학습식 영어유치원은 말이 좋아 유치원이지, 사실은 학원입니다. 교실에 몇 시간 동안 앉아 미국 교과서와 학습교재를 읽고 쓰며 배우는 것보다, 넓은 공간에서 활발하게 뛰어놀고 대화하며 성장하는 것이 중요하다고 생각합니다. 그리고 영어유치원에서 거의 매일 내주는 숙제를 하느라 아이와 자주 싸우게 될 경우, 득과 실 중 어느 쪽이 더 큰지 따져봐야 합니다. 가정에서는 자녀가 일반유치원이든 영어유치원이든 잘 적응하고 즐겁게 다닐 수 있도록 도와주는 일이 최우선입니다. 한글책, 영어책 모두 꾸준히 읽어주며 아이들의 상상력을 키우고 지적 호기심을 채우는 일을 병행해야 합니다.

사고력 수학도 필수인가요?

영어유치원뿐만 아니라, 초등 저학년까지 사고력 수학학원도 참 많이 보냅니다. 10년 전까지만 해도 유치원생들은 연산만 해도 됐는데 언제부터인가 사고력 수학이 필수 과정처럼 자리를 잡았지요. 사고력 수학 프랜차이즈 학원도 많아졌고요. 사고력 수학에서는 수학을 단순히 머리로 이해하는 수준을 넘어 교구를 활용하여 직접 눈으로 보고 만지고 실험하면서 사고력을 증진시키는 방식을 지향합니다. 브랜드별로 약간의 차이가 있으나, 평균적으로 월 18~23만 원 정도의 비용이 듭니다.

제가 보기에 사고력 수학을 시켰을 때의 장점은 3가지가 있습니다. 첫째, 수학을 입체적으로 이해하며 수학적 호기심을 자극하고 충족시킵니다. 둘째, 초등 저학년 때 시행하는 산수 과정을 미리 접해볼 수 있습니다. 셋째, 연산이 산수의 뼈대를 짓는다면 사고력 수학은 거기에 입체를 더합니다.

'연산'은 말 그대로 덧셈·뺄셈·곱셈·나눗셈 즉, 산수와 수학의 근간을 이루는 기초 작업입니다. 집을 지을 때 기초공사가 제대로 되지 않으면 아무리 멋지게 지어도 나중에 와르르 무너질 수 있습니다. 12년을 훈련한 수험생들조차 수능에서 단순 계산 실수 때문에 문제를 틀립니다. 그 한 문제 때문에 원하는 대학의 당락이 결정되기도 하지요. 기초공사에 해당하는 연산을 제대로 해야 하는 것은 분명합니다. 초등 저학년 때까지 연산을 확실하게 잡아두어야 하지요.

다만, '산수'에서 '수학'으로 넘어가면서부터 연산은 복합적인 개념으로 바뀝니다. 수학적 개념들이 많아지고, 문제해결력과 응용력도 필요해집니다. 이건 단순 연산만으로는 어렵지요. 문제를 다각도로 분석해 보고 해결책을 찾아내는 능력이 필요한데, 사고력 수학이 이런 맥락에서 도움을 줄 수 있습니다. 해결해야 할 문제가 있을 때 이렇게 생각하고 저렇게도 생각하는 능력, 그리고 그 과정에서 길러지는 사고력. 이게 사고력 수학의 핵심입니다.

또한 요즘은 과정 중심의 평가를 많이 하기 때문에 정답을 도출하는 그 과정까지 중요하게 생각합니다. 물론 객관식 문제는 정답만 요구하지만, 서술형이나 수행평가에서는 그 도출 과정을 평가하지요. 그런 맥락에서도 사고력 수학을 유치원~초등 저학년 때 접해두면 분명히 도움된다고 생각합니다.

하지만 가장 중요한 건 따로 있습니다. 아이가 연산도 제대로 못 따라가는 상황에서 사고력 수학에 치중하는 건 아닌지, 이것저것 여러 학원을 다니느라 체력적으로 힘든데 사고력 수학까지 하고 있는 건 아닌지 아이의 능력과 체력을 고려해 결정을 내려야 한다는 점을 늘 명심하시기 바랍니다. 영어유치원과 마찬가지로 사고력 수학은 필수 사항이 아니라 선택 사항입니다. 사고력 수학 학원을 다닐 아이의 연산 능력이 튼튼히 다져져 있고 체력이나 시간과 에너지, 그리고 부모님의 경제적 여건도 괜찮다면 보내는 것을 추천합니다.

자기조절력은 이렇게 생깁니다

스마트 기기는 정말이지 필요악입니다. 물론 성인들도 그렇지만, 유치원생부터 초등 저학년들이 매일 스마트폰을 보고, 심지어 스마트폰 없이는 밥을 먹지 않겠다고 할 정도로 중독된 모습을 보면 정말 안타깝습니다. 성인들도 스마트폰에 중독되는 세상인데 '자기조절력'이 아직 부족한 아이들은 오죽할까요. 충분히 이해는 됩니다.

문제는 스마트폰과 게임, 각종 SNS에 재미를 붙이고 나면 하얀 종이 위에 가만히 있는 검은색 글씨에는 흥미를 못 느낀다는 겁니다. 빠르고 자극적인 영상에 익숙해진 아이들에게 책이 무슨 재미가 있겠습니까. 이와 관련해 최근 뉴질랜드에서는 전국의 모든 초중고등학교 학생들의 스마트폰 사용을 전면 금지했고, 프랑스는 13세까지 스마트폰 소지를 금지하고 18세 이하는 틱톡·인스타그램을 금지하는 등 다른 나라들도 이 문제에 대한 대책을 세우고 있습니다.

한국도 등교하면 스마트폰을 걷는 학교들이 많습니다. 그러나 제출하지 않아도 제지할 수 있는 방안이 없습니다. 스마트폰을 제출하더라도 태블릿 PC에 메신저를 깔아서 수업시간에도 친구들이랑 사담을 나누는 등 스마트 기기 사용을 막을 수 있는 방법이 현실적으로는 없습니다.

이건 비단 가정의 문제가 아니라 사회적 문제입니다. 앞으로 이런 증상들은 더 심각해질 것입니다. 각 가정에서도 당연히 노력을 해야겠지만, 국가적으로도 논의해야 할 부분이라 생각합니다. 단순히 아이가 공부에 집중을 못한다는 차원을 넘어서는 '중독'의 문제이기 때문에, 아주 어릴 때부터 휴대폰과 게임에 중독되지 않도록 키우는 것만으로도 부모님으로서 잘하고 계시다는 말씀을 꼭 드리고 싶습니다.

따라서 저는 영유아기부터 초등 저학년까지 학습 패드로 공부하는 것을 권장하지 않습니다. 조금 힘드시더라도 직접 아이에게 책을 읽어주기를 권장합니다. 자기 전에 딱 30분, 그게 안 된다면 딱 15분이라도 아이들의 평생 독서 습관과 행복한 기억을 위해 노력해 보시는 건 어떨까요? 잠들기 전에 스마트폰으로 메신저를 하고 뉴스를 확인하고 쇼츠 영상을 볼 시간이 있다면, 영유아기 아이들을 위해 책을 읽어줄 시간도 분명히 있다는 뜻입니다.

전인교육이 가장 중요한 초등학교 로드맵

본격적인 초등 교육 방식을 알려드리기에 앞서 말씀드리고 싶은 게 있습니다. 제가 이야기하는 '초3부터 준비하는 10년 로드맵'은 10년 동안 유명 학원이나 유명 강사를 찾아 다니라는 이야기가 아닙니다. 입시 레이스는 환경과 기본에 충실하는 데에서부터 시작합니다. 우리 집 환경과 가족들의 생활 습관이 학습을 하기에 적합한지 가장 먼저 둘러봐야 합니다.

자녀는 공부하기를 바라면서 부모님은 습관적으로 소파에 앉아 TV를 켜고 시간을 때우지는 않으셨나요? 이런 환경에서 자란 자녀들은 부모님을 자연스럽게 따라갑니다. 보고 싶으면 언제든지 볼 수 있는 TV와 스마트폰, 게임기 등이 많은 환경은 애초에 만들지 마세요. 이런 환경을 피해야 공부법도 효과가 있습니다.

실제 저희 집도 거실에 TV를 없애고 책으로 가득 채운 책장 앞에 언제든지 앉아서 책을 읽을 수 있고 글을 쓸 수 있는 긴 테이블을 놓았습니다. 부모님부터 먼저 솔선수범하시길 바랍니다. 그 최대 수혜자는 자녀가 될 겁니다. 집 환경과 우리 가족의 분위기를 자극적인 것에 노출되고 중독되지 않도록, 언제 어디서나 책을 접하고 편안하게 읽을 수 있는 환경으로 만들어주세요. 그리고 부모님부터 그런 행동을 보여주세요.

자녀는 부모님을 보고 자랍니다. 나도 하지 못하는 걸 자녀에게 바라지 마세요. 교과서적인 이야기가 아닙니다. 학부모님으로서 매일 저것만 지켜주셔도 1년 후 아이는 달라집니다. 가장 기본적인 것들을 부모님께서 먼저 못 해주신다면, 아무리 좋은 학원이나 강사를 찾아도 그 효과는 반감됩니다.

제가 왜 SKY 또는 의대 입학까지 10년이 걸린다고 말할까요? 초등학교 2학년 때까지는 심신의 건강과 부모님과의 신뢰관계를 잘 형성하고, 10년이 시작되는 초등학교 3학년부터 교육의 본질과 기본에 충실하도록 가정에서 잘 지도한다면 대입에서 승리할 수 있다는 사실을 말씀드리고 싶었습니다. 대치동에 와서, 무슨 학원을 다녀서, 일타 강사 누구한테 수업을 들어서 대입에서 승리한다는 게 아닙니다. 그런 게 없어도 생애 첫 10년과 그 이후 10년 동안 교육의 본질을 이해하고 자녀를 진심으로 존중하여 자녀에게 존경받는 부모님이 되어야 결국 대입에서 승리한다는, 가장 핵심적인 메시지를 전하고 싶은 겁니다.

초등학교 1~2학년

아장아장 걷던 게 엊그제 같은데 어느새 커서 자기 몸보다 더 큰 책가방을 메고 교문 안으로 성큼성큼 걸어 들어갑니다. 그런 아이를 바라보며 대견하다는 마음이 들면서도 짠한 게 또 부모님들의 마음이겠죠. 특히 1학년 때는 혹시나 옷에 실수는 하지 않을까, 친구들이랑은 잘 지낼까, 선생님 말씀을 귀담아듣기는 할까 여러 가지가 걱정되실 겁니다. 이렇게 걱정하는 마음과는 다르게 해맑고 즐겁게 학교 생활을 이어나가는 아이의 모습을 보면 또 안도의 한숨을 쉬게 됩니다. 씩씩하게 학교 생활을 하며 잘 적응하는 아이에게 감사한 이 마음을 계속 가져가면 좋겠지요.

하지만 초등 고학년이 될수록 이곳저곳에서 들려오는 교육 이야기를 막을 수는 없습니다. '이 집에서는 뭘 시킨다' '누구는 초등학생인데 부모님이랑 같이 어학연수를 간다고 하더라' 등의 이야기가 들려와 또 불안감이 생기기 시작합니다. 만약 고3 학생들을 10년 이상 지도하지 않은 상태에서 자녀를 키우는 입장이었다면 저도 똑같은 불안감이 들었을 것 같습니다. 아직 경험해 보지 않은 10년 후를 내다볼 수가 없으니, 부모님들은 자꾸 옆을 보십니다. 현재 자녀를 객관적으로 파악하고 앞으로 나아갈 방향성을 장기적인 안목으로 내다보아야 하는데 아는 건 없습니다. 그렇다고 매일 교육뉴스를 챙겨보자니 어렵기만 합니다. 그러니까 옆에서 들리는 다른 말들에 의지하게 되죠.

"어머니, 지금까지 뭐 하셨어요? 이 상태로는 저희 학원에 등록이 불가합니다."

"지금 이 레벨로 학원을 다니려면 두 살 어린 동생들 반에서 수업을 들어야 하는데, 괜찮으시겠어요?"

이런 말을 들으면 좌절감이나 죄책감이 밀려오기 시작합니다. 늦었다는 생각에 조급함도 듭니다. 우리 아이는 겨우 초등학생인데 말이죠. 사교육에서 말하는 것에 휘둘리지 마시고, 다른 집에서는 아이들한테 뭘 시키나 하고 옆을 볼 시간에 우리 자녀와 부모의 앞을 보시길 바랍니다. 자, 그럼 학교생활의 첫 시작, 초등학교 1~2학년부터 들여다보겠습니다.

학교 생활 적응이 우선입니다

자녀가 초등학교에 입학할 시기에 육아휴직을 사용하는 부모님들이 많습니다. 등교한 지 몇 시간 되지 않아서 아이가 집으로 돌아오기도 하지만, 첫 학교 생활에 적응하는 데 어려움이 없도록 언제든지 나서서 도움을 주기 위함이지요. 사실 중고등학교는 본인 스스로 판단하고 행동하는 나이입니다. 그렇기에 학부모님들이 학교 생활 적응과 공부 습관적인 면에서 가장 신경을 쓰셔야 할 시기는 초등학교입니다.

학교라는 공간 자체를 낯설게 느끼면, 학교 생활에 적응하는 데 어려움이 있을 겁니다. 아이가 처음으로 어린이집이나 유치원을 갔던 때를 기억하시나요? 유치원에 가기 싫다고 떼쓰고 울고불고 난리를 치는 아이들이 있습니다. 그때와 크게 다르지 않습니다.

초등학교 1~2학년도 아직 어린아이입니다. 그래서 유치원보다 더 큰 학교라는 공간에서 시간을 보내는 것 자체를 두려워하는 아이들이 있습니다. 또 사람에 대한 신뢰 관계가 형성되지 않은 아이들은 학교에서 만나는 수많은 사람들과의 관계를 만들어가는 데 어려움을 겪을 수 있습니다. 이 신뢰의 정서는 하루아침에 형성되는 게 아닙니다. 그래서 영유아기에 부모님과의 건강한 신뢰 및 유대 관계를 형성해야 합니다. 이것이 가장 중요합니다. 아이들은 부모님을 통해 세상을 경험하고, 그 세상이 믿을 만한 것인지 판단하기 때문이지요.

유치원 때까지는 학습보다는 다양한 활동과 놀이를 통한 생활을 했다면, 초등학교에 입학하고 나서는 자신의 책상에 매 교시 40분씩 앉아서 선생님 말씀에 귀를 기울이고 집중해야 합니다. 처음부터 차분하게 오랜 시간 잘 앉아 있는 아이도 있고 유치원 때부터 훈련이 되어 초등학교 1학년 때 별 무리 없이 바로 적응하는 아이도 있습니다. 반대로 그렇지 못한 아이도 있고요.

규칙을 지키며 생활하는 버릇은 초등학교 이전부터 들여야 합니다. 늦어도 1~2학년 때는 꼭 규칙을 지키는 습관을 잡아주세요. 이것은 자기조절력과 연결됩니다. 떼쓰고 운다고 아이가 원하는 대로 다 해주지 않고 가정 내 규칙을 준수할 수 있도록 일관된 태도로 양육하는 것이 학교 생활의 적응을 위해서도 필요합니다.

건강한 독립 습관 잡아주기

저학년까지는 보통 부모님이 등교 준비부터 하교 후 숙제와 준비물까지 챙겨주지만, 나중에는 스스로 숙제를 하고 필요한 교재와 준비물을 챙길 수 있도록 도와주셔야 합니다. 대부분의 아이들은 학년이 올라갈수록 이 과정을 자연스럽게 받아들여 스스로 잘 해나갑니다.

하지만 부모님이 하나부터 열까지 다 챙겨주는 아이들은 독립심이 약해질 수밖에 없습니다. 그러면 아이는 의존적인 성향으로 바뀝니다. 그러므로 유치원 때부터 초등학교 저학년 때까지 혼자서 해낼 수 있도록 길게 보고 습관을 잡는 게 중요합니다. 이 과정은 하루아침에 이루어지는 게 아니기 때문입니다. 길게는 3년 정도를 잡고, 아이가 스스로 판단하고 자신의 것을 챙기는 사람이 될 수 있도록 이끌어야 합니다. 건강하고 독립적인 아이로 자랄 수 있도록 아래 8가지 항목을 바탕으로 도와주시면 됩니다.

1. 매일 제시간에 일어나기

2. 아침 식사 제대로 하기

3. 등교 전 웃는 얼굴로 활기차게 인사하기

4. 그날의 책, 준비물, 숙제 빠짐없이 제대로 챙겨 가기

5. 하교 후 다정하게 인사하고 학교 생활에 대해 격려하고 칭찬해 주기

6. 맛있는 간식과 충분한 휴식 및 놀이 준비히기

7. 스스로 알림장을 보고 다음 날의 책, 숙제, 준비물 챙기기

8. 잠들기 전 아이와 따뜻한 정서의 이야기를 나누고 30분 독서하기

요즘 '공부 정서'가 떠오르고 있는데요. 이 공부 정서는 정말 중요합니다. 아이가 늘 잔소리를 듣는 환경에서 공부를 한다고 생각

해 보세요. 하기 싫은데 억지로 참아가면서 한다면요? 최소 12년 동안 학교를 다녀야 하는데 그 시간을 보람차고 유의미하게 보낼 수 있을까요? 저는 엄마가 공부를 시킬 때 자녀와 매사 부딪친다면 공부를 덜 시키더라도 행복한 가정 분위기를 만드는 게 더 낫다고 생각합니다. 가장 이상적인 건 아이가 부모님의 말씀을 잔소리로 듣지 않고 할 일은 알아서 하는 거겠지만요. 극단적인 두 상황 중 하나를 택하라면 자녀가 공부를 안 하더라도 부모님과의 사이가 좋은 쪽을 선택하겠습니다.

공부는 중고등학교에 갔을 때 스스로 중요성을 깨닫고 새로 시작할 수 있습니다. 그렇지만 집에서 공부를 좀 더 시키겠다고 자녀에게 늘 잔소리하면 서로 감정이 많이 상하게 되고, 그러다 갈등이 생겨 틀어져 버리면 나중에 되돌리기가 더 힘듭니다. 아이와 재미있고 따뜻한 이야기를 나누면서 친해지고, 공부를 스스로 해나갈 수 있도록 도와주는 게 중요합니다. 자녀가 '공부 = 잔소리' '공부 = 스트레스'라는 인식을 갖지 않도록 해야 합니다.

독서와 글쓰기로 문해력 기르기

'독서'와 '글쓰기'는 기본 중의 기본입니다. 중고등학교만 가도 내신시험과 각종 수행평가로 인해 독서할 시간이 절대적으로 줄어

듭니다. 책 읽는 것을 정말 좋아하는 일부 아이들을 제외하면 손에서 거의 놓아버린다고 해도 과언이 아닐 정도로 책을 읽지 않습니다. 학교 숙제뿐 아니라 학원 숙제까지 하느라 독서가 물리적으로 불가능하다고 말하는 학생들도 많습니다. 그러므로 책을 읽고 글을 쓰는 훈련은 초등학교 때 해야 합니다.

기초공사를 튼튼하게 해두어야 고층 건물을 지을 수 있습니다. 기초공사가 부실하면 높은 건물을 억지로 올리다가 결국 무너지고 맙니다. 다시 한번 말씀드립니다. 초등학교 때는 반드시 다양한 분야의 국어책과 영어책을 읽게 해야 하고, 책을 읽은 다음에는 자신의 생각을 글로 정리하는 습관을 꼭 길러주셔야 합니다. 일기도 꼭 쓰게 하라고 말씀드리고 싶습니다. 독서의 완성은 글쓰기고, 글쓰기는 오로지 글쓰는 행위를 통해서만 기를 수 있습니다. 초등학교를 통틀어 단 한 가지, 독서와 글쓰기만 제대로 챙겨가도 대성공입니다.

독서와 글쓰기 능력은 어떻게 길러줄 수 있을까요? 우선, 자녀에게 책을 읽으라고 말하기 전에 반드시 부모님부터 책 읽는 모습을 늘 보여주셔야 합니다. 그럼 자녀는 따라 합니다. 평일에 그러기 어렵다면 주말에는 아이와 함께 도서관이나 서점에 가보세요. 주말에 도서관이나 서점에서 읽고 싶은 책을 실컷 읽고 맛있는 음식도 먹는 것을 가족의 나들이 문화로 만들어보세요. 이때 아이가 읽고 싶은 책을 직접 고르게 해야 합니다. 아이가 질문을 했을 때 관련된 책을 함께 찾아보면서 문제를 해결하는 방식도 추천합니다.

가정에서 지도하기 어려운 상황이라면 독서·토론·논술 학원 또는 가정방문형 학습지를 활용하는 것도 괜찮습니다. 독서는 우선순위에서 밀려서는 안 됩니다. 매일 30분은 책 읽을 시간을 확보해 주고, 그다음에 학교나 학원 숙제를 하도록 지도하는 게 맞습니다.

요즘은 드물지만, 시간적 여유가 되신다면 매일 종이 신문을 첫 면부터 끝 면까지 정독하는 방법도 추천합니다. 영어와 수학은 작정하고 공부하면 1년 안에도 성적을 올릴 수 있지만, 언어영역은 단기간에 성적을 올리기가 정말 어렵습니다. 그래서 저는 영어 교사 출신임에도 독서와 및 글쓰기를 가장 강조합니다.

영어는 재미있게 습득하는 것

유명한 언어학자인 노암 촘스키의 말을 빌려오자면, 인간의 뇌에는 언어 습득 장치가 있다고 합니다. 태어날 때부터 언어를 습득할 수 있게 하는 보편적 문법 지식이 이 언어 습득 장치에 미리 프로그래밍되어 있는 것이죠. 이 언어 습득 장치를 통한 언어 능력은 0세부터 13세까지 가장 활발하게 발달한다고 합니다. 따라서 아이들은 언어를 입력할 때 별다른 노력을 기울이지 않고도 자동적으로 언어를 습득한다고 합니다. 말은 배우는 것이 아니라 터득하는 것인 셈이죠.

일반적으로 아동은 2세를 전후해서 단어를 사용하기 시작하고 3세부터 간단한 문장을 사용하게 되며 6~12세에 이르는 기간에 언어 능력이 갖추어지는 것으로 봅니다. 그래서 최소한 영유아기부터 초등학교 저학년 때까지는 모국어뿐만 아니라 외국어 또한 즐겁게 습득할 수 있는 환경을 만들어주어야 합니다. 현실적으로 초등 고학년부터는 수학을 비롯한 다른 과목의 학습이 들어가기 때문에 여유가 많지 않습니다.

아이들은 재미있고 보람이 있다고 느껴야 그 행위를 지속합니다. 성인도 마찬가지지요. 그래서 초등학교 4학년 이전까지 영어를 배우는 게 즐겁고 재미있다고 인식할 수 있는 환경을 만들어주는 것이 중요합니다. 재미있다고 인식하면 자녀는 알아서 다양한 방법으로 영어를 습득하고 '학습'하는 시기로 넘어가더라도 그 학습을 여전히 재미있다고 느끼게 됩니다.

하지만 어렸을 때부터 과도한 스트레스에 노출되어 영어를 배우면(영어유치원생인데 과도한 영단어 테스트를 받는다든가) 오히려 역효과가 납니다. 아이가 '영어 배우는 게 재미있다'라고 할 만한 선에서 배워야 더 좋아하게 될 것입니다.

예체능 감각은 초등학교 때 익히기

제가 저희 아이를 영어유치원이 아닌 일반유치원으로 보내기로 한 결정적인 이유는 바로 '전인교육'을 중요하게 생각했기 때문입니다. 이 말이 생소하실 수도 있는데요. '전인교육全人敎育'이란 인간의 신체적 성장·지적 성장·정서적 발달·사회성의 발달을 조화시켜 균형 잡힌 전일체全一體로서의 인간을 육성하는 교육 이념입니다.

모든 선택에 좋은 점이 있으면 아쉬운 점도 있기 마련입니다. 그래서 앞으로 펼쳐질 수많은 교육과 관련된 선택사항 중에, 절대 놓치고 싶지 않은 딱 한 가지가 무엇인지 충분히 고민해 보셔야 합니다. 그리고 난 뒤 선택을 한다면, 아쉬운 점이 조금 생기더라도 이해하고 넘어갈 수 있으실 겁니다.

앞에서도 제가 계속 강조했지만, 저는 아이가 태어난 후 첫 10년 동안은 전인교육에 초점을 맞추고 있습니다. 학습적인 부분은 초3부터 본격적으로 들어가도 되기 때문입니다. 전인교육을 잘 시켜두면 학습을 더 수월하고 즐겁게 해나갈 수 있다는 것이 제 교육철학이기도 합니다.

전인교육에 중요한 건 어떤 것들이 있을까요? 심신의 건강이 가장 중요합니다. 예체능을 통한 심신의 발달을 제일 강조하고 싶습니다. 예를 들어 '음악'을 귀로 듣는 것을 배우며 감정이 성장하고, 악기를 직접 연주하면서 소근육과 두뇌도 발달합니다. 또한 같이 연주하며 협업 능력도 길러집니다. '미술'은 눈으로 보고 느끼고 손으로 직접 그리며 정서와 두뇌, 소근육이 발달합니다. '체육'은 직접 몸으로 부딪치며 대근육과 소근육이 발달하고 건강한 신체와 함께 자기조절력을 키울 수 있습니다.

어릴 때 이런 다양한 예체능을 경험하면서 나중에 스트레스를 해소하는 방안이 될 수 있습니다. 그러니 가능한 한 어릴 때 다양한 경험을 시켜주시기를 권장합니다.

초등학교 3~4학년

10년 넘게 고등학생들을 지도하면서 느낀 것은, 고등학교 2학년을 잘 보낸 학생들이 3학년도 잘 보낸다는 사실입니다. 사람 몸에서는 허리가 참 중요합니다. 초등학교 과정에서는 초등 3~4학년이 허리에 해당합니다. 초등 3~4학년을 잘 보내야 중학교 입학 전인 초등 5~6학년도 잘 보낼 수 있다는 뜻이지요. 교육은 모두 연장선상에 있기 때문입니다. 초등 1~2학년 때가 학교라는 공식적인 기관에 잘 적응하면서 부모님으로부터 서서히 독립을 준비한 시기라면, 초등 3~4학년 때는 정서적으로든 학업적으로든 모든 면에서 홀로서기를 시작해야 할 때입니다.

사교육을 받는 연령이 점점 내려가면서 이제는 유치원 때부터 사교육을 하기 시작합니다. 대표적으로 영어유치원, 사고력 수학, 가정방문형 학습지가 있는데요. 레벨 테스트를 합격하기 위해 따로 공부를 한다는 '7세 고시'라는 신조어만 봐도 얼마나 어린 나이부터 사교육을 받는지 알 수 있습니다. 그런데 우리가 보통 말하는 '국영수 교과 중심의 사교육'은 초등 3학년부터 본격적으로 시작됩니다. 초등학교 3학년부터는 가정에서 어떻게 준비해야 하는지 차근차근 알려드리겠습니다.

전 교과의 교과서 공부 챙기기

교과서 공부의 중요성은 몇 번이고 강조해도 지나치지 않습니다. 특히 초등학생 교과서 공부는 정말 중요합니다. 문제집이 개념을 단편적으로 조각낸 한 그루의 나무와 같다면, 교과서는 전체 숲입니다. 초등학교는 모든 교과가 교과서 중심으로 진도를 나갑니다. 담임 선생님과 전문 교과 선생님에 따라 추가 교재를 만들어서 배부하는 경우도 있지만 중심은 교과서에 있다는 것이지요.

교과서의 가장 큰 장점은 초등학생의 눈높이에 맞게 집필된 글이라는 점입니다. 아이가 천천히 읽으면 자연스럽게 이해가 되도록 구성되어 있지요. 교과서를 제대로 정독하지 않고 관련 문제를 풀려고 하면 헷갈리거나 이해가 되지 않는 부분이 분명히 생깁니다. 교과서를 정독하고 여러 차례 반복해서 읽으면 풍부한 배경지식을 습득하게 되는 것은 물론이고 문해력까지 상승하게 됩니다.

교과서는 글만 있는 것이 아닙니다. 각종 시각 자료도 풍부합니다. 해당 개념에 관한 충분한 설명이 있고, 단순히 지식을 나열한 것이 아니라 각 단원의 목표와 글을 읽고 난 다음 해야 할 활동들을 다양하게 제시하고 있기 때문에, 종합선물세트처럼 귀한 자료가 바로 교과서입니다.

문제집 집필도 아무나 하지 못하지만 교과서 집필은 더욱더 그렇습니다. 해당 교과에서 박사학위까지 받은 전문가들, 전·현직 교수 및 교사가 집필하고 여러 차례 검수하는 과정을 통해 탄생한 전문 서적이기 때문에 그 가치를 충분히 알고 보면 좋겠습니다. 단언컨대 초등 6년 내내 전 교과 교과서를 100% 이해하고 제시되어 있는 문제와 활동들까지 충실히 실행한다면, 초등 교과에 결손은 있을 수 없습니다. 그리고 결손이 없어야 중학교 공부를 해내기 위한 기초공사를 튼튼하게 해낼 수 있습니다.

요즘 시대에 '어떻게 교과서만 보고 있냐'라는 생각이 드신다면 각 교과서별로 나오는 참고서와 문제집이 있습니다. 자녀가 교과서를 얼마나 제대로 이해했는지 확인하고 싶다면 이런 참고서와 문제집을 통해서 확인해 보면 됩니다. 핵심 공부를 제대로 하지 않고 학원에서 만든 자체 교재 또는 선행학습에만 집착하는 우를 범하지 마시기 바랍니다.

자기주도학습 습관 만들기

3학년이 되면 10대에 접어드는 나이입니다. 초1~2까지는 가정에서 꼼꼼하게 챙겨주셨어도 초3부터는 대부분의 것들을 스스로 하기 시작해야 합니다. 아이가 혼자 챙긴다고 챙겼는데 다음날 준비물을 빠뜨리고 갔다면 부모님들은 어떻게 해야 할까요? 몰랐으면 그냥 넘어가겠지만, 아이가 챙겨 가려고 책상 위에까지 올려둔 준비물을 놓고 간 것을 발견했다면요? 학교가 집에서 5분 거리밖에 안 된다면요? 가져다주시는 경우가 많을 겁니다.

하지만 이런 실수가 반복된다면 안 됩니다. 물론 '아이니까 그럴 수 있지' 싶으실 겁니다. 하지만 처음에 준비물을 챙겨가지 못한 경우 수업 시간에 곤란을 겪는 경험을 하는 것도 아이에게는 필요합니다. 그래야 다음부터는 준비물은 실수 없이 꼭 챙겨가야겠다는 생각이 들게 됩니다. 그렇기에 이런 경험은 장기적으로 보았을 때 아이에게 괜찮은 경험입니다. 이런 자기주도적 습관을 만들어주는 것이 이 시기에 가장 중요합니다. 좋은 습관을 통해 아이들은 성취감이나 보람 등 긍정적인 감정을 느껴야 합니다.

습관을 만들어줄 때의 핵심 키워드는 3가지입니다.

1. '오랫동안'
2. '되풀이'
3. '저절로 익혀진'

자녀에게 좋은 습관을 만들어주기까지 오랜 시간이 걸린다는 점을 아셔야 합니다. 계속해서 되풀이해야 합니다. 저절로 익혀질 때까지, 오랜 시간 지속적으로 되풀이해 줘야 비로소 습관으로 자리 잡는 것이죠. 습관으로 잡아주고자 하는 것은 대부분 인생에서 중요하고 꼭 필요한 것들입니다.

독서 습관을 예로 들어보겠습니다. 선천적으로 책 읽는 것을 좋아하는 소수의 아이들을 제외한 나머지 대다수의 아이는 독서 습관이 자리 잡을 때까지 부모님이 오랫동안 계속 책을 직접 읽어주고, 글을 깨우친 다음부터는 스스로 읽는 행동이 저절로 익혀질 때까지 아이 옆에서 도와주셔야 합니다. 부모님의 일관성이 지속되지 않으면 자녀의 독서 습관이 형성되기 어렵다는 뜻이지요.

어느 정도 지나면 습관으로 자리 잡은 것처럼 보이지만, 게임 또는 유튜브와 같은 더 강력한 콘텐츠가 나타나면 독서에는 소홀해질 수 있습니다. 처음 습관을 잡을 때도 노력을 해야 하지만, 그 습관이 10년 이상 지속되려면 더욱 꾸준하게 노력을 해야 한다는 뜻입니다. 중간중간 귀찮아서 그냥 넘기고 싶은 날들이 많을 겁니다. 하지만 성실성과 노력 없이 공짜로 되는 건 없다는 것을 기억하셔야 합니다. 나중에 습관이 되고 나면 자연스럽게 노력하지 않아도 가능한 경지에 다다르게 됩니다.

좋은 습관을 통해 조금씩 발전하는 자신의 모습을 볼 때마다 느끼게 되는 보람은 아이들에게 앞으로 나아갈 수 있는 원동력이 됩니다. 좋은 습관이 많이 자리 잡을수록 아이는 자기효능감과 자신감, 지적 호기심 등 긍정적인 정서를 많이 느낄 수 있습니다. 이 선순환에 올라탄 아이들은, 힘든 날도 있지만 그걸 조금만 넘어서면 더 큰 보람과 성취를 얻을 수 있다는 것을 몸소 느꼈기에 스스로 지속하는 힘을 만들어냅니다.

좋은 습관은 비단 학업에 좋은 영향을 줄 뿐만 아니라 긍정적인 자아상을 형성하는 데도 큰 도움이 됩니다. 이때 잡은 습관은 평생 동안 큰 영향을 끼치게 되므로, 자녀의 생애 첫 10년을 좋은 습관을 형성하는 데 힘쓰시길 바랍니다.

스스로 읽고 기록하는 독서 습관

아이가 어릴 때는 '정독'이라는 개념이 없으므로 '다독'에 초점을 맞춰야 합니다. 아이가 관심사에 맞춰 원하는 책을 자유롭게 고를 수 있는 분위기를 조성해 주셔야 합니다. 또한 부모님께서도 아무리 피곤해도 매일 책을 읽어주시고, 한글을 완전히 떼고 난 뒤에는 아이 스스로 읽는 습관을 길러주어야 합니다.

그럼 '정독'하는 독서 습관은 언제부터 키워주면 좋을까요? 아이의 발달 상황에 따라, 그간 읽어온 책의 종류와 양에 따라 시기별로 차이가 크긴 합니다. 그래도 정독은 아이 스스로 책 읽는 습관이 완전하게 자리를 잡고 지식이 담긴 책을 많이 읽어나가는 나이가 되었을 때 서서히 시작할 것을 권합니다.

이때 주의하실 것이 있습니다. "너 이 책 제대로 읽었어? 제대로 꼼꼼하게 안 읽은 것 같은데? 무슨 내용이야. 엄마가 퀴즈 내볼게" 등 간섭하고 의심하는 듯한 말투로 확인하면서 아이의 책을 읽고 싶은 마음을 절대 꺾지 말아주세요. 이렇게 하지 않아도 평소 독서하는 습관만 잡아주면 아이는 책을 계속 읽어나갈 겁니다.

저는 일주일에 한 번, 적어도 이 주에 한 번은 도서관 또는 서점에 함께 가는 가족 문화를 권장합니다. 평소 시간을 내기 어렵다면 집에 많은 책을 구비하는 것도 좋은 방법입니다. 저희 집에도 아이를 위한 책은 800권 이상이 있으며 아이가 언제 어디서든 책을 자유롭게 읽을 수 있는 분위기를 조성하고 있습니다. 또한 저와 남편도 늘 책을 가까이 하며 독서하는 모습을 아이에게 보여주고 있습니다. 책을 둘 공간이 부담된다면, 읽은 책은 빨리 정리해서 주변에서 필요로 하는 동생들한테 물려주면 됩니다. 이처럼 약간 높은 수준의 책을 주변에서 구하는 노력 정도는 성실하게 하셔야 합니다. 모든 것이 그렇지만, 부모님이 부지런해야 자녀의 독서교육이 가능합니다.

독서를 많이 한 모든 아이들이 공부를 잘하는 것은 아니지만, 공부를 잘하는 아이들을 10년 이상 관찰해 본 결과 독서를 많이 했다는 공통점을 발견할 수 있었습니다. 다독과 정독을 제대로 한다면 아이의 학업 역량을 키우는 데 상당한 도움이 될 것입니다. 기본적인 문해력은 책을 읽는 행동과 습관을 통해 길러지기 때문입니다.

무엇보다 책을 많이 읽은 아이들은 지적 호기심이 뛰어나기 때문에 이것도 궁금하고 저것도 궁금해서 질문을 많이 하고, 수업 시간에는 선생님 말씀에 귀를 기울입니다. 이런 태도는 교과서 공부가 너무나 중요한 초등 6년과 중등 3년 내내 매우 뛰어난 경쟁력을 갖게 만들어줍니다. 초등학교 과정은 기승전결이 있는 글을 통해 다양한 배경지식을 배우는 과정이 많습니다. 따라서 글을 읽고 이해하는 능력이 뛰어난 학생들이 공부를 잘할 수밖에 없습니다.

도저히 가정에서 지도가 되지 않을 경우 가정방문형 또는 학원형 독서토론논술 지도를 추천드립니다. 꼭 가정에서 지도를 해야 좋은 게 아닙니다. 싫어하는 아이를 억지로 데리고 시키면서 서로 언성이 높아질 바에는 적당한 사교육으로 도움을 받는 게 부모님께도, 아이에게도 더 나은 방법입니다. 가장 중요한 건 가정이든 학원이든 뭐든지 꾸준히 하는 겁니다. 그래야 습관이 되고 점점 힘들지 않게 됩니다. 그랬을 때 나와 아이에게 가장 적합하고 도움이 되는 방법을 찾게 되니까요.

수학 공부는 개념의 확장입니다

수많은 수학 선생님들과 교육 관련 종사자들이 공통적으로 강조하는 것 중 하나가 바로 '수학 개념'입니다. 비록 저는 영어 교사 출신이지만 저 역시 흔히 말하는 '수포자(수학을 포기한 사람)'였다가 고교 수학 만점자가 되기까지의 과정을 몸소 경험하였으므로, 수학 개념의 중요성을 그 누구보다 상세하게 설명해 드릴 수 있습니다.

국어와 영어는 매일 일상에서 사용하는 '언어'를 배우는 과목이고 사회와 과학은 인간의 사회와 실생활에서 나타나는 '현상'들을 배우는 과목입니다. 반면에 수학은 우리 실생활과 맞닿아 있지 않은 것처럼 보입니다. 그렇기 때문에 수학의 '개념'이 더 중요합니다. 우리에게 익숙하지 않은 정의·기호·규칙을 배워서 이해하는 것이 수학의 첫 번째 단계이기 때문입니다.

그렇다면 수학은 대체 왜 공부해야 할까요? 선천적으로 수학적 머리가 있는 이과형 인재로 태어난 학생들은 수학 그 자체가 재미있겠지만, 문과형인 학생들은 수학 때문에 대입을 포기하고 싶을 지경일 겁니다. 저도 고등학생 때 지수와 로그, 확률과 통계, 미분과 적분을 배웠습니다. 그러나 영어교육과를 진학한 이후 40대인 지금까지 그 개념을 일상생활에서 써본 적도 없지요. 그럼에도 불구하고 수학은 왜 배워야 할까요? 그리고 대입에서 수학은 왜 중요한 과목으로 자리 잡은 것일까요?

초등 1~2학년 때는 사칙연산의 '기본'과 '단순' 도형에 대한 개념을 배웠다면 초등 고학년으로 갈수록 사칙연산의 '심화'와 '고차원적'인 도형의 개념이 늘어납니다. 다음 표에 나와 있는 학년별 과정 '수와 연산' 파트만 보아도 학년이 올라갈수록 배우는 수의 자릿수가 늘어납니다. 또한 초등 3~4학년 때는 분수와 소수의 개념이 등장하고, 5~6학년 때는 분수와 소수의 곱셈과 나눗셈까지 배우게 됩니다. 초등 1~5학년 때 과정을 빠짐없이 제대로 배운 학생만이 6학년 수학까지의 과정을 마스터할 수 있다는 이야기입니다.

수학이 중요한 이유는 최상위권 대학에 입학할 때 유리하기 때문이라고 생각하시는 경우가 많습니다. 실생활에서 수학 공식을 사용하는 경우가 많은 것은 아니니까 그것도 맞습니다. 하지만 수학 공부를 하면서 다진 사고, 즉 추상적인 개념을 이해하고 그 개념과 공식을 적용해서 문제를 해결하는 과정은 다른 학문의 공부

| 2022년 개정 초등학교 수학 교육과정 '수와 연산' |

초등 1~2학년	① 네 자리 이하의 수 ② 두 자리 수 범위의 덧셈과 뺄셈 ③ 한 자리 수의 곱셈
초등 3~4학년	① 다섯 자리 이상의 수 ② 세 자리 수의 덧셈과 뺄셈 ③ 세 자리 수 범위의 곱셈 ④ 세 자리 수 범위의 나눗셈 ⑤ 자연수의 어림셈 ⑥ 분수 ⑦ 소수 ⑧ 분수의 덧셈과 뺄셈 ⑨ 소수의 덧셈과 뺄셈
초등 5~6학년	① 자연수의 혼합 계산 ② 수의 범위와 올림, 버림, 반올림 ③ 약수와 배수 ④ 분수의 덧셈과 뺄셈 ⑤ 분수의 곱셈과 나눗셈 ⑥ 분수와 소수의 관계 ⑦ 소수의 곱셈과 나눗셈

는 물론 사회생활에까지 상당한 도움을 줍니다. 문제가 발생했을 때 그것을 해결하기 위해 다각도로 문제를 바라보는 능력, 문제를 푸는 절차를 밟아나가는 과정이 수학 문제를 해결하는 방식과 매우 닮아 있다는 것이죠.

실생활에서 수학 공식을 당장 쓸 일이 없어 보이더라도, 초중고 12년간 수학이라는 과목을 통해 다져온 사고능력의 큰 틀과 문제를 해결하는 능력만큼은 인생에 도움이 된다는 말씀을 드리고 싶습니다.

　그렇다면 수학 개념을 어떻게 익혀야 가장 좋을까요? 정답은 '초중고 수학 교과서'에 있습니다. 수학을 어려워하는 학생들이 하는 착각 중 하나가 '수학은 문제 풀이 과목'이라고 생각하는 것입니다. 수학 교과서에는 핵심 개념에 대한 정의와 탄생 배경, 핵심 공식이 나오기까지의 도출 과정까지 상세하게 설명되어 있습니다. 개념과 공식을 완벽히 이해한 상태에서 문제를 풀어야 하는데, 단순히 선행학습과 문제 풀이에만 집중하는 것이지요.

　중학생 때 인수분해도 제대로 못했다가 고등학교 때 만점을 받으며 수학을 정복해 본 제 경험으로는 수학 교과서가 최고의 교재 맞습니다. 초등학교 때까지는 교과서로 공부하는 아이가 많지만, 중학교 때부터는 교과서를 건너뛰고 문제집을 풀기 시작합니다. 문제집은 당연히 풀어야 합니다. 하지만 교과서를 제대로 이해하거나 공부하지 않고 시중에 나와 있는 문제집이나 학원에서 자체적으로 만든 문제집만 푸는 일은 지양해야 합니다.

　이건 고등학교도 마찬가지입니다. 최상위권 학생들 중에 이 과정을 건너뛰는 아이는 단 한 명도 없습니다. 중고등학생들은 선행학습의 진도와 문제 풀이 양에 집착하는 경향이 있는데요. 진짜 중요한 건 하나를 알아도 '제대로' 아는 것입니다. 문제를 풀 때 이 문제를 풀기 위해서는 어떤 개념이 필요한지, 어떤 공식을 활용해야 하는지 그 포인트를 정확하게 찾을 수 있도록 공부해야 합니다.

하루 15분, 영어 교육에 투자하세요

영어를 잘한다는 것은 단순히 시험 성적이 좋다는 것 이상을 의미합니다. 대한민국에서 영어를 잘한다는 것은 더 큰 세상으로 연결된 수많은 기회를 제공받는다는 것을 의미하기 때문입니다. 이 말이 어떤 뜻인지 공감이 되실 겁니다. 그래서 영어를 잘하는 아이들을 보면 부모가 교육에 신경을 많이 쓰는 것 같고, 늘 앞서나가는 듯한 느낌을 주기도 합니다.

학부모님들은 대체 영어를 언제부터, 어디까지 교육시켜야 할지 모르겠다고들 하십니다. 고민이 많은 학부모님들을 위해 한 가지 노하우를 알려드립니다. 바로 하루 15분씩 영어책(원서)을 아이에게 읽어주시는 것입니다. 15분이라는 시간이 짧게 느껴질 수도 있습니다. 하지만 바쁜 일상에서 무엇보다 중요한 것은 큰 목표가 아닌 '지속 가능한 목표'입니다.

저도 아이가 지금보다 더 어릴 때 고3 담임을 하고 있었기 때문에 매일 책을 읽어주는 것이 쉬운 일이 아니라는 것을 잘 알고 있습니다. 그래서 30분이 아니라 15분으로 말씀드린 것입니다.

영어책을 읽어줄 때 아이가 100% 이해하도록 지도하는 것은 바람직하지 않습니다. 성인도 어떤 책을 한 번 읽고 100% 이해하기 어려우니까요. 아이가 모를 것 같은 부분이 있더라도 먼저 물어보지 않는다면 그냥 넘어가셔도 됩니다. 아이가 그림과 상황을 통해 눈치껏 파악할 수도 있고, 다음번에 똑같은 책을 읽을 때 질문할 수도 있으니까요. 아이가 영어책을 읽는 것에 대한 흥미를 잃지 않도록 해주시는 게 가장 중요합니다.

부모님이 영어를 잘하지 못해도 괜찮습니다. 이건 제가 잘 쓰는 방법인데요. 예를 들어 아이가 영단어 하나를 질문하면, 스마트폰으로 포털사이트에 검색해서 그 자리에서 바로 해당 단어의 원어민 발음을 들려주고 예문까지 이어서 들려줍니다. 이렇게 하루에 한 개의 영단어만 들려줘도 1년이면 365개, 5년이면 1800개가 넘는다는 점을 참고하시길 바랍니다.

한자어 공부로 한국어의 깊이 더하기

우리나라 말에는 한자어가 깊숙이 자리 잡고 있습니다. 한자어의 뜻을 모르고서는 한국어를 완전하게 이해할 수도, 구사하기도 어렵다는 점을 말씀드리고 싶습니다. 일상생활에서뿐만 아니라 특히 공부할 때 한자어의 뜻을 많이 알아두면 이해력과 문해력이 높아집니다. 국어 및 사회, 과학 탐구 과목에서 도움이 되는 부분이 많습니다.

실제 수험생들 중 상위권 학생들이 가장 성적을 올리기 어려워하는 과목은 국어입니다. 수능에서도 매년 수학 만점자보다 국어 만점자가 적게 나올 정도로 수능국어는 정말 어렵습니다. 다음은 2024학년도 대학수학능력시험 문제지 제1교시 국어(홀수형) 8~11번 지문과 11번 문항입니다.

데이터를 처리할 때 데이터의 정확성은 매우 중요하다. 그런데 데이터에 결측치와 이상치가 포함되면 데이터의 특징을 제대로 ⓐ나타내기 어렵다. 결측치는 데이터 값이 ⓑ빠져 있는 것이다. 결측치를 처리하는 방법 중 하나인 대체는 다른 값으로 결측치를 채우는 것인데, 대체하는 값으로는 평균, 중앙값, 최빈값을 많이 사용한다. 중앙값은 데이터를 크기순으로 정렬했을 때 중앙에 위치한 값이다. 크기가 같은 값이 복수일 경우에도 순위를 매겨 중앙값을 찾고, 데이터의 개수가 짝수이면 중앙에 있는 두 값의 평균이 중앙값이다. 또 최빈값은 데이터에 가장 많이 나타나는 값을 이른다. 일반적으로 데이터 값이 연속적인 수치이면 평균으로, 석차처럼 순위가 있는 값에는 중앙값으로, 직업과 같이 문자인 경우에는 최빈값으로 결측치를 대체한다. 이상치는 데이터의 다른 값에 비해 유달리 크거나 작은 값으로, 데이터를 수집할 때 측정 오류 등에 의해 주로 ⓒ생긴다. 그러나 정상적인 데이터라도 데이터의 특징을 왜곡하는 데이터 값이 있을 수 있다. 예를 들어, 데이터가 어떤 프로 선수들의 연봉이고 그중 한 명의 연봉이 유달리 많다면, 이상치가 포함된 데이터에 해당한다. 이런 데이터의 특징을 하나의 수치로 나타내려는 경우 ㉠대푯값으로 평균보다 중앙값을 주로 사용한다. 평면

상에 있는 점들의 위치를 나타내는 데이터에서도 이상치를 발견할 수 있다. 대부분의 점들이 가상의 직선 주위에 모여 있다면 이 직선은 데이터의 특징을 잘 나타낸다고 할 수 있다. 이 직선을 직선 L이라고 하자. 그런데 직선 L로부터 멀리 떨어진 위치에도 몇 개의 점이 있다. 이 점들이 이상치이다.

ⓒ이상치를 포함하는 데이터에서 직선 L을 찾는다고 하자. 이때 사용할 수 있는 기법의 하나인 A기법은 두 점을 무작위로 골라 정상치 집합으로 가정하고, 이 두 점을 ⓓ**지나는** 후보 직선을 그어 나머지 점들과 후보 직선 사이의 거리를 구한다. 이 거리가 허용 범위 이내인 점들을 정상치 집합에 추가한다. 정상치 집합의 점의 개수가 미리 정해 둔 기준, 즉 문턱값보다 많으면 후보 직선을 최종 후보군에 넣는다. 반대로 점의 개수가 문턱값보다 적으면 후보 직선을 버린다. 만약 처음에 고른 점이 이상치이면, 대부분의 점들은 해당 후보 직선과의 거리가 너무 ⓔ**멀어** 이 직선은 최종 후보군에서 제외되는 것이다. 이 과정을 반복하여 최종 후보군을 구하고, 최종 후보군에 포함된 직선 중에서 정상치 집합의 데이터 개수가 최대인 직선을 직선 L로 선택한다. 이 기법은 이상치가 있어도 직선 L을 찾을 가능성이 높다.

11. 문맥상 ⓐ~ⓔ와 바꿔 쓰기에 가장 적절한 것은?

① ⓐ: 형성(形成)하기

② ⓑ: 누락(漏落)되어

③ ⓒ: 도래(到來)한다

④ ⓓ: 투과(透過)하는

⑤ ⓔ: 소원(疏遠)하여

정답은 ②입니다. 한자어의 의미를 제대로 알고 있다면 풀기 쉬운 문제입니다. 매년 이와 유사한 국어 문제들이 출제되고 있습니다. 초등 1~2학년까지는 한글을 완벽하게 읽고 받아쓰기까지 가능한 수준까지 올리는 데 집중했다면 초등 3~4학년에는 한자 공부를 통해 한국어의 깊이를 더하는 시간을 가지기 바랍니다. 이때 주의해야 할 점이 있습니다. 최종 목표는 한자 공부가 아니라 한자어를 통한 한글의 깊은 이해라는 것입니다.

단순히 국어 성적을 올리기 위해 한자어를 공부해야 하는 게 아닙니다. 한자어는 우리 실생활과 밀접하게 연관되어 있습니다. 시대가 많이 달라지긴 했지만, 여전히 신문이나 뉴스 헤드라인에서 기호처럼 약자로 쓰이거나 언론에서도 수시로 사용하고 있습니다. 주요 국가를 韓(한), 美(미), 英(영), 中(중), 日(일), 北(북) 등으로, 각종 기관은 檢(검), 法(법), 軍(군), 輿(여), 野(야) 등으로 표기합니다. 한자어를 알면 우리 실생활은 물론이고 수능국어까지 수월해집니다.

중고등학교에는 전 교과 교과서와 지문에서 상당히 많은 한자어가 나옵니다. 이때는 한자를 따로 공부하기보다는 문맥을 이해하는 데 집중하여 문해력과 이해력을 향상시키는 게 좋습니다. 고등학교의 고난도 독해 지문에서 한자어들을 문맥에 맞게 매끄럽게 이해하는 수준이 되려면 초등학생 때부터 많은 책과 교과서, 지문을 읽으며 그 문맥에 맞게 이해하는 훈련을 많이 해야 합니다.

영유아기 때는 그림으로 된 한자 벽보를 활용해 한자에 익숙한 환경을 만들어주세요. 유치원생 때부터는 직접 따라 써보는 쉬운 한자 교육을 추천합니다. 초등학교에 가면 아이의 난이도에 맞는 사자성어, 따라 쓰기, 한자 어휘 일력, 사자소학 등 다양한 교재가 있어 가정에서 충분히 지도가 가능합니다.

전 교과 교과서에 나오는 한자어를 맥락에 맞게 이해하도록 도와준 다음, 모르는 표현은 꼭 노트에 정리하도록 해주세요. 아이가 한자에 흥미를 느낀다면 한자검정시험에 도전하는 것도 좋습니다. 제일 낮게는 9급(대한상공회의소)부터 있는데, 보통 8급부터 취득하고 1급, 특급까지 볼 수 있습니다. 8급부터 시작해 초등 고학년에는 최소 5급까지 딸 것을 추천합니다.

초등학교 5~6학년

중학교는 확실히 초등학교와는 다릅니다. 초등 5~6학년 때는 '예비 중학생 마인드'로 임해야 합니다. 중학교에 들어가면 초등학교와 달리 성적표를 받게 되고, 2학년 정도가 되면 '누구는 특목고를 준비한다' '누구는 전국 단위 자사고를 준비한다'는 이야기를 듣게 되면서 서열이 드러나기 시작하죠. 나랑 맨날 축구하고 게임만 하는 친구인 줄 알았는데 특목고를 준비한다는 이야기를 듣게 되어 충격을 받기도 합니다.

또한 수행평가의 수준도 달라집니다. 초등학교 때는 하루 이틀만 준비해도 제출할 수 있었다면 중학생이 되니 1~2주 이상 준비해야 완성할 수 있는 수준입니다. 고등학교에 진학하면 1~2개월 동안 준비해야 하는 수행평가도 있습니다. 동시에 내신시험, 모의고사를 다 공부해야 한다는 것이 현실입니다. 상급학교로 진학할수록 절대적으로 시간이 부족해지고 체력이 소진되는 것도 매년 느끼게 될 겁니다.

학업 능력은 공부 머리와 암기 능력을 넘어서 시간 관리, 스케줄 관리, 체력 관리와 연관되어 있다는 사실을 미리 알아두어야 합니다. 이것 또한 부모님이 미리 귀띔은 해주실 수 있으나 자녀가 직접 부딪히면서 깨우쳐야 할 부분입니다. 중도에 포기하지 않는 지구력과 끈기가 있는 인재로 성장해 나갈 수 있도록 각 가정에서 지도해 주시기 바랍니다.

논리적인 글쓰기의 기초 쌓기

독서는 영유아기부터 시작하라고 말씀드렸습니다. 이때부터 부지런히 노력한 부모님만이 자녀에게 최고의 독서 습관을 형성해

줄 수 있습니다. 아이의 취향대로 '다독'부터 시작하기를 권장합니다. 어린아이에게 '정독'은 그 자체로 무리입니다. 처음부터 정독을 강요하면 독서 행위 자체를 싫어하게 될 수도 있으니 주의해야 합니다.

자연현상에는 '임계치臨界値'라는 것이 있습니다. 어떠한 물리 현상이 갈라져서 다르게 나타나기 시작하는 경계의 값을 말합니다. 물을 끓일 때 서서히 뜨거워져 99도까지는 물이 끓지 않지만 100도가 되었을 때 비로소 물이 끓기 시작합니다. 물이 끓기 시작하는 100도가 임계치입니다. 독서를 할 때도 다양한 소재와 주제의 양서들을 계속 읽다 보면 처음에는 크게 드러나지 않지만, 임계치에 다다르면 자연스럽게 아웃풋이 나오게 됩니다.

그 아웃풋이란 바로 논리정연하게 말할 수 있는 능력과 글쓰기 능력입니다. 성격에 따라 말하기를 잘하는 아이도 있을 것이고, 글쓰기를 잘하는 아이도 있을 것이며 둘 다 잘하는 아이도 있을 겁니다. 독서와 더불어 초등 학년별 수준에 맞는 독후 활동을 병행해 주시면 더 효과가 좋습니다.

초등 저학년에는 '스스로' 골라 읽은 책에 대해 이야기를 나누면 좋습니다. 또한 책 제목과 작가 이름을 〈독서통장〉 또는 〈독서기록장〉에 저장는 것도 권장합니다. 책에 관한 그림일기를 쓰거나 소감문 한 단락 정도는 작성할 수 있도록 지도해 주세요. '교과서'를 많이 읽고 글의 구조를 파악하거나 매일 일기를 쓰는 것도 좋은 방법입니다. 특히 일기는 매일 꾸준히 할 수 있는 최고의 글쓰기 연습입니다. 초등 고학년 때에는 책 제목, 작가와 함께 읽은 책의 핵심 내용을 〈독서노트〉에 정리하도록 합니다. 한 단락으로 작성했던 소감문을 고학년에는 한 페이지로 작성합니다. 가정에서 직접 지도가 어렵다면 초등 전문 독서 토론 논술 학습지 또는 학원을 활용하면 좋습니다.

수학 응용력을 길러주세요

매번 강조하지만, 선행학습이 이루어지려면 각 학년에서 배우는 수학 개념과 공식을 먼저 완벽히 이해해야 합니다. 기초문제부터 심화문제까지 어떤 개념과 공식을 적용해야 하는지 완벽하게 이해할 때 다음 단계로 나아갈 수 있습니다. 수학의 개념 이해 다음에 필요한 것은 바로 '응용력'입니다.

핵심 개념을 문제 풀이에 적용할 수 있어야 비로소 수학 공부가 완성됩니다. 이 수학 응용력을 기르기 위해서는 문제에 많이 부딪혀 봐야 합니다. 초중고 12년간 배우는 수학 개념과 공식의 양은 어마어마합니다. 배울 때마다 머리에 착착 정리하는 습관이 필요합니다. 막히는 문제를 만나면 기본 개념과 공식으로 다시 돌아가서 철저하게 익히고 이해한 다음 문제를 푸는 과정을 반복해 보세요. 선행학습의 진도에 집착하지 말고 초등학교 때부터 현재 학년에서 배우는 내용을 머릿속에 스스로 정리하는 습관을 길러야 합니다. 그래야 중고등학교에 진학해서 최소한 수학 때문에 대입에 발목 잡혔다는 말은 하지 않게 될 겁니다.

모든 교과에서 내가 아는 것과 모르는 것을 구별해 내는 과정이 중요하지만, 특히 수학은 더 중요합니다. 추상적인 개념과 공식부터 차근차근 완벽하게 이해해서 기초 실력을 쌓고 개념과 공식이 적용된 심화문제까지 완전하게 정복했을 때 수학 성적은 자연스럽게 향상합니다.

수학 공부에 관한 팁을 더 하나 더 말씀드리자면, 수학은 반드시 내 손으로 직접 쓰면서 문제를 풀어야 합니다. 중간에 건너뛰는 풀이 과정이 없어야 하며, 내가 다시 보아도 바로 알아볼 수 있을 정도의 반듯한 글씨체로 푸는 연습을 하길 바랍니다. 수학 시험에서 문제 재검을 하거나 막힌 문제를 다시 풀 때 글씨가 반듯해야 본인의 눈으로 바로 따라가서 시간을 아낄 수 있습니다.

평소에 글씨를 엉망으로 쓰는 학생들은 시험 당일에도 글씨를 엉망으로 씁니다. 그러다 자신이 써놓은 풀이를 알아볼 수가 없어서 처음부터 다시 계산하는 어처구니없는 상황이 발생하기도 합니다.

모든 공부가 그렇겠지만, 특히 수학은 시간이 걸리는 과목입니다. 최소 1년 동안 나에게 가장 잘 맞는 수학 공부 방법을 찾고 우직하게 실천해 나가기를 바랍니다. 2~3년 동안 꾸준히 한다면 부동의 수학 최상위권이 될 수 있다고 생각합니다. 몇 학년 이상 선행한다는 자만심에 빠져서 학교 수업 듣기를 소홀히 한다거나 본인 학년에 맞는 공부를 미진하게 하여 현행 학습에서 만점이 나오지 않는다면 선행을 할 때가 아닙니다. 현행부터 완벽하게 마스터한 학생만 다음 단계 선행으로 나아갈 자격이 있다는 사실을 잊지 마시길 바랍니다.

영어 문법은 한국식으로 한 번은 정리하기

최근 수능에서는 영어 문법 문제의 비중을 줄이고 다양한 유형의 문제를 출제하고 있습니다. 하지만 그럼에도 여전히 영문법 문제는 한 문제씩 출제되고 있습니다. 중요한 것은, 중고등학교 내신 영어 시험에서도 단답형의 문법 문제가 출제되고 있다는 점입니다.

학생들이 고난도 지문의 독해를 잘 못하는 이유 중 하나는, 문장이 길어지면 어디서 끊어 읽어야 하는지 문장 구조를 제대로 보지 못하기 때문입니다. 이는 영문법에 대한 이해와 실력과 연결된 부분이기도 합니다. 독해를 잘하기 위해서라도 영어의 기본 뼈대를 이루는 영문법을 제대로 이해하는 게 중요합니다.

영어로 된 책과 긴 글을 다양하게 읽으면서 영문법을 습득하여 체화하는 방식이 가장 이상적입니다. 하지만 현실적으로 어렵다면 영문법을 한국식으로 한 번은 정리해 주는 게 좋습니다. 그러면 앞으로 수없이 치게 될 영어 시험이 유리해질 것입니다. 본인에게 맞는 스타일로 영문법을 스스로 정리하는 일은 꼭 필요합니다. '한국식으로 영문법을 정리하라'는 말은 현재분사와 관계분사, 관계대명사, to부정사와 동명사, 목적격보어 이런 말 자체에 익숙해져야 한다는 말입니다. 처음부터 어떻게 정리해야 할지 감이 안 온다면, 다음 2024학년도 대학수학능력시험 영어 영역 지문과 문제를 활용해 정리하는 방법을 소개해 드리니 참고하시길 바랍니다.

29. 다음 글의 밑줄 친 부분 중, 어법상 틀린 것은?

A number of studies provide substantial evidence of an innate* human disposition** to respond differentially to social stimuli. From birth, infants will orient preferentially towards the human face and voice, ① **seeming** to know that such stimuli are particularly meaningful for them. Moreover, they register this connection actively, imitating a variety of facial gestures that are presented to them — tongue protrusions, lip tightenings, mouth openings. They will even try to match gestures **② which** they have some difficulty, experimenting with their own faces until they succeed. When they **③ do succeed,** they show pleasure by a brightening of their eyes; when they fail, they show distress. In other words, they not only have an innate capacity for matching their own kinaesthetically*** experienced bodily movements with **④ those** of others that are visually perceived; they have an innate drive to do so. That is, they seem to have an innate drive to imitate others whom they judge **⑤ to be 'like me'**.

* innate: 타고난 ** disposition: 성향 *** kinaesthetically: 운동감각적으로

정답 : ②

① seeming

현재분사 seeming이 맞게 쓰였는지 확인하기 위해서 "누가" 그 자극이 의미 있다고 아는지 주체를 확인해야 한다. 그 주체는 바로 "infants"이다. 주어 infants와 동사 seem 사이가 "능동"의 관계이므로 현재분사 seeming으로 쓰는 것이 맞다.

② which

관계대명사 which를 빼고 원래 문장을 생각해 보면 다음과 같다.

They will even try to match gestures(선행사) and(접속사) they have some difficulty with the gestures, experimenting with their own faces until they succeed.

with the gestures를 받아야 하니까 which만 쓰면 안 되고 "with which"가 되어야 한다. 그러므로 ②가 오답이다.

③ do

When they ③ do succeed, they show pleasure by a brightening of their eyes; when they fail, they show distress.

이 문장은 do가 없어도 문장이 성립된다. 즉, 강조 용법으로 사용된 do라는 점을 알 수 있다.

추가 예시 I love you. → I do love you. (강조)

④ those

여기서 those는 "bodily movements"를 받는 복수 대명사이다. that이 아닌 those가 맞게 쓰이고 있다.

⑤ to be

That is, they seem to have an innate drive to imitate others whom(목적격 관계대명사) they judge ⑤ to be 'like me'.

원래 문장

That is, they seem to have an innate drive to imitate others and they judge others ⑤ to be 'like me'.

올바른 문장 형식 : they(주어) + judge(동사) + 목적어(others) + 목적격 보어(to be)

and(접속사) + others(목적어) = whom(목적격 관계대명사)
목적격 보어 to be(to 부정사)가 알맞게 사용되었다.

사회 및 과학 교과의 중요성 인식하기

고등학교에 가면 생각보다 탐구 과목의 성적을 올리기가 어렵습니다. 국영수가 중요하다는 것은 귀에 딱지가 앉도록 들어서 알지만, 탐구 과목이 수능에서 의외의 복병으로 작용해서 최저등급을 맞추지 못하는 경우가 허다하지요. 물론 2028학년도 수능부터는 통합사회, 통합과학이 되면서 조금 수월해질까 싶지만, 융합형 문제가 출제될 수 있다는 예상과 함께 이것 또한 결코 쉽지 않을 것으로 생각됩니다. 그래서 초등학교 때부터 사회·과학 과목의 기본기도 탄탄히 다져둬야 합니다.

초등학생 사회 및 과학 교과의 핵심은 '교과서'입니다. 초등학교 때 교과서의 중요성은 백번 강조해도 지나치지 않습니다. 요즘에는 과목별 학원도 많이 다니고 학원 자체 교재뿐 아니라 초등학생을 위한 문제집도 다양하게 나와 있어 굳이 교과서로 공부를 해야 하나 싶으시겠지만, 초등 공부의 핵심은 교과서입니다.

탐구에 해당하는 사회 및 과학을 단순 암기과목이라고 생각하는 경우가 많은데, 그렇지 않습니다. 해당 지식과 개념들이 나오기까지의 배경을 이해해야 하는 '이해과목'입니다. 배경을 제대로 이해하면 저절로 암기할 수 있게 됩니다. 그리고 아주 오랜 시간 동안 우리의 기억 속에 남아 있을 겁니다.

초등학교에서 사회·과학 과목은 초등학교 3학년부터 본격적으로 분리됩니다. 탐구과목에는 사회의 구성원으로서 살아가는 데 알고 있으면 도움이 되는, 상당히 실용적인 내용들이 많습니다. 하지만 아직 어린 초등학생한테 "고등학교 가면 탐구과목이 중요하니까 미리 열심히 공부해"라는 말을 한다고 해서 아이에게 동기부여를 할 수 없습니다. 초등학생 때는 배움에 흥미와 재미를 느끼는 것이 최고의 동기부여 방법입니다. 재미있는 실험이나 잡지, 만화 등으로 과학교과에 대한 흥미를 붙여야 합니다.

사회교과의 경우에는 실생활과 밀접하게 관련된 내용들이 많기 때문에 다양한 경험을 시키면서 사회현상에 대해 질문하고 이야기를 나눌 수 있는 분위기를 조성해 주는 게 좋습니다. 그리고 무엇보다 초등 6년 내내 선생님의 말씀이나 다양한 사례들, 친구들과 함께하는 그룹별 활동 등을 통해 과학과 사회 교과를 거부감 없이 자신의 것으로 만드는 경험을 해야 합니다.

본격적인 공부의 시작인 중학교 로드맵

초등학교까지는 공부를 못하는 아이를 찾아보기 힘듭니다. 간혹 학부모님들 중에 '우리 아이는 공부랑은 거리가 멀구나' '내가 큰 기대를 하지 말아야겠다'라며 일찌감치 자녀를 객관적으로 보시는 분들도 계시기는 합니다. 하지만 예체능에서 특출난 재능을 보이지 않는 이상, 대부분의 아이는 중학교부터 학업의 길로 들어섭니다. 학교에서도 '성적표'라는 것을 받아보지 않고 학원에서 레벨을 나누어 무슨 반이라는 정도만 파악하고 있던 아이들은, 중학교에 입학하면 처음으로 공식적인 내신시험을 치르게 됩니다.

중학교는 성취평가제이기 때문에 등수가 나오거나 상대평가처럼 아이들을 줄 세우지는 않습니다. 그래서 고등학교처럼 경쟁적인 분위기는 없습니다. 그래도 중학생 아이들에게는 OMR카드에 마킹까지 하면서 제한시간 내 문제를 풀어야 하는 시험이 무척이나 떨릴 것입니다. 마찬가지로 학부모님 또한 우리 아이가 학교 시험을 잘 칠까, 실수는 하지 않을까 떨리시겠지요.

초등학교까지는 '부모님'이었다면 중학교부터는 '학부모님'이라는 단어가 더 어울릴 것입니다. 진짜 학업은 중학교부터 시작되니까요. 그리고 이 중학교 3년을 잘 보내두어야 대입에서의 성패를 가르는 고등학교 3년을 잘 보낼 수 있습니다.

중학교 3년을 제대로 보내지 않고 고등학교에 진학하면 해야 할 공부가 너무 많아서 포기하고 싶은 마음이 들지도 모릅니다. 도대체 어디서부터 어떻게 공부를 해야 할지 앞이 보이지 않는 막막함과 노력해도 도저히 안 되겠다 싶은 좌절감이 밀려올 수도 있습니다. 그러므로 중학교 3년 과정을 누구보다 충실히 보내야 합니다.

국어는 어느 선생님이 잘 가르치고, 수학은 이 교재가 좋고, 영어는 이 학원이 좋고…. 이런 정보를 알아보시는 것도 아이에게 도움이 되겠지만, 더 중요한 건 사춘기에 접어든 자녀를 진심으로 존중하면서 학부모님으로서 자녀에게 존경받는 어른이 되어주어야한다는 것입니다. 그렇게 되면 그 아이는 반드시 잘될 겁니다.

중학교 1학년

예나 지금이나 SKY 대입은 전 교과에서 학업적으로 우수한 학생들을 선발합니다. 교과敎科란 학교에서 교육의 목적에 맞게 가르쳐야 할 내용을 계통적으로 짜놓은 과목을 뜻합니다. 소위 말하는 국영수사과인데, 중학교부터 이 교과 학습을 잘해두어야 합니다.

특목고·자사고 진학에 뜻이 있는 학생들은 중학교 내신성적이 고등학교 입학에 반영되기 때문에 신경을 써야 하는 부분도 있습니다. 그렇지만 중학교 교과에서 넓게 확대되고 깊이가 더해진 게 고등학교 교과이기에, 중학교 때 탄탄히 해두어야 고등학교에 가서도 수월하게 공부를 이어갈 수 있습니다.

중학교 때 열심히 하지 않다가 고등학교에 가서 마음을 먹고 전 교과를 다 잘하는 학생들도 있긴 합니다. 그러나 아주 소수에 해당하는 이야기입니다. 생각보다 공부에만 집중할 시간이 짧기 때문입니다. 수시로 대학을 갈 학생이라면 고1 1학기부터 고3 1학기까지 단 5학기만에 자신의 역량을 극대화해야 합니다. 모의고사에 수행평가, 각종 학교 행사까지…. 재수, 삼수생들은 1년 내내 공부만 하면 되지만 고등학생들은 현실적으로 내신 공부 외에도 해야 할 게 너무 많기에 공부에만 집중할 수는 없습니다. 그래서 이 중학교 3년을 잘 보내야 한다고 강조하는 것입니다.

내신 관리의 기본 방법

모든 시험의 본질은 제한시간 내에 문제 출제 의도를 정확하게 이해하고 정확한 답을 찾아내는 것입니다. 혼자 공부할 때도 느긋하게 풀기보다는 시간에 제한을 두고 집중해서 푸는 습관을 길러야 합니다. 공부를 평소에도 꾸준히 하는 것은 기본입니다. 실전처럼 제한시간 내 정확하게 푸는 연습하는 것만이 살 길입니다.

특목고·전국 단위 자사고는 중학교 첫 내신시험 성적부터 마지막 내신시험 성적까지 빠짐없이 반영됩니다. 어렵겠지만 첫 시험부터 잘 봐야 하는 게 현실입니다. 평소에 공부할 때도, 차분하게 집중해서 문제 의도를 정확히 파악하고 실수 없이 정답에 이르는 훈련을 국영수사과 전 교과에 거쳐 해두어야 합니다. 연습을 실전처럼 해두면, 실전에는 마음이 편해집니다.

중학교 시험 시간은 한 과목당 45분으로 결코 길지 않은 시간입니다. 중간에 모르는 문제는 두세 번 고민해야 하고, 마지막에 답안지 마킹까지 해야 한다는 점을 고려한다면 오히려 짧은 시간이지요. 제대로 공부하지 않고 시험에 임하면 헷갈리는 문제들이 너무 많기에 고민만 하다가 정확한 답을 찾지 못하게 되죠.

시험 종료를 알리는 종이 울려도 시험 문제를 푸는 데 빠져서 OMR카드 기입을 놓치는 경우도 있습니다. 시험 감독을 보시는 선생님들이 "시험 종료 10분 남았습니다. 답안 작성을 먼저 하고 남은 문제를 풀기 바랍니다"라고 친절하게 리마인드해 주는 경우도 있고, 학교 측에서 안내 방송으로 알려주기도 하지만, 아무도 알려 주지 않을 때도 있습니다.

시중에는 맨 뒤에 연습용 OMR카드를 제공하는 문제집들이 있습니다. 그걸 오려서 실제 문제를 풀어보고, OMR카드에 컴퓨터용 사인펜으로 옮겨 적는 데까지 걸리는 시간을 체크해 보면서 늘 실전처럼 연습하길 바랍니다. 항상 모든 준비는 누구의 도움 없이 스스로 해낼 수 있는 방향으로 해야 합니다. 그래야 돌발상황에서도 침착하게 대응할 수 있습니다. 공부로 승부하고 싶은 학생들은 명심하세요.

"연습을 늘 실전처럼!"

시험이 끝나면 자책은 하지 않는 게 좋습니다. 반성할 부분이 있다면 반성하고 오답노트에다 꼭 정리를 하길 바랍니다. 시험 출제 경향은 파악했을 테고, 어떤 점이 부족해서 본인이 원하는 결과를 도출해 내지 못했는지에 대한 점검이 반드시 필요합니다. 그래야 다음번 시험에서 발전을 이룰 수 있으며 원하는 결과를 얻을 수 있습니다.

내가 무엇이 부족했는지, 무엇을 몰랐기 때문에 이 문제를 틀렸는지, 이것을 보완하기 위해서는 어떻게 해야 하는지 객관적으로 파악하는 능력을 '메타인지'라고 합니다. 중학교 때부터 이 과정에 익숙해져야 고등학교에 가서도 더 많아진 내신 과목과 수능 모의고사까지 오답노트를 작성하여 부족한 점을 보완해 나갈 수 있습니다. 매번 같은 방법과 빈도, 똑같은 강도로 공부를 한다면 결과는 같고 성적은 오르지 않을 것입니다.

자유학기제와 진로에 대한 고민

자유학기제에 대한 관심이 뜨겁습니다. 자유학기제는 진로 체험을 통해 학생들의 꿈을 키우자는 의도로 만들어진 것으로, 시험기간 동안 진로 체험이나 각종 현장체험 활동 등으로 교육을 받는 제도입니다. 2013학년도에 잠실중학교에서 최초로 자유학기제를 시범 시행하였고 2015학년도에는 전체 학교 중 80%가 시행했으며, 2016학년도에 자유학기제가 전면 시행되었습니다. 그 후 경기도교육청과 강원도교육청은 2017학년도부터 중학교 1학년을 대상으로 학년 단위인 자유학년제를 시작하였으며, 2020학년도 신입생부터는 전국적으로 확대했습니다. 그러나 세종특별자치시와 경상북도는 2021학년도에 자유학기제로 전환했고 대구광역시도 2022학년도부터 자유학기제로 되돌아갔습니다. 2025학년도부터는 전국의 모든 학교가 자유학기제로 전환될 예정입니다.

저도 대학보다 자신에게 맞는 직업을 찾는 것이 더 중요하다고 생각하기 때문에 자유학기제의 취지는 좋다고 생각합니다. 그런데 과연 그 도입 취지에 맞게 잘 운영되어 왔을까요? 각 가정의 자녀들이 자신이 진짜 하고 싶은 공부(전공)와 직업군을 찾는 데 몰두할 수 있도록 운영이 되고 있느냐는 미지수였습니다. 그래서 대치동을 비롯한 교육특구에서는 자유학기제 때 단순히 진로탐색을 하는 데만 시간을 쓰지 않습니다. 오히려 중2~3학년 주요과목의 선행학습을 하는 데 대부분의 시간을 사용하죠. 그래서 자유학기제 시행에 따른 수혜를 학원가가 받았다는 말이 나오기도 합니다.

자유학기제라고 해서 너무 자유만 추구하면 안 됩니다. 공부에 뜻이 있는 아이들은 이때 전 교과 공부와 선행학습에 집중하고 있기 때문입니다. 고입과 대입은 연결되는 부분이 상당히 많습니다. 중학교 공부와 고등학교 공부로 딱 나눌 수 없는 교과들도 있습니다. 국어와 영어의 경우 중학교과와 고등교과의 깊이만 달라질 뿐입니다.

중학교 성적과 학생부는 특목고·자사고 고입에만 사용되고, 고등학교 성적과 학생부는 대입에만 사용되기 때문에 엄연히 말하면 분리되어 있는 게 맞습니다. 그러나 어떤 고등학교를 가는지에 따라 대입의 방향이 달라집니다. 특히 특목고 진학에 관심이 있는 학생이라면 첫 내신성적부터 잘 관리해야 합니다. 또, 전국 단위 자사고에 진학할 생각이 있는 학생들은 중학교 첫 내신시험부터 전

교과(국영수사과) 내신성적에 신경을 쓰는 게 좋습니다.

최고의 교재는 교과서입니다

중학교 3학년 2학기에 도입되는 진로 연계 학기 때 자신의 진로에 대해서 깊게 고민해 봐야겠지만 예비 고등학생으로서 학업적인 부분을 놓치면 안 됩니다. 중학교를 졸업하기 전에, 모든 교과를 결손 없이 전부 이해하고 복습까지 되어 있는지 확인해야 합니다. 만약 100% 마스터하지 못했다면 반드시 철저하게 복습하세요.

중학교도 전 교과 교과서가 공부의 기본입니다. 내신성적의 등급과 등수도 안 나오다 보니, 중학교는 학원에서 상위반인지 아닌지에 따라 자신의 위치를 파악하는 경우가 많습니다. 하지만 학원을 모든 또래가 다니는 것도 아니고, 학원에서는 문제집과 자체 교재로 진도를 나가기 때문에 기본에 가까운 교과서 공부를 놓칠 수 있습니다. 수능 만점자들의 "교과서 위주로 공부했어요"라는 이야기가 요즘에는 맞지 않는다고 생각하시겠지만, 그 시대에는 그 말이 진실이었습니다. 요즘 시대도 중학교까지는 맞는 이야기입니다.

기본적으로 중학교에서는 교과서로 수업을 합니다. 담당 과목 선생님들이 부교재나 프린트물을 만들어서 보충 교재로 나눠주시기도 하지요. 중학생들의 교과서 공부 역시 중요하다고 여기서 강조하고 싶습니다.

학문의 깊이나 연구 이력에서 해당 교과의 최고 실력자들이 집 필한 교과서는 현직에 있는 선생님들까지 검수를 통해 만든 아주 완성도 높은 책입니다. 문제집이 단편적인 지식을 알고 있는지 테 스트를 하는 교재라면 교과서는 각 단원들마다 기승전결로 구성 되어 있어 짜임새가 있습니다. 중간중간 생각할 수 있는 주제와 각 단원 마지막에 들어 있는 활동까지 들여다보면, 그냥 만든 게 하나 도 없지요. 마치 보석상자와도 같습니다.

수능 대비를 해야 하기 때문에 교과서로 수업하지 않는 고등학 교도 있고, EBS 교재를 비롯해서 각종 문제집을 부가적으로 채택 해서 수업하는 고등학교들도 많습니다. 하지만 중학교까지는 단언 컨대 교과서가 최고의 교재입니다. 이런 최고의 교재를 제대로 이 해하지 못하고 자신의 것으로 만들지도 못했으면서 학원에서 고등 선행 진도를 어디까지 나가고 있다는 걸 자랑할 필요는 없습니다.

중학교 졸업 전까지 전 교과를 제대로 이해했는지 스스로 알아 보기 위해서는, 반드시 교과서 전체를 통독 및 정독하고 참고서 한 권과 문제집 한 권 정도를 병행하며 테스트를 해보기 바랍니다. 중 학교 1학년부터 졸업할 때까지 교과서의 중요성을 깨달은 상태에 서 학교 수업을 들으며 복습만 제대로 한다면 중학교 전 교과에서 All A가 나올 수 있습니다. 모든 것은 기본에서 시작합니다. 기본을 간과하고 다른 것부터 하지 마세요. 계획 - 실천 - 피드백하는 과정을 통해 공부의 끝을 보기를 바랍니다.

전인교육의 중요성

앞서 말한 전인교육 역시 매우 중요한 부분입니다. 여기서는 중학생을 대상으로 어떤 방식으로 전인교육을 하면 좋을지 그 노하우를 공개해 보려 합니다.

먼저 문해력과 사고력, 논리력입니다. 공부의 본질은 글을 읽고 이해하는 능력에 있습니다. 문해력이 해결되면 공부가 한결 수월해집니다. 이 능력들은 기본적으로 다양한 글을 많이 읽어봐야 늡니다. 글을 읽는 데는 상당한 시간이 걸립니다. 어렸을 때부터 책을 읽는 습관을 기르는 것이 가장 좋습니다. 음식도 편식하는 것보다 골고루 먹는 것이 건강에 좋듯, 책 또한 다양한 주제와 소재, 작가의 글을 골고루 읽어야 합니다.

책을 많이 읽다 보면 이해력이 높아지고, 아는 것이 많아집니다. 그렇게 되면 글을 읽다가 "어? 이게 왜 그렇지? 진짜인가? 내 생각이랑은 이런 면에서 다른데?"처럼 생각하게 되는 때가 자연스럽게 옵니다. 그때 사고력과 논리력이 생기기 시작합니다. 사고력과 논리력은 "자, 지금부터 논리적으로 책을 읽는다!" 한다고 되는 게 아닙니다. 좋은 책을 많이 읽고 생각하는 과정을 반복하다 보면 자연스럽게 생겨납니다. 오랫동안 이런 과정을 거친 아이들은 당연하게도 사고력과 논리력을 묻는 문제에서 강세를 보입니다.

두 번째는 설명 능력과 발표 능력입니다. 이 부분은 수행평가 시간을 활용하면 좋습니다. 친구들 앞에서 자신의 생각을 조리 있게 발표할 수 있는 기회가 각 과목마다 생깁니다. 이런 기회가 생기면 주저하지 말고 친구들 앞에 많이 서보세요.

공부할 때도 혼자 머리로만 이해하지 말고, 옆에 누가 있다고 생각하고 스스로 선생님이 되어 자신이 이해한 것을 조근조근 설명하면서 공부해 보세요. 스스로 설명할 수 없다면 완벽하게 이해가 된 게 아닙니다. 누군가에게 설명하고 발표하는 능력은 고등학교와 대학입시를 넘어 면접을 볼 때나 사회생활을 할 때도 분명히 도움이 되는 능력입니다. 스스로 완벽하게 공부하면 자신감도 자연스럽게 생깁니다.

마지막으로 집중력과 체력입니다. 집중력과 체력은 연결되어 있습니다. 잘 자고, 잘 먹고, 잘 쉬는 것이 중요합니다. 초등학생은 하루 최소 8시간, 중학생은 7시간, 고등학생은 6시간의 수면을 취해야 합니다. 고등학생이 무슨 6시간씩이나 자냐구요? 무조건 6시간 이상 자야 합니다. 제가 고3 담임을 하면서도 가장 많이 했던 이야기가 "하루 이틀 하고 말 공부가 아니기에 잠자는 시간을 줄이지 말아라. 깨어 있을 때 집중해서 공부해도 충분하다. 매일 충분한 수면 시간은 반드시 확보해야 한다"는 것이었습니다. 매 끼니도 잘 챙겨 먹어야 합니다. 내가 먹는 것이 나를 이룹니다. 한참 성장하는 시기에는 5대 영양소를 골고루 섭취해야 합니다.

잘 쉬는 것도 중요합니다. 여기에서 잘 쉰다는 것은 적절한 운동과 산책 그리고 휴식을 말하는 것이지, 매일 밤 한두 시간씩 게임이나 SNS를 하는 것을 의미하지는 않습니다. 그런 나쁜 습관이 자리 잡으면 반드시 학업에 지장이 생깁니다. 게임이나 SNS가 꼭 하고 싶다면 하루 30분 내로 제한할 수 있어야 하고, 주중에는 되도록 참고 주말에 하는 자기절제력이 필요합니다. 자고, 먹고, 쉬는 것 모두 자기 관리 능력에 해당합니다. 자기관리가 되는 학생이 학교 생활을 잘하여 결국 원하는 결과를 얻게 됩니다.

중학교 2학년

1년 간의 적응이 끝나고 중학교 2학년이 되면 특목고·자사고 입학을 준비하는 친구들이 나타나기 시작합니다. 전교권 성적을 가진 학생들이 누구인지 친구들도 알게 되는 것이죠. 학원에서도 분반 수업을 하기 때문에 누가 공부를 제일 잘하는지 말하지 않아도 아이들은 다 알게 됩니다.

이런 상황에서 자녀 스스로 1학년 때는 두각을 드러내지 못했지만 친구들처럼 특목고·자사고를 준비하고 싶다고 하면 가정에서 적극적으로 지원해 주시기 바랍니다. 부모님이 먼저 권유하는 경우도 있겠지만, 자녀가 스스로 가고 싶다고 말하는 게 더 좋습니다. 스스로 결정해야 동기부여가 되고, 준비도 자발적으로 하게 되며, 가고 나서도 발생하는 각종 어려움을 본인 스스로 해결하며 나갈 수 있기 때문입니다.

특목고·전국 단위 자사고 입학을 준비한다면

기본적인 내신시험 공부 방법에 대해서는 앞서 설명드렸습니다. 특목고·전국 단위 자사고 준비를 하는 학생이라면 전 교과 내신 관리를 '철저하게' 해야 합니다. 모든 학기에 All A를 받는 것이 중요합니다. 특히 외고 입학을 하려면 중학교 영어 내신만 잘 받으면 된다고 생각하실 수도 있습니다. 하지만 실제 지원자들의 영어 성적이 All A인 경우가 많기 때문에, 동점자 처리 기준에 따라 영어뿐만 아니라 국어 및 사회(사회 과목이 없는 경우 역사) 성적까지 총 3과목의 성적을 관리해 두어야 합니다.

특목고·자사고를 준비했지만 결과적으로 합격하지 못했거나, 특히 함께 준비한 친구는 합격했는데 본인은 일반고등학교를 가게 된 경우 인생에서 처음으로 상대적 박탈감과 패배감을 느낄 수 있습니다. 이럴 때는 부모님의 반응이 중요합니다. 스스로에게 실망을 했을 것이므로 그런 감정에 오랜 시간 빠져 있지 않게끔 도와주셔야 합니다.

"이럴 줄 알았다. 네가 무슨 특목고나 자사고를 준비하냐?" "게임할 거 다 하고, 휴대폰 볼 거 다 보면서 무슨 자사고를 준비한다고…" 이런 비난의 말은 하지 말아주세요. "수고했다. 애썼다"면 충분합니다. 격려의 말로는 "네가 노력한 경험은 오롯이 너의 몸과 마음에 남아 있을 거야. 언젠가 이 경험이 도움이 되는 날이 올 거야"라고 해주세요.

중학교에는 사춘기라는 복병도 있습니다. 요즘은 사춘기가 빨리 와서 초등 5~6학년 때 겪는 학생들도 있기는 하지만, 중학교 2학년을 기점으로 겪는 사춘기가 진짜 사춘기입니다. 보통 그 시기에 엄마들의 갱년기와 딱 맞물리기도 합니다. 사춘기 자녀가 엄마의 갱년기에 대해서 공부하고 이해해 주려고 할까요? 그런 가정은 1%도 없습니다. 그러므로 갱년기를 겪고 있는 엄마가 사춘기를 겪고 있는 자녀를 더 이해하고 보듬어 주는 게 맞습니다.

사실 모든 가정의 아이들이 사춘기를 심하게 겪진 않습니다. 어렸을 때부터 부모님과의 관계를 잘 형성해 온 아이들은 무난하게 이 시기를 넘어가는 경우도 있지요. 자녀가 사춘기를 극심하게 겪고 있다면 어른인 부모님들이 현명하게 대처하고, 자녀의 사춘기가 원만하게 잘 넘어갈 수 있도록 노력해 주셔야 합니다. 고등학교에 가서 자녀는 공부로 인해 덜 힘들어하고 학부모님은 마주한 현실에 충격을 덜 받으려면 이 중요한 시기를 잘 보내야 합니다.

오답노트 똑똑하게 활용하기

공부를 잘하는 거의 모든 학생들은 오답노트를 작성해서 내가 무엇을 모르는지, 어떤 개념과 문제 유형에 취약한지 반드시 체크합니다. 이게 바로 메타인지를 높이는 지름길입니다. 제가 고3 학생들한테 입버릇처럼 자주 했던 말이 있습니다.

"모르는 것만 집중적으로 공략해. 그게 수험 생활을 하면서 성적이 오르는 지름길이야."

중하위권 학생들이 성적이 오르지 않는 이유 중 하나는 자신이 무엇을 알고 무엇을 모르는지 정확하게 구별하지 않고 공부했기 때문입니다. 각 과목별로 어떤 개념들이 있고 단원이 어떻게 구성되어 있는지 전체적인 흐름을 파악하고, 그중에서 내가 모르거나 취약한 것만 집중적으로 파고들어서 이해한 다음 내 것으로 만들어야 성적이 오릅니다. 그런 의미에서 틀린 문제를 체크하고 복습하는 오답노트는 반드시 작성해야 합니다.

오답노트는 자신이 작성하기 편한 방법으로 쓰면 됩니다. 정해진 건 없습니다. 내가 모르는 개념을 보기 좋게 정리할 수도 있습니다. 틀린 문제를 오려 붙이고 그 아래에 자신이 정답을 도출한 과정에서 어떤 오류가 있었는지, 올바른 정답에 이르기 위해서는 어떤 논리적인 과정을 거쳐야 하는지를 작성할 수도 있지요. 각자의 다양한 방법들이 있으니 본인에게 알맞은 방법을 스스로 찾아내기 바랍니다. 다만 과목별로 오답노트를 다르게 사용할 것을 권장합니다. 뒤죽박죽 과목이 섞이면 안 되니까요.

하나 더 주의할 점이 있습니다. 일반화지만 여학생의 경우 오답노트를 예쁘게 꾸미느라 많은 시간을 할애하곤 합니다. 그럼 자연스럽게 다른 과목의 오답노트를 작성할 시간이나 순공 시간이 줄어들겠지요. 반대로 남학생은 나중에 본인도 알아보지 못할 정도로 대충 작성하곤 하는데, 이것도 주의하길 바랍니다. 나중에 내신 시험과 모의고사 직전에 지금까지 정리해 온 오답노트만 봐도 공부가 될 정도로, 집중적으로 복습할 수 있는 방식의 오답노트를 나의 보물창고라고 생각하며 잘 정리해 두기 바랍니다.

공부에 대한 확고한 주인의식을 길러주세요

어릴 때부터 대학에 입학하는 순간까지, 부모님이 시키는 대로 공부해서 SKY나 의대에 진학한 아이들이 있습니다. 하지만 대학교에 입학하고 난 뒤에도 이 '착한 아이'들이 부모님의 말씀을 계속 따를까요? 이런 학생들은 막상 대학교에 가서 자신이 원하는 공부가 아니라는 것을 뒤늦게 깨닫고 후회하는 경우가 있습니다. 성인이 되어서야 정체성의 혼란을 겪는 것이지요.

가장 고민이 많은 사춘기에 자신이 누군지, 내가 무엇을 좋아하는지, 어떤 어른으로 성장하고 싶은지, 어떤 모습으로 살아가고 싶은지 충분한 고민의 시간을 갖지 못했던 학생들은 성인이 되어서 극심하게 방황하기도 합니다.

비록 대입에서는 성공했을지 몰라도 행복하지 않다고 느끼는 아이들을 볼 때면 정말이지 안타깝습니다. '부모님이 강압적으로 끌고 가지 않았어도 때가 되면 자신의 길을 찾아갔을 수도 있었는데…'하는 아쉬움이 듭니다. 대단한 입시정보력을 갖춘 학부모가 되는 것이 아이 때문인지 아니면 본인의 욕심 때문인지 잘 생각해보시길 바랍니다. 현명함과 절제력 그리고 사리 분별력을 갖춘 학부모님이 되는 게 아이의 행복을 위해서는 훨씬 더 중요한 것이라고 말씀드리고 싶습니다.

따라서 학생 때 공부에 대한 '주인의식'을 길러주셔야 합니다.

이 공부에 대한 주인의식은 성인이 되면서 자연스럽게 인생에서의 주인의식과 연결됩니다. 누군가에게 끌려가서 공부하는 것이 아니라 학생 스스로 주인의식을 가지고 공부를 해야 합니다. 실제 제가 지도했던 최상위권 학생들은 부모님이 시켜서, 부모님을 기쁘게 하기 위해 공부하지 않았습니다. '나에게 도움되는 것'이라고 인식하고 공부하는 경우가 대부분이었습니다. 공부는 내 것이고, 나에게 좋은 일이니까 당연히 내가 알아서 모든 것을 주도하고 챙기는 것이죠.

"저희 애는 제가 안 시키면 도무지 아무것도 하지 않는 아이인데 어떻게 하나요? 알아서 할 때까지 옆에서 믿고 기다려야 하나요?"

이렇게 질문하시는 학부모님들도 계십니다. 이 질문에 대한 답변을 드리기 전에, '왜 자녀가 부모님이 시키지 않으면 아무것도 하지 않는 아이로 성장해 왔을까요?'라고 먼저 질문을 드리고 싶습니다. 이유가 없는 결과는 없습니다. 모든 현상에는 반드시 원인이 있습니다. 10년이 넘는 동안 가정에서 부모님의 양육 태도와 학습에 대한 지도가 어떻게 이루어져 왔는지 부모님이 먼저 돌아보셔야 합니다.

예를 들면 자녀가 어릴 때부터 일거수일투족 모두 도와주신 건 아닌지, 이랬다저랬다 일관성 없는 태도로 아이를 양육하신 건 아닌지 등을 살펴 봐야 합니다. 그 원인은 각 가정에서 가장 정확하게 아실 거라고 생각합니다. 양육 태도와 기본적인 생활 습관 지도는 아이의 주인의식 형성에 매우 중요한 역할을 합니다. 이것은 1~2년이 아닌 최소 10년 이상의 올바른 가정교육에서 비롯된다는 것을 기억하시고, 일관성 있게 지도해 주시기 바랍니다.

중학교 3학년

중학교 때 학업으로 최상위권으로 도약하기 위해서는 학교 수업을 잘 듣고 복습하는 것과 수행평가를 성실히 이행해 나가는 것이 최우선입니다. 기본적으로 중학교 졸업할 때까지 마지막까지 모든 면에서 모범적으로 최선을 다해야 합니다. 기본과 본질을 간과하고서는 그 어떤 성공도 이루어낼 수 없습니다.

초등학교 때 공부를 못하는 아이는 없습니다. 사실 성적 평가 자체를 받기에는 너무 어리기도 하지만, 평가를 받으면 안 된다고도 생각합니다. 성취평가제이긴 하지만 중학교를 가면 그래도 각 과목별로 ABCDE 성적표라는 것이 나오기 때문에 어느 정도 공부를 잘하는 아이들이 드러나기 시작하죠. 그러다가 고등학교에 가서야 처음으로 진짜 성적을 마주하게 됩니다. 전교에서 내가 몇 등인지, 전국에서 모의고사는 몇 퍼센트가 나오는지 말이죠.

학부모님들 역시 처음으로 우리 아이의 성적과 직면하는 순간이 옵니다. 중학교 때 모든 교과에 A를 곧잘 받아와 '우리 아이는 다 잘하나 보다' 하고 생각하셨을 수도 있습니다. 그랬던 자녀가 고등학교에 가서 수능 모의고사 1~2등급이 아닌 4~5등급을 받아오는 것을 보고 충격을 받죠. 초등학생 때 SKY를 꿈꾸던 학부모님과 자녀가, 고등학생이 되어서는 인서울도 힘들 수 있다는 현실을 마주하게 됩니다.

하지만 누군가는 고등학교에서 정말 SKY에 진학합니다. 우리 가정도 SKY를 꿈꿨는데, 왜 꿈으로만 끝나게 되었을까요? 고등학교에 와서 이런 일이 하루아침에 벌어졌을까요? 아닙니다. 적어도 3년 전부터 이미 벌어지고 있던 일이, 고등학교에 와서 성적으로 드러나는 것일 뿐입니다. 그래서 고등학교에 가서 이렇게 되지 않으려면 중학교 3년을 정말 잘 보내야 합니다.

고등학생이 되면 판도 자체가 바뀝니다. 이 점을 명심해야 합니다. 공부의 양과 깊이, 시험 난이도와 문항 수, 수행평가의 난이도와 개수까지 모두 다 달라진다는 것을 단단히 각오하고 고등학교에 입학해야 합니다. 더 놀라운 건 고1과 고2가 다르고 고3이 또 다르다는 점입니다. 그러므로 중3 때부터 고등학생이라는 마인드로 매사에 임하는 것이 좋습니다.

All A가 가지는 의미

중학교에서 받는 All A는 크게 의미 없냐고 물어보시는 학부모님들이 종종 계십니다. 중학교는 성취평가제이기 때문에 고등학교에서 1등급~9등급까지 전교생을 다 줄 세우는 상대평가와는 시스템도 다르고 의미도 다릅니다.

중학교 성적은 A부터 E까지 성취도 평가라고 하는 절대평가 방식으로 표시되기 때문에 90점 이상은 A를 받습니다. 하지만 고등학교의 1~9등급 상대평가 시스템의 경우 상위 4%만 1등급을, 그다음 상위 7%(누적 11%)까지만 2등급을 가져가기 때문에 진짜 잘하는 학생들을 구별해 내는 의미가 있습니다.

전국 단위 자사고인 하나고등학교를 예로 들어보겠습니다. 1단계전형에서 중학교 시절 국영수사과 성적으로 합격자를 선발할 경우 거의 대부분의 지원자들이 국영수사과 All A를 받고 지원을 하게 됩니다. 그러나 1단계로는 성적, 2단계 자기소개서 및 면접전형으로 최종 합격자들이 전국 단위 자사고에 입학하더라도 학업 역량은 천차만별이라는 겁니다. 중학교 때 A가 다 같은 A가 아니라는 뜻이지요. 강남 8학군의 중학교를 졸업한 학생이 국영수사과에서 All A를 받은 것과 학구열이 높지 않은 지역의 중학생이 국영수사과 All A를 받은 것은 학업 역량에서 분명한 차이가 있고, 그건 고등학교에 들어가면 바로 드러납니다.

| 하나고등학교 경쟁률 |

2024학년도	남자 2.65	여자 3.41
2023학년도	남자 2.06	여자 3.44
2022학년도	남자 1.86	여자 2.41
2021학년도	남자 1.65	여자 2.33

전국 단위 자사고 하나고등학교의 경쟁률을 보면 2:1을 훌쩍 넘어 3.44:1을 기록한 해도 있는데요. 중학교 국영수사과 내신성적을 아주 잘 받아야만 합격한다는 것을 짐작할 수 있습니다. 특목·자사고 입학설명회에 가면 해당 학교 합격자들 내신 컷 비율을 설명해 주는 학교가 많으니, 입학설명회를 신청해서 꼭 참석해 보시길 바랍니다.

하나고등학교의 경우, 남학생과 여학생 선발 인원이 따로 정해져 있습니다. 최근 4개년 경쟁률을 보시면 아시겠지만 남학생보다 여학생 경쟁률이 상대적으로 높습니다. '중학교 내신 성적이 All A

가 아니면 탈락이다'라고 단정지어서 말하기는 어렵겠지만, 전국에서 공부를 제일 잘하는 학생들이 몰리는 고등학교인만큼 안정적으로 합격하려면 All A(특히 하나고등학교에 지원하는 여학생의 경우)를 받아두는 것이 좋겠습니다.

중학교 국영수사과 내신성적 중 한 과목에서 B가 나왔더라도, 전국 단위 자사고에 도전하고 싶은 중학생은 당연히 그렇게 해도 됩니다. 대입에서 최고의 실적을 내고 있는 고등학교인만큼 훌륭한 재원들이 많이 몰리는 것은 사실이지만, 그해 어떻게 합격 컷이 형성될지는 알 수 없기 때문입니다.

도전하고 난 뒤 탈락한다면 미련이 없지만, 혹시나 'B등급이 있어서 난 떨어지겠지…'라는 생각으로 도전조차 하지 않는다면 그 자체가 후회로 남게 됩니다. 그리고 특목고·자사고 입학을 준비한 경험은 나중에 대입 수시모집에서도 도움이 되기 때문에 학생 본인에게 의지가 있다면 도전해 보라고 권하고 싶습니다.

2025학년도 고교학점제 시행으로 고등학교 내신도 ABCDE 절대평가로 바뀌고 절대평가의 단점을 보완하기 위해 1~5등급 상대평가를 병기하는 쪽으로 바뀝니다. 그러나 전국 단위 자사고 진학을 희망하는 학생의 경우, 중학교 국영수사과 내신성적 관리를 철저하게 해두어야 한다는 점을 꼭 기억하시길 바랍니다.

선행학습에 대한 판단이 안 선다면

중학교 1학년 때 2~3학년에 대한 국영수사과 선행학습을 넘어서 고교 과정까지 선행을 하는 경우가 상당히 많은 것 같습니다. 특히 수학 과목에 있어서요. 한 번이라도 미리 들어놓고 고등학교에 진학하면 수월할 것이라는 판단 때문인데요. 이 말은 어느 정도 일리가 있지만 경계해야 할 점도 있습니다. 많은 교육 전문가들이 강조하는 부분이기도 하고, 제가 고3만 10년 가까이 지도해 본 경험이 있어서 말하는 것인데, 저 역시 선행학습보다 중요한 것이 결손 없는 현행학습이라 생각합니다. 이 현행학습에 대한 결손 없이 공부해 내는 학생이 잘 없다는 것이지요.

현재 자기 학년의 교과 내용을 제대로 이해하지 못한 채로 그다음 학년, 무리해서는 그 다다음 학년, 심지어 3~4년 선행학습을 한다면 무슨 의미가 있을까요? 그런 형태의 선행이라면 아이는 30% 정도밖에 받아들이지 못합니다. 그러나 현행학습의 결손이 없는 상태에서 1년 정도 선행을 한다면 훨씬 더 많은 양을 편안하게 이해하고 받아들일 수 있습니다. 선행학습이 만연한 이 시대에서 "선행학습 하지 마세요"라는 이야기가 현실적이지 않다면 저는 이렇게 말씀드리고 싶습니다.

"현행학습에 대한 수업 결손이 없는 상태에서 1년 정도 선행학습을 하세요."

선행학습 여부나 그 진도보다 더 중요한 건, 현행학습을 고등학교 3년 동안 완벽하게 해낼 체력과 집중력, 목표의식과 끈기입니다. 이걸 갖추고 있는 학생이라면 선행학습을 6개월 정도만 해도 충분합니다. 우리 아이가 고등학교에서 좀 더 편안하게 공부할 수 있도록 도움을 주고 싶어서 선행을 시키는 부모님의 마음은 충분히 이해합니다만, 과연 아이가 몇 %나 이해하면서 선행학습을 하여 있는지 냉정하게 판단해 보셔야 합니다. 어설픈 선행학습을 하고 중학교에 들어온 학생의 경우, 수업 내용을 듣고 '어? 내가 학원에서 다 배웠던 건데?' 하며 설렁설렁 듣기 시작합니다. 다 안다고 생각했는데 막상 시험에서는 A가 안 나옵니다.

학교 수업을 설렁설렁 듣는 게 습관이 되면 절대 안 됩니다. 이것은 최악의 습관입니다. 어느 정도 선행은 하되, 학교 수업을 겸손한 태도로 성실하게 듣는 것이 아주 중요합니다. 시험을 출제하는 사람은 선행학습을 시켜주는 학원 선생님이 아니라 학교 선생님이라는 것을 간과해서는 안 됩니다. 겸손함도 함께 가르쳐야 한다고 말씀드리고 싶습니다.

현실적으로 고등학교는 국어·영어·수학에 탐구과목까지 공부할 과목과 분량이 엄청나게 많습니다. 시험 범위도 방대합니다. 그래서 공부 머리와 이해력이 뛰어나고 자기관리가 잘 되며 집중력과 자제력까지 모두 뛰어난 학생이라면, 선행을 하나도 하지 않고 고등학교에 입학하더라도 이상 없이 공부를 해나갈 수 있습니다.

하지만 이렇지 않거나 공부 습관이 확실하게 잡히지 않은 상태라면, 선행학습 없이 고등학교에 와서 그 많은 공부와 수행평가를 소화하기가 어렵습니다. 중학교 현행학습에 결손이 없고 현행심화까지 된 학생이라면 고등학교 선행을 어느 정도는 하고 가면 편해집니다. 그러니 현재 자신의 위치를 정확하게 파악하고 이에 적합한 선행학습을 해야 합니다.

중학교 내신성적에는 등수도 안 나오고 각 과목별로 ABCDE 성취평가제로 등급만 나오는데, 어떻게 해야 현재 나의 위치를 정확히 알 수 있을까요? 가장 쉽게 알 수 있는 방법으로는, 학교 내신성적에서 해당 교과에서 A가 안 나온다면 결손이 있다고 이해하시면 됩니다. 예를 들어 중학교 3학년 수학교과 내신성적이 A가 안 나오는데 고교 수학을 선행하고 있다면 현행 학습에 결손이 있다는 뜻입니다. 이럴 때는 현행학습의 보완이 급선무입니다.

팁을 하나 드리자면 아이와 충분히 그리고 자주 이야기를 나누시길 바랍니다. 최소 3개월에 한 번은 대화하셔야 합니다. 학교 수업에 대한 이해도는 어떤지, A가 나오지 않았다면 어떤 점이 부족한지, 어떤 과목을 어떤 식으로 더 배우면 좋을지, 요즘 다니고 있는 학원은 어떤지 등에 대해 이야기를 나누는 것이 중요합니다. 이때 잔소리나 비난은 금물입니다.

각 학교 담임선생님과 아이의 학교 생활과 성적, 고교 선택에 대해서 상담하는 것도 필요합니다. 학교에서 진행하는 상담 시즌에 귀찮다고 전화 통화만 하지 마시고, 학교에 꼭 가서 담임선생님의 얼굴을 직접 뵙고 상담을 받으시기 바랍니다. 얼굴을 보고 내 자녀에 대해서 이야기를 나누는 것과 전화로만 이야기를 나누는 건 확연히 다릅니다.

학교 선생님과 마찬가지로 학원 선생님과도 상담하세요. 학교에서 보지 못한 부분을 학원에서 봐줄 수 있기 때문에 학업적인 부분에 대해 학원 담임선생님 또는 교과 선생님과 상담을 해보시길 추천합니다. 아이의 의사를 존중하지 않은 채 '우리 애는 몇 년 선행하고 있다, 선행 몇 바퀴 돌렸다'는 것에 스스로 위안을 삼고 있는 건 아닌지 생각해 보시기 바랍니다.

아래는 아이들의 성적에 따른 선행학습 가이드입니다. 중학교 성적이 성취평가제(A/B/C/D/E)라서 자신의 위치를 잘 모르겠다면, 학교와 학원 선생님과의 상담을 통해 구체적인 과목별 성적을 파악할 수 있습니다. 참고하셔서 어설픈 선행이 아닌 제대로 된 선행으로 이끌어주시기 바랍니다.

일반 중학교 성적 기준 선행학습 가이드라인

① 최상위권(전교생 250명 기준, 상위 4%인 전교 1~10등 내)이라면 2년 선행이 가능합니다. 중3 때 고1 과정을 선행하고, 고2까지 선행이 가능합니다. 다만 고1 과정 선행이 제대로 안 되었는데 고2 과정을 선행한다면 밑 빠진 독에 물 붓는 일처럼 남는 게 별로 없습니다.

② 상위권(전교생 250명 기준, 상위 11%인 전교 27등 내)이라면 1년 선행 가능합니다. 중3 때에도 고1 과정 선행이 가능합니다.

③ 중상위권(전교생 250명 기준, 상위 57등 내)이라면 한 학기 선행이 가능합니다.

④ 일반 중학교에서 상위 60등을 넘어간다면 중학교 전 교과 과정을 확실하게 복습해서 내 것으로 만드는 일이 최우선 과제입니다. 그래야 고등학교 가서 덜 힘들어집니다.

고교 선택이 대입을 결정한다

2024년 서울대와 의대 합격자를 많이 배출한 상위 30개 고등학교는 특목고·자사고이거나 강남구, 서초구, 대구 수성구 등 학군지의 일반 고등학교인 경우가 많습니다. 물론 어떤 고등학교를 가더라도 본인만 잘하면 원하는 대학교에 진학을 할 수 있습니다. 하지만 학교마다 특징이 있고 역량도 다르기 때문에 어떤 선택을 하느냐에 따라 본인이 명문대 진학 여부에 영향을 받는 것이 사실입니다. 그러므로 자녀의 능력·기질·특성·거주지·가정의 경제적 여건 등을 종합적으로 고려하여 최선의 선택을 내려야 하겠습니다.

'학군'은 정확히 무엇일까요? 통학이 가능한 일정 범위 내 위치한 중학교와 고등학교를 합쳐 하나의 학군이라 부릅니다. 고등학교를 선택하기 전에 학군에 대한 이해가 먼저 필요합니다. 서울시를 예로 들면, 서울에는 11개의 학군이 있는데요. 아마 다른 건 몰라도 '강남 8학군'에 대해서는 들어보셨을 겁니다. 본인이 거주하고 있는 학군은 몇 학군인지 모르는 경우가 많은데, 대부분의 학부모님들이 강남 8학군은 아십니다. 참 재미있지요? 교육열이 높은 대한민국에서 그만큼 강남 8학군의 유명세가 대단하다는 뜻입니다. 강남 8학군이란 강남교육지원청 관할인 강남구, 서초구인 학군을 말합니다.

왜 많은 사람들이 왜 '강남 8학군, 강남 8학군' 할까요? 좋은 학교가 많이 몰려 있기 때문입니다. 대한민국에서 좋은 학교란 무엇을 의미할까요? 다양한 해석이 가능하겠지만 대입 측면에 있어서는 SKY와 의대로 많이 진학시키는 고등학교가 많다는 뜻입니다. 물론 이렇지 않다고 해서 나쁜 학교라는 말은 절대 아닙니다.

| 서울특별시 11개 학군 |

동부교육지원청(1학군)	동대문구, 중랑구
서부교육지원청(2학군)	마포구, 서대문구, 은평구
남부교육지원청(3학군)	구로구, 금천구, 영등포구
북부교육지원청(4학군)	노원구, 도봉구
중부교육지원청(5학군)	용산구, 종로구, 중구
강동송파교육지원청(6학군)	강동구, 송파구
강서양천교육지원청(7학군)	강서구, 양천구
강남서초교육지원청(8학군)	강남구, 서초구
동작관악교육지원청(9학군)	관악구, 동작구
성동광진교육지원청(10학군)	광진구, 성동구
성북강북교육지원청(11학군)	강북구, 성북구

제가 특목고 교사로 근무하며 느낀 강남 8학군 내 관할 고등학교에 재학하는 학생을 둔 학부모님들의 특징은 이렇습니다.

첫째, 교육에 대한 열정과 부동산값을 극복할 경제력이 있습니다. 물론 강남이 처음부터 명문 학군지로 유명했던 것은 아닙니다. 1970년대만 해도 허허벌판이었기 때문이죠. 지역 발전을 위한 강남 개발이 이루어지면서 강북에 있던 명문학교들이 강남으로 대거 이전하게 되었습니다. 그 대표적인 예로 경기고·휘문고·서울고·중동고·경기여고·숙명여고 등이 있습니다.

명문학교의 기준은 무엇일까요? 우리는 보통 서울대학교와 의대에 진학하는 학생 수로 판단합니다. 다음 표를 보시면 10위까지의 고등학교 중 강남 8학군(강남구, 서초구)에 해당하는 학교는 6개로, 약 60%를 차지하고 있습니다. 여기에 양천구(목동)와 대구 수성구까지 더하면 80%가 학군지입니다.

| 2024학년도 의학계열 합격 고등학교 순위 |

순위	고교명	의대	약대	치대	한의대	수의대	총합	소재지	고교유형	자사고/학군지
1	상산고	157	38	31	8	3	237	전북 전주시	자사고 (전국)	자사고
2	휘문고	114	31	19	10	4	178	서울 강남구	자사고 (광역)	자사고
3	세화고	67	19	12	4	2	104	서울 서초구	자사고 (광역)	자사고

4	중동고	57	9	3	5	4	78	서울 강남구	자사고 (광역)	자사고
5	숙명여고	56	33	13	9	3	114	서울 강남구	일반고	학군지
6	강서고	51	11	7	8	4	81	서울 양천구	일반고	학군지
7	단대부고	51	13	6	5	5	80	서울 강남구	일반고	학군지
8	현대청운고	47	15	5	5	4	76	울산 동구	자사고 (전국)	자사고
9	경신고	43	19	7	10	3	82	대구 수성구	일반고	학군지
10	중산고	42	16	5	4	10	77	서울 강남구	일반고	학군지

출처 : 베리타스 알파

더불어 높은 학력 수준과 소득 수준을 갖춘 부모님들이 많이 계십니다. 정재계 유명인들 자녀 중에도 강남 8학군에서 학교를 다니고 있는 경우가 많습니다. 일반인들 중에서도 평균적으로 부동산값이 높은 강남구에 거주하는 사람들은 그만큼의 경제력이 있기 때문에, 인근 대치동 학원가의 교육 서비스를 이용하여 자식들을 교육할 가능성이 높습니다.

강남 8학군이 단순히 명문고등학교와 대치동 학원가 때문에 인기가 많은 것은 아닙니다. 이면에는 또 하나의 이유가 있습니다. 예를 들어 특정 직업군에서는 어느 대학 출신인지와 함께 어느 고등학교 출신인지를 묻는 문화가 있는데요. 강남 8학군과 특목고·자사고 출신들은 고등학교 때부터 좋은 환경에서 좋은 인맥을 가지고 자랐는데, 그 또한 높은 평가를 받는 요소 중 하나라고 합니다. 사회생활을 하면서 좋은 인맥의 중요성을 누구보다 잘 아는 부모님들이 고등학교를 선택할 때부터 자녀들이 좋은 집단에 소속되기를 바라는 마음에서 시작한 일이겠지요.

참 듣기 싫은 말일 수도 있지만 이게 현실입니다. 그렇다고 강남 8학군에 들어가야 입시에 성공한다는 공식은 없습니다. '될 놈은 된다.' 시골에 살아도, 좋은 학원을 다니지 못해도, 학교 수업과 인터넷 강의만 듣고서도 서울대 의대에 합격하는 학생도 있는가 하면 아무리 강남 8학군에 살아도 그 어떠한 의대에도 합격하지 못하는 학생도 있습니다. 강남 8학군에서 SKY와 의대 진학비율이 높은 건 사실이지만, 각 가정에 맞는 환경에서 최선을 다하면 승산이 있습니다.

다음 표를 보시면 아시겠지만 일반고 출신이 수시모집에서 약 50%를, 정시모집에서는 약 62%를 차지하고 있습니다. 여전히 과반수는 일반고에서 선발된다는 뜻입니다.

| 2024학년도 서울대학교 선발 결과 |

수시모집 선발 결과 : 합격자 2181명	정시모집 선발 결과 : 합격자 1545명
1. 일반고 (자율형 공립고 포함) : 49.6% 2. 영재고 : 15.3% 3. 자사고 : 11.7% 4. 외국어고 : 9.1% 5. 과학고 : 6.6% 6. 예술·체육고 : 4.4%	1. 일반고 : 61.9% 2. 자율형 사립고 : 19.6% 3. 예술·체육고 : 6.0% 4. 외국어고 : 3.7% 5. 영재고 : 2.3% 6. 검정고시 : 2.1% 7. 자율형 공립고 : 1.9% 8. 과학고 : 1.4%

'내가 지방에 살아서' 또는 '집안 사정이 안 좋아서'라는 패배감에 빠지는 것이 아니라, 나에게 맞는 전형을 찾은 다음 그 상황에서 최선을 다해 최고의 결과를 만들어낼 수 있도록 노력하는 자세가 더욱 중요하다는 말씀을 꼭 드리고 싶습니다.

고등학교 공부가 중학교 공부와 차원이 다른 이유

중학교 3학년 1학기에는 중3 과정에 적응하는 시간을 갖더라도 여름방학부터는 서서히 고등학교 1학년 스케줄에 맞춘 공부 훈련을 해보기를 추천합니다. 특히, 늦어도 중3 겨울방학 때는 고등학생과 같은 강도로 공부하는 습관을 길러서 고등학교에 입학하면 좋습니다. 그렇지 않으면 고등학교에 가서 금방 지칠 수도 있습니다. 고등학교에 가면 매일 정규교과 7교시에 방과후 수업 8교시까지 하루에 8시간씩 진행되는 수업에 가장 먼저 적응해야 합니다. 거기다 밤 10시까지 자기주도학습을 하고 그 이후에 스터디 카페 등에서 자습까지 하는 등, 오전 8시부터 밤 12시까지 진행되는 스케줄을 소화할 체력과 끈기가 있어야 합니다.

고1·고2·고3 학력 모의고사를 과목별로 풀어보고 고등학교 각 학년별 교과 난이도를 체감해 보길 추천합니다. 중학교 문제와는 확연하게 다르다는 것을 느끼게 되어 고등학교 공부를 열심히 해야겠다는 생각이 저절로 들 것입니다. 학원에서 이미 선행학습을 하면서 고등학교 문제를 많이 접해본 학생들이라도 제한 시간 내 해당 문제들을 푸는 테스트를 해보면 느낌이 다를 겁니다. 고1과 고2가 다르고 고3은 더 다릅니다.

특히 수능 당일 수험생이 되어 치는 시험의 난이도는 더 어렵게 느껴집니다. 그건 수능을 경험해 본 사람이라면 다 공감할 겁니다. 평소 모의고사 치는 것과는 다르게 더 긴장되어 글이 더 잘 읽히지 않고 문제도 더 어렵게 느껴지는, '체감 난이도'라는 것이 있습니다.

시험 범위도 중학교와 비교하면 수준 자체가 다릅니다. 그러므로 단순히 암기한다고 될 문제가 아닙니다. 철저한 이해와 N회독을 통한 암기가 중요합니다. 계속 반복해서 보다 보면 자연스럽게 이해하는 경지에 이를 수 있습니다. 이 말인즉슨 1~2회독으로는 부족하다는 뜻이니 명심하시길 바랍니다.

　공부의 깊이도 다릅니다. 중학교 때까지는 읽으면 바로 이해가 되는 수준의 텍스트가 많았다면 고등학교부터는 국어와 영어, 탐구를 비롯한 여러 과목에서 단순히 읽어서는 이해가 되지 않는 수준의 텍스트가 많아집니다. 그러므로 생각하고 또 생각하고 다각도로 고민하는 시간이 필요합니다.

　여기서 문해력을 기를 수 있는 하나의 팁을 드리겠습니다. 국어 과목에서 접하는 수많은 문학 작품이나 비문학 지문을 논리정연하게 파악하고 정확하게 읽어내는 연습을 매일 해보세요. 학교에서 배우는 문학 작품은 지문에 부분적으로 제시됩니다. 거기에서 그치지 말고 전체 작품을 찾아서 읽어본 다음 작가의 의도와 메시지를 파악하는 훈련이 필요합니다. 그리고 그 작품에 대한 자신의 의견과 비평적 견해를 글로 써 보는 연습을 해봅시다. 그러면 장문의 글을 읽고 나서도 그 핵심이 무엇인지 파악할 수 있습니다.

　내신시험은 최소 3~4주 정도 기간을 잡고 공부해야 합니다. 최상위권은 6주 정도 잡고 공부합니다. 이 말은 중간고사와 기말고사 기간 빼고는 늘 시험 준비 기간처럼 공부한다는 의미입니다. 동시에 시험 기간이나 평소나 공부하는 양은 똑같다는 뜻입니다.

　내신-수능 모의고사-수행평가, 내신-수능 모의고사-수행평가. 이 삼박자를 3년 동안 이어나가는 학생만이 대입에서 승리합니다.

대입의 마지막 관문
고등학교 로드맵

고등학교 때부터 진로를 확실히 정한 아이들은 대학에 가든 가지 않든 자신이 가야 할 길을 명확하게 알고 있습니다. 이런 아이들은 알아서 스스로의 직업을 잘 찾아 가면 됩니다. 하지만 일단 공부의 길로 들어서긴 했는데 제대로 공부를 해본 적이 없어 성적도 제대로 나오지 않는 상황에 처한 아이들이 있습니다. 현실과 이상의 괴리로 인해 괴로움을 겪는 안타까운 아이들이죠.

저는 이런 괴리로 마음고생을 하는 고1 자녀를 둔 부모님들에게 '입시 정보가 필요한 아이'로 키우라는 말씀을 드리고 싶습니다. 입시 정보가 필요한 아이로 키우라니. '그럼 입시 정보가 필요 없는 아이도 있나요?'라는 의문이 드실 겁니다. 네. 입시 정보가 필요 없는 아이들도 있습니다. 궁극적으로는 동기부여가 안 된 학생들입니다. 공부의 길로 들어섰다면 최소한의 입시 정보가 필요하다고 스스로 느낄 수 있도록 동기를 부여하고 자립심을 꼭 길러주셔야 합니다. SKY와 의대가 아니더라도, 고3 정도 되면 최소한 자신이 희망하는 대학의 입시 정보는 스스로 알아본 다음 수시 원서 접수를 혼자 할 수 있는 정도로 키우셔야 합니다.

고등학교 생활에 적응하려면 최소 한 달은 걸립니다. 보통 오전 8시~8시 20분에 1교시가 시작되기 때문에 등교 시간이 빨라지고 그에 따라 자연스레 기상 시간도 앞당겨집니다. 45분이었던 수업 시간이 50분으로 늘어납니다. 등교는 빨라졌지만 하교는 늦어집니다. 고등학교는 보통 오후 4시에, 보충수업을 받을 경우 오후 5시에, 야간 자기주도학습을 하는 학교라면 밤 10시에 하교합니다. 길게는 하루에 14시간씩 머무르게 되는 학교생활에 적응하는 데 최소 한 달은 걸리겠지요.

적응하자마자 중간고사 범위가 공지됩니다. 첫 내신시험 준비를 본격적으로 시작해야 하지요. 수시 모집으로 명문 대학교에 가려면 고1 첫 내신부터 전 교과 성적을 잘 받아둬야 합니다. 그래서 고등학교 내신은 자비가 없다고 합니다. 실수 없이 처음부터 잘해내야 하기 때문이죠. 철저한 준비가 필요합니다.

고등학교 1학년

대입을 위한 마지막 관문, 고등학교 입학이 다가왔습니다. 정말 이 제는 본격적인 입시 레이스를 뛰어야 할 때가 온 것이죠. 4월 말~ 5월 초, 고등학교 생활에 적응이 채 끝나기도 전에 곧바로 시험을 치릅니다. 학교마다 약간의 차이는 있지만 아래와 같은 일정으로 흘러갑니다.

월	2024학년도 고등학교 1학년 월별 일정
1월	· 중학교 3년 과정 결손 없이 마무리
2월	· 고교생활 준비(국영수 공부 열심히)
3월	· 고교생활 입학 및 적응 · 2024.03.28.(목) 서울특별시 교육청 모의고사
4월	· 중간고사 대비 기간(3~4주 준비) · 4월 마지막 주 중간고사 시작
5월	· 5월 첫째 주 중간고사 종료 · 수행평가
6월	· 2024.06.04.(화) 부산광역시 교육청 모의고사 · 6월 마지막 주 기말고사 시작
7월	· 7월 첫째 주 기말고사 종료(성적 확인) · 여름방학 　고1 1학기 과정 복습 + 고1 2학기 과정 예습 　고1~고2 모의고사 공부
8월	· 여름방학(부족한 공부 보충) · 2학기 개학이 빠른 학교는 8월 중순에 시작

9월	· 2024.09.04.(수) 인천광역시 교육청 모의고사 · 중간고사 대비 기간(3~4주 준비)
10월	· 10월 초중순 2학기 중간고사 · 2024.10.15.(화) 경기도 교육청 모의고사
11월	· 수행평가 · 기말고사 대비 기간(3~4주)
12월	· 12월 초중순 2학기 기말고사(성적 확인) · 학교생활기록부 입력, 수행평가 마무리

중학교 시험까지는 벼락치기가 통하는데 고등학교 내신에는 벼락치기가 통하지 않습니다. 더욱이 특목고와 자사고라면 절대 통하지 않습니다. 또한 대부분의 고등학생들이 열심히 하기 때문에 평범하게 열심히 해서는 시험에서 경쟁력을 갖기 힘듭니다. 기본 수준의 학업 능력과 공부 머리로는 시험 난이도가 중학교보다 절대적으로 어렵습니다.

중학교는 학교 수업시간에 배운 것에서 큰 변화 없이 출제되지만 고등학교는 문제 유형을 다양하게 변형해서 출제합니다. 단어도 동의어로 대체합니다. 그래서 같은 내용이어도 완전히 새로운 지문이라고 느끼는 경우가 있습니다. 여기서 주목해야 할 점은, 최상위권들은 지문을 아무리 변형해도 거의 외울 정도로 반복해서 보고 있었기 때문에 크게 다르다고 느끼지 않는 다는 것입니다.

고교학점제 개인 시간표 짜기

2025학년도 입학생부터 고교학점제가 전면 시행됩니다. 현재는 각 학년의 정해진 수업일의 2/3 이상만 출석하면 성적과 관계 없이 졸업이 가능하지만 2025년 입학생부터는 3년간 192학점 이상을 취득해야 졸업할 수 있습니다. 이수 기준은 과목 출석률 2/3 이상, 학업 성취율 40%이며 모든 학생이 이수하는 것을 목표로 합니다. 성취율이 부족하면 학교에서 보충학습을 지원합니다.

| 고등학교 학사 운영의 변화 |

	단계적 이행		전면 적용
	2022	2023~2024	2025
수업량 기준	단위	학점	학점
1학점 수업량	50분 17(16+1)회	50분 17(16+1)회	50분 16회
총 이수학점 (이수시간)	204단위 (2,890시간)	192학점 (2,720시간)	192학점 (2,560시간)
교과·창의적 체험활동(창체)비중	교과 180 창체24	교과 174 창체18	교과 174 창체18

출처 : <고교학점제 도입·운영 안내서> 교육부, 한국교육과정평가원

공통과목(국영수)은 필수며 일반·진로·융합 과목은 선택이 가능합니다. 고교학점제가 도입되면서 나타나는 가장 큰 변화는 바로 고등학교 전 학년 내신성적이 '9등급제'에서 '5등급제'로 개편된

다는 점입니다. 공통과목과 선택과목 모두 5등급(ABCDE) 절대평가 체제로 가지만 내신 부풀리기를 막는 의미에서 5등급제(1~5등급) 상대평가를 병행하여 기재합니다(예체능·과학탐구실험·교양과목은 석차 등급 미산출). 5등급제 적용 시 1등급 상위 10%, 2등급 24%(누적 34%), 3등급 32%(누적 66%), 4등급 24%(누적 90%), 5등급 10%(누적 100%)로, 100명당 10명이 1등급을 받게 됩니다. 현행 9등급제보다 내신 경쟁이 덜 치열해질 것으로 예상됩니다.

이미 몇 년 전부터 정부에서 해당 정책에 대해 발표를 해왔고 2024년인 지금 이미 고교학점제를 시행 중인 고등학교들도 있습니다. 학교가 과목의 수요를 조사한 다음 수업을 개설하면, 학생이 원하는 과목을 수강 신청해 개인 시간표를 짜는 구조입니다.

원하는 과목이 해당 학교에 개설되지 않으면 교육청이 대학 등과 연계해 '공동교육과정'을 만들어 정해진 집합 장소에 가거나 온라인으로 수강하게 된다는 계획도 있습니다. 하지만 선생님 수와 교실이 부족하다는 현실적인 어려움도 제기되고 있는 상황이고, 각 학교 및 가정에 개인 시간표를 어떻게 짜야 하는지 구체적인 가이드라인도 아직 주어지지 않고 있어 학생과 학부모님들은 불안하기만 합니다.

2025년부터 당장 개인 시간표를 작성해야 한다고 하는데 모른다고 가만히 있을 수는 없습니다. 정부에서, 학교에서 떠먹여 주듯

정보를 전달해 주지 않습니다. 각 가정에서 관련 뉴스를 찾아보아야 합니다. 고등학교에 대한 관련 소식들과 정보에 대해 지속적으로 귀 기울이면서 대비해야 우리 아이가 나아갈 길을 함께 설계할 수 있습니다.

| 고교학점제 학사제도 운영 과정 |

교육과정	학교에서 우선 학습자의 과목 선택권이 보장되는 학점 기반의 교육과정을 편성
수강신청	학생의 학업 설계 결과와 수요 조사를 반영해 개설이 가능한 과목을 확정하고, 학생은 개설된 과목 중 원하는 과목을 선택해 개인 시간표를 작성
수업	개인 시간표에 따라 수업에 참여
평가	수업 연계·과정 중심 평가·성취평가 실시
이수/미이수	교사는 석차보다 학생이 성취 기준에 어느 정도 도달했는가를 평가함으로써 학생의 과목 이수 여부 결정
학점 취득	학생은 이수한 과목에 대한 학점을 취득
졸업	누적 학점이 졸업 기준에 도달하면 고등학교 졸업

구분		절대평가		상대평가	통계정보		
		원점수	성취도	석차등급	성취도별 분포비율	과목평균	수강자수
보통교과	공통과목	O	A/B/C/D/E	5등급	O	O	O
	선택과목 (일반, 진로, 융합)	O	A/B/C/D/E	5등급	O	O	O
전문교과		O	A/B/C/D/E	5등급	O	O	O

막막하실 부모님들과 학생들을 위해 몇 가지 팁을 드리겠습니다. 먼저 부모님들은 고교학점제가 구체적으로 어떻게 이루어지는지 알고 계셔야 합니다. 그리고 아이가 진학할 고등학교에 어떤 선택과목들이 개설되는지도 함께 확인해야 합니다. 해당 고등학교에서 원하는 과목이 개설되어 있지 않다면 인근 고등학교에는 어떤 교과들이 개설되는지, 교육청과 주변 대학에서는 어떤 과목을 지원하는지, 각 과목별과 학년별로 성적 체계는 어떻게 이루어지는지도 꼭 체크해야 합니다. 장기적인 안목을 가지고 계획을 세워야 한다는 뜻입니다.

이 고교학점제 시행으로 인해 앞으로 자신의 진로와 전공에 대해 중학교 때부터 미리 생각하는 분위기가 형성될 것으로 보입니다. 학생들은 자신이 누구인지, 뭘 잘하고 좋아하는지, 무슨 공부를 하고 싶은지, 어떤 대학교의 어떤 학과에 진학하고 싶은지 평소에 자주 생각해 두면 고등학교 결정 및 대입 이후에도 도움이 될 것입니다.

고1 첫 내신시험부터 잘해야 합니다

최상위권이 되고 싶다면, 고1 첫 시험부터 잘해야 합니다. 〈2024 학년도 서울대학교 학생부종합전형 안내〉에서 발췌한 평가 기준 중 학업 능력에 대해 살펴보면 다음 내용이 제일 먼저 눈에 들어옵니다.

전 교과목의 3년간 성취도를 정성적으로 평가합니다.

주목해야 할 부분은 '전 교과목' '3년간'이라는 것입니다. 즉, 모든 교과 성적을 3년 내내 잘 받아야 한다는 뜻이지요. 성적의 오름세와 내림세는 누구에게나 있습니다. 한 번 시험을 잘 못 봤다고 해서 서울대학교나 의대에 합격하지 못한다는 뜻은 아닙니다.

제가 가르쳤던 학생 중에도 고2 1학기 중간고사 때 몸이 너무 아파서 국어 성적이 말도 안되게 떨어졌지만 기말고사에 다시 회복한 경우가 있었습니다. 이 학생은 서울대 윤리교육과에 수시 모집으로 합격하였습니다. 3년 전체를 본다는 것일 뿐, 한두 번의 실수와 슬럼프는 누구나 겪을 수 있기 때문에 미리 걱정에 휩싸일 필요는 없습니다. 하지만 한 번 떨어지더라도 다시 올라올 수 있는 회복탄력성이 있어야 합니다.

고등학교 입학 후 막 적응할 때쯤 바로 중간고사를 보게 됩니다. 대입에서 상위 1% 최상위권을 꿈꾼다면 미리 준비해서 첫 시험부터 원하는 결과를 얻을 수 있기를 바랍니다.

그렇다면 어떻게 미리 준비할 수 있을까요? 가장 먼저 50분이라는 제한 시간 내 모든 문제를 정확하게 풀어내고 정답까지 기재하는 훈련이 필요합니다. 제한 시간을 두고 연습하는 훈련은 아주 중요합니다. 이 훈련을 여러 번 해야 실제 시험 때 시간에 쫓겨 정답을 작성하지 못하는 어처구니없는 실수를 범하지 않을 수 있습니다. 이 훈련에는 기출문제 풀이를 활용하면 좋습니다.

기출문제는 (해당 과목 선생님 변동이 없을 경우) 문제 유형이 비슷하게 출제될 것이므로 미리 풀어보면 도움이 됩니다. 국공립에서는 5년을 주기로 선생님들이 학교를 이동하지만, 대부분의 특목자사고는 사립이라 평생 한 학교에서 근무하거나 재단 내에서만 이동해서 근무할 가능성이 높습니다. 그래서 해당 교과 선생님의 변동이 없다면 해당 교과 문제 유형을 파악하는 데 기출문제가 상당히 도움이 됩니다.

설사 해당 과목 선생님이 변동되었더라도 학교의 출제 정책이 있기 때문에 완전히 새로운 유형으로 출제하기는 어렵습니다. 새로 부임하신 선생님들도 기출문제를 보고 비슷하게 낼 가능성이 높기 때문에, 기출문제로 해당 학교의 출제 기조를 파악할 수 있습니다.

시험 과목들에 대한 기본적인 복습을 끝낸 뒤에도 공부할 시간이 충분하다면, 기출문제를 풀어보면서 출제 기조와 50분 안에 풀어내야 하는 문제의 양을 체감하는 게 도움이 됩니다. 공부할 시간이 충분하지 않다면 기출문제 분석은 1회 정도만 하고 해당 교과에 대한 공부에 더 집중하기 바랍니다. 기출보다 곧 치게 될 시험 범위를 공부하는 일이 더 중요합니다. 기출문제 풀이보다 중요한 건 이번에 볼 시험 문제를 출제하는 학교 선생님의 수업을 열심히 듣고 확실하게 자신의 것으로 만드는 것입니다.

수행평가와 학교 생활기록부 관리

수행평가는 중학교 때부터 시행하므로 보통 큰 어려움이 없을 것이라고 생각합니다. 하지만 고등학교와 중학교 때의 수행평가 난이도는 완전히 다릅니다. 고등학교는 일단 과목별 수행평가의 개수가 늘어나고, 과제 난도 자체도 높아지기 때문에 훨씬 많은 시간을 들여야 끝낼 수 있습니다. 수행평가의 종류에는 아래 7가지가 있습니다.

수행평가의 종류

1. **서술형·논술형 검사** : 제시된 문제에 대한 자신의 생각을 논리정연하게 작성하여 평가

2. **구술시험** : 외국어 교과와 관련된 경우, 원어민 교사들과의 구술시험을 통해 평가

3. **보고서 작성** : 특정 주제에 대한 자기 탐구의 결과를 보고서로 작성하여 제출

4. **실기 평가** : 실제 수행 과정을 관찰하고 그 능력과 참여도 등 태도를 평가

5. **실험·실습** : 수업 시간에 실험 및 실습을 통한 그 과정을 기록한 뒤 보고서 제출

6. **토론 및 발표** : 특정 주제에 대한 토론을 중심으로 참여도와 준비자료의 충실성, 토론의 논리성, 발표의 명확성 등을 평가

7. **포트폴리오** : 일정 기간동안 누적해 온 학습 활동 결과물을 제출하여 평가

학교 유형에 따라서, 그리고 과목에 따라서 매우 다양한 형태의 수행평가 과제가 나갑니다. 과목별 선생님이 공지하는 세부 규정을 상세하게 들어야 하고 모두 꼼꼼하게 기록해 두어야 합니다. 제출 기한을 놓치면 안 됩니다. 특목고 기준으로 말씀드리면, 한 과목당 1학기에 2가지, 많게는 3가지 정도의 수행평가가 제시됩니다. 학생 입

장에서는 전 교과 수행평가의 개수를 합치면 최소 10개가 넘습니다.

보고서의 경우 글자 폰트 및 크기, 양면 인쇄 여부, 제출 기한 및 장소까지 상세하게 공지하기 때문에 모두 맞춰서 제출해야 합니다. 스스로 수행평가 스케줄을 관리해서 밀리지 않도록 해야 합니다. 어떤 주제를 선정할 것인지, 제출일과 예상 준비 기간은 어떻게 되는지, 언제 어떻게 누구와 함께(팀 프로젝트) 준비할 것인지 등 미리 생각하고 진행해야 내신시험 공부 시간 확보에 영향을 미치지 않을 수 있습니다.

또한 학교 생활기록부에 어떻게 기록될지도 미리 생각하여 수행평가 주제를 잡아야 합니다. 불과 얼마 전까지만 해도 '전공적합성'이 뛰어난 학교 생활기록부를 만든다는 취지로 각 과목별 수업시간에 시행하는 수행평가에서도 자신이 대학에서 전공하고 싶은 계열, 학부 또는 학과에 맞춰서 주제를 잡는 경향이 있었습니다.

예를 들어 영어 교과 수행평가에서 '자신의 진로 또는 관심사와 관련된 국내외 언론의 영문 기사 1편을 선정 후, 형식에 맞추어 수업시간에 분석문을 작성하시오'라는 주제가 제시되었다고 하겠습니다. 이때 언론인을 꿈꾸는 학생의 경우라면 언론 관련 주제의 영문 기사를 선정하고, 의사가 되고 싶은 학생의 경우 의학 관련 영문 기사를 작성해서 분석합니다. 같은 주제라도 수행평가에서는 개별 학생의 관심사와 진로가 드러나게 됩니다.

그리고 이 모든 내용이 학교 생활기록부 교과별 세부 능력 및 특기사항(이하 교과세특)에 기록됩니다. 그러니 자신의 관심사와 대학에서 하고 싶은 전공이 있다면 일관성 있게 과제를 해나가야 전공적합성이 뛰어난 학교생활기록부를 만들 수 있다는 것이었죠.

전공적합성은 2007학년 학생부종합전형의 전신인 입학사정관제가 도입되면서 대입 평가요소로 활용되기 시작했습니다. 하지만 전공적합성은 마치 모집단위와 학교 생활기록부의 내용이 딱 맞아떨어져야 할 것 같은 아쉬움을 주었기 때문에, 최근 상위권 대학들은 이런 학교 생활기록부를 경계하기 시작했습니다. 지원 모집단위와 학생의 활동이 연계성을 갖기 어려운 경우도 많은데 학생들에게 이를 억지로 배양해 내게 만든다는 이유 때문입니다.

또한 교과세특에 '진로' 관련한 내용이 과하게 들어가는 것도 부정적으로 보고 있습니다. 너무 진로를 중심으로 만들어진 학생부는 교과세특 평가 취지와 부합하지 않으며, 학생의 학업탐구과정 탐색과 핵심 역량 파악을 어렵게 한다는 것이 대학 측의 의견입니다.

따라서 현재는 상위 대학을 중심으로 학생부 평가요소에 '전공적합성'이 점차 사라지고 있는 것으로 보입니다. 특히 상위 대학 공동 연구를 중심으로 학종 평가요소를 '전공적합성' 대신 '진로역량'으로 개편하면서 '역량'에 중심을 두는 걸 보면, 앞으로는 서류평가 시 전공적합성보다는 기본적인 학업소양 또는 탐구역량 등을 중점적으로 평가할 듯합니다. 다만 가천대·경희대·동국대·국민대·시립대처럼 평가요소에서 여전히 진로 관련 역량을 높게 평가하는 대학도 있으니 2025학년도 해당 대학에 대입을 준비하는 학생은 꼭 평가요소를 따로 확인하기 바랍니다.

| 상위권 대학별 학교생활기록부 평가 요소 |

대학	평가
서울대	· 전공적합성을 중요하게 고려하지 않으며 그보다는 해당 학과에 입학해 수학할 수 있는 기본적인 학업 소양을 갖췄는지를 평가한다. · 교과세특은 과목의 교육 과정에 맞게 진행된 수업 과정에서 지원자 개인이 보인 성취 수준과 구체적 모습을 기재하는 것이 바람직하다. 인위적으로 진로와 연계된 활동 내용 위주로 작성하는 것은 자칫 다양한 수업에서 보인 지원자의 여러 모습을 기재할 기회를 놓칠 수 있다. · 학생부를 학업 역량, 학업 태도, 학업 외 소양 항목으로 구분해 평가하며 가장 중요한 항목은 학업 역량이다.
연세대	· 진로 연계성 여부에 관계없이 모든 과목에 성실히 임해야 하는 것이 학생의 기본 도리이다. · 세특은 학업의 성취 수준과 노력을 바탕으로 학업 역량을 가늠해 학업 수월성과 전공 기초 소양을 확인하는 항목이다. 진로 연계 여부보다는 학생이 수업에 임하는 태도와 학습 과정, 학생과 교사의 상호작용에 의미를 두고 평가한다. 학종이 학교생활의 충실성을 기반으로 진행된다는 점에서 진로와 연계된 과목 외에도 모든 과목에 성실히 임했는지를 더 중요하게 본다.

고려대	· 성장가능성과 잠재력을 갖춘 인재를 선발한다고 강조하며 학업 역량·자기계발 역량·공동체 역량을 평가한다고 제시한다(진로나 전공 등 진로 관련 내용 전혀 없음). · 세특은 각 과목의 수업시간에 학생이 보이는 수업 태도와 탐구력, 학업에 대한 열정 등을 파악하는 항목이다. 따라서 세특은 해당 과목의 수행능력 위주로 기재되는 것이 바람직하며, 반드시 진로와 연계될 필요는 없다고 강조했다.
성균관대	· 2025학년부터 전공적합성과 계열적합성을 평가요소에서 삭제한다고 예고했다. 2024학년도 대입까지 학업 역량 50%, 개인 역량 30%, 잠재 역량 20%로 평가한다고 발표했다. 개인 역량에서 전공/계열적합성을 평가했지만 이 역시 최소화해 반영하므로 관심 분야에 대한 학업적 역량이 가장 중요한 평가요소라고 강조했다. · 전공적합성과 계열적합성을 최소화해 평가하며 두 가지 모두 크게 중요하지 않다고 보는 것이 맞다고 선을 그었다. 본인이 관심을 가지고 준비하고 경험한 분야에 대한 역량과 노력 그 자체를 평가한다.
서강대	· 전공적합성에 매몰된 평가를 하고 있지 않다. · 학교생활을 열심히 한 학생을 선발하며 진로 관련 역량 등은 평가항목에서 찾아볼 수 없다(학업 역량 50%, 공동체 역량 20%, 성장 가능성 30%).
이화여대	· 고교 3년간 학생의 관심사나 희망하는 진로가 바뀌는 것은 매우 자연스러운 일이기 때문에 전공적합성이 아닌 계열적합성을 평가하며, 이 또한 별도의 평가항목으로 배점을 두고 평가하지 않는다.
중앙대	· 전공적합성을 평가 요소로 활용하지 않으며 진로역량만을 평가한다.

한때 학교 생활기록부종합전형으로 대학을 가려면, 교과와 비교과 영역이 있다면서 비교과까지 강조하던 시절이 있었습니다. 하지만 대입공정성 방안이라는 이름으로 2024학년도 대입부터는 학

교 생활기록부 상당 부분이 대입에 '미기재'되거나 '미반영'되고 있습니다.

미기재는 학생부에 기재하지 않는 것이지만 미반영은 학생부에는 기재하되 대입자료로 미전송된다는 점에서 차이가 있습니다. 미기재 영역으로는 방과후 학교 활동 수강 내용, 청소년 단체 활동, 봉사활동 특기사항 등이 있고, 미반영 영역으로는 영재, 발명 교육 실적과 개인 봉사활동 실적, 수상 경력, 독서활동 등이 있습니다.

이처럼 미기재·미반영되는 영역이 늘어났기 때문에 학교생활기록부의 핵심은 몇 가지 남지 않았습니다. 제일 중요한 건 '내신성적'입니다. 그리고 대입에 반영되는 다음 사항들에 대해서도 주의를 기울여야 합니다.

출결: 출결은 학년별 수업일수가 기재되고 결석, 지각, 조퇴, 결과, 특기 사항을 기재하도록 되어 있습니다. 대입에서 출결로 인해 감점을 받지 않기 위해서는 '미인정 결석, 미인정 지각, 미인정 조퇴, 미인정 결과'가 없도록 해야 합니다. 대학별로 전형별로 출결의 반영 정도가 다르고 실제 그 영향력도 미미할 수 있지만, 그럼에도 고등학교 생활의 기본입니다. 대입에서 감점을 당하지 않기 위한 최소한의 기준으로 '미인정(=무단)' 글자가 들어가는 출결은 없어야 하겠습니다.

교과별 세부 능력 및 특기사항: 각 교과 선생님들이 학생의 수업 참여도·행동·발표·토론 등을 관찰해서 학생의 능력과 특기에 대해 상세하게 기록하는 것입니다. 대입공정성 방안으로 인해 2024학년도 대입부터 모든 대학교에서 자기소개서가 폐지되고 학교 생활기록부 중에서 교내 수상 내역, 봉사활동, 독서활동 등 많은 것들이 대입자료로 제공되지 않습니다. 대학교수님들과 입학사정관 입장에서는 학생에 대해 확인할 자료가 거의 없는 상황이기 때문에 교과세특을 더 유심히 볼 수밖에 없게 되었습니다.

창의적 체험활동: 〈2015 개정 교육과정〉에서는 자율활동, 동아리활동, 봉사활동, 진로활동의 4개 영역으로 구성되어 있었으나 〈2022 개정 교육과정〉부터 자율·자치활동, 동아리활동, 진로활동으로 변경되었습니다. 기본적으로 학교에서 계획을 세우고 학생들이 직접 참여한 활동이며 대입에 제공되는 정보입니다. 창의적 체험활동은 고등학교에서 생활하는 동안 학생이 어떤 관심사를 가지고 어떻게 활동해 왔는지 객관적으로 볼 수 있는 자료이기에 중요합니다.

행동 특성 및 종합 의견: 담임선생님이 한 해 동안 학생의 생활 습관과 행동을 관찰한 후 그 특징과 잠재력, 학생의 개인적인 능력에 대해 기록하는 부분입니다. 교과 선생님들이 해당 교과 수업시간에 학생들을 관찰해서 교과세특에 기록한다면, 담임선생님은 조회부터 종례, 청소, 자율활동 등 그 누구보다 가까이 학생들과 호흡하며 생활합니다. 학급 내에서 어떻게 지내는지, 친구들과의 관계는 어떤지, 자습시간이나 청소시간에는 어떻게 임하는지 등을 좀 더 세심하게 관찰하는 것이죠.

대부분의 선생님들은 학생의 좋은 면 중심으로 기록하십니다. 현실적으로 그 부족한 점이나 단점을 기록하기란 쉽지 않습니다. 교육의 목적은 학생의 부족한 점을 보완하고 교정할 수 있도록 도움을 주는 것이기 때문이죠. 또한 제자를 사랑하고 아끼는 마음에서 개선의 여지나 잠재력이 있기 때문에 더욱 좋은 점만 쓰려 하는 것이지요. 선발하는 입장에서 이 항목은 학생의 장점을 파악할 수 있기 때문에 눈여겨봅니다.

3년 내내 수능 공부를 해야 합니다

수능 성적에 대한 이야기도 빼먹을 수 없습니다. 실제로 고등학교는 내신시험 대비와 수행평가 완수에도 벅차기 때문에 수능 공부를 위한 시간을 확보하기란 정말 어렵습니다. 그래서 고3 1학기까지 제대로 된 수능 공부를 해본 적 없이 수능 D-100일을 맞이하게 되는 경우가 종종 발생합니다. 이렇게 수능을 본 고3들은 최저 등급도 맞추지 못하고 돌아옵니다.

고3 때 수능 성적을 올릴 수 있는 가능성에 대해서 물어보신다면, 현실적으로 그럴 가능성은 높지 않다고 말씀드리고 싶습니다. 수능은 고3들끼리의 싸움이 아니라 고3과 N수생과의 전쟁이기 때문입니다. 2024학년도 의대 정시 등록자 중 평균 80.1%이 N수생인 것으로 나타났습니다. 의대 빅5 중에서도 선호도가 높은 울산대 의대는 정시 등록자 100%가 N수생이었습니다. 연세대 의대는 74.5%, 가톨릭대 의대는 67.6%가 N수생인 것으로 조사됐습니다. 정시에 교과를 반영하는 서울대 의대의 경우 비교적 N수생의 비율이 낮은 편이지만 그럼에도 66.7%로 과반 이상을 기록했습니다. N수생의 비중은 전년 77.3%에서 지난해 80.1%로 2.8%p 증가한 반면, 고3 현역은 전년 19.7%에서 17.1%로 줄어 3년간 최저치를 기록했습니다.

고3들이 수시전형 대비를 하고 있는 동안 N수생들은 하루에 12시간 이상씩 수능 공부만 하고 있습니다. 요즘은 N수를 1월에 시작하는 경우도 있는데요. 그렇게 생각하면 1월부터 11월 중순까지 약 10개월 이상 하루에 12시간씩 수능 공부만 하는 겁니다. 고3들은 N수생들의 리그에 낄 수가 없는 구조입니다. 따라서 정시에서 고3이 N수생보다 높은 경쟁력을 갖기는 어렵습니다.

수능 최저등급을 맞추기 위한 수능 공부는 고1 때부터 부지런히 해야 합니다. 다시 한번 강조하겠습니다. 고1부터 수능 공부의 중요성을 인지하고, 내신시험 기간을 제외하고는 틈틈이 수능 공부를 해야 합니다. 내신시험과 수행평가가 없는 여름방학은 물론이고 겨울방학까지 알차게 활용해야 합니다. 3년 내내 수능 공부에 올인하는 패턴으로 고등학교 생활에 임해야 합니다. 최저등급을 맞추기 위한 수능 공부를 고3이 되어서 시작하면 시간이 턱없이 부족합니다.

대학수학능력시험은 12년간의 학업을 테스트하는 시험입니다. 따라서 고도의 문해력과 분석력, 판단력을 요구하죠. 고3 때 바짝 공부한다고 점수가 수직으로 상승할 수 있는 시험이 아니라는 뜻입니다. 최소 3년간의 훈련이 필요한 시험이므로, 1~2학년 때 '나는 어떻게든 수시로 대학에 붙겠지. 수능 최저 기준이 없는 전형으로 가면 되겠지' 이런 안일한 생각은 접어두는 게 좋습니다.

1년을 기준으로 했을 때 총 4번의 내신시험을 보는데요. 각 내신시험 대비 기간을 4주씩 잡고 총 4개월 동안 내신공부를 한다고 치면 나머지 8개월은 수능 공부를 해야 합니다. '내신 1 : 수능 2' 비율로 공부해야 한다는 점을 명심하세요. 이렇게 세팅해도 현실적으로는 수업 복습과 수행평가 등에 시간을 빼앗기기 때문에 결국 또 수능 공부할 시간은 줄어들게 됩니다. 하지만 그런 생각이 들 때마다 수능에서 경쟁해야 하는 N수생들은 내신시험과 수행평가 없이 오롯이 수능 공부에만 온 시간과 에너지를 쏟아붓고 있다는 점을 잊지 마세요.

제한 시간을 두고 공부하기

고1 첫 내신시험 이후, 학생들에게 어땠냐고 물어보면 '시간이 없어서 문제를 다 못 풀었다' 또는 '재검할 시간이 전혀 없었다'는 답변이 가장 많습니다. 첫 시험의 단추부터 잘 끼우려면 제한 시간 내 많은 문항을 정확하고 빠르게 푸는 연습을 중3 때부터는 해야 합니다.

예를 들어 영어 내신시험의 경우, 서술형 출제 유무에 따라 다르지만 평균적으로 객관식 30문항을 50분 내에 풀어야 합니다. OMR 카드에 정답을 기입하는 최소 5분을 제외하면 45분 내 30문항을, 결론적으로 한 문제를 90초 내에 풀어야 합니다. 시험 범위에 공지되었던 지문은 보통 1분 미만, 외부 지문은 2~3분 정도의 시간을 투자해서 풀어야 제시간 내에 마칠 수 있습니다.

수능영어도 마찬가지입니다. 수능영어는 총 45문항(듣기 17문항, 독해 28문항), 시험 시간은 총 70분입니다. 듣기평가 20분을 제외하고 50분 동안 독해 28문항을 풀어야 하는데, 정답을 기입하는 시간 최소 5분을 제외하면 45분 만에 독해 28문항을 풀어야 하므로 역시 1문제당 평균 90초 내에 풀어야 한다는 결론이 나옵니다.

수능과 내신시험을 비롯한 대부분의 시험은 제한 시간 내에 정확하게 푸는 데 핵심이 있습니다. 그러므로 평소에 문제를 풀 때는 제한 시간을 두고 문제를 푸는 연습을 습관처럼 해야 합니다. 그리고 여기에 한 가지 훈련이 더 필요합니다. 어떤 날은 집중이 잘된다면서 하루에 15시간 공부하고, 어떤 날은 힘들다고 아예 안 해버리는 들쭉날쭉한 공부 방식으로는 제풀에 지쳐 꺾이기 쉽습니다. 그리고 이런 공부법은 절대적인 실력 향상으로 이어지기도 힘듭니다. 그러므로 매일 10시간씩의 꾸준한 훈련이 필요합니다.

365일 이렇게 하라는 말은 아닙니다. 내신시험이 끝나고는 3~5일 정도 몸을 푹 쉬게 해주세요. 쉴 때 제대로 쉬고 끊임없는 자기와의 싸움을 이겨내야 합니다. 공부도 운동처럼 훈련의 시간을 견뎌내야 결국 실력과 성적 향상으로 이어집니다.

학원 선택 기준, 명확하게 알려드립니다

학생들이 간혹 가다 저에게 "○○고등학교 내신 전담학원을 꼭 다녀야 할까요?"라고 물어보는 경우가 있습니다. 질문에 대한 답보다 먼저 전담학원에 대해 상세하게 설명드리겠습니다.

일반고등학교 주변은 물론 유명한 특목고·자사고 주변에는 거의 다 내신 전담학원이 있다고 보셔도 무방합니다. 평소에는 수능 모의고사를 공부하고 내신 기간에는 내신시험을 준비합니다.

○○고등학교 전담반의 역사가 깊은 학원은 학교 선생님별 문제 출제 경향까지도 분석하며 고등학교에 대해서 잘 안다는 뉘앙스를

풍깁니다. 신입생의 경우라면 학원의 말에 더 신뢰가 생길 것입니다. '내가 이 학원만 다니면 내신 대비가 되겠구나.' 친구들 중에서도 상당수가 전담학원에 다닙니다. 안 다니면 마치 좋은 자료를 받지 못해 나만 손해를 본다는 인식을 갖게 만드는 것이죠.

혼자 기출문제를 일일이 다운로드받고, 문제를 풀고, 정답을 체크하는 일도 보통 일이 아닙니다. 그러나 이해가 되지 않는 문제를 스스로 완벽히 이해하기가 사실 가장 어려운 일입니다. 이 번거롭고 어려운 작업을 학원에서 대신해 주니 전담학원은 늘 인기가 많습니다. 대치동의 어느 학원에는 한 학교 재학생이 250명인데, 그 학교 해당 학년 100명 이상이 다니기도 합니다.

그렇다면 최상위권 학생들은 모두 전담학원을 다니고 있을까요? 아닙니다. 최상위권 아이들은 이 과정을 '혼자' 해낼 수 있기 때문입니다. 시험 문제 출제자인 학교 선생님 수업을 열심히 들었고 스스로 이해했기 때문에 어떤 포인트에서 문제가 나올지 그 누구보다 잘 알고 있습니다. 어떤 맥락에서는 학원 선생님보다 더 정확하게 알고 있겠죠. 학교 수업을 충실히 들었고, 그 내용이 충분히 이해했고, 일주일 단위로 내 것으로 정리해 왔으며, 학교 홈페이지에서 기출문제와 정답지를 다운로드받아 스스로 정리할 시간 및 학업 능력이 있는 아이라면 전담학원을 다니지 않아도 됩니다.

하지만 학교 수업을 충실히 듣고 충분히 이해했으나, 기출문제 분석을 꼭 해보고 싶은데 혼자 하기에 시간적으로 부담이 있다면 전담학원에 다니면서 그곳에서 나눠주는 자료의 도움을 받기를 권장합니다. 직접 다녀보고 학원 수업과 자료가 도움이 된다는 생각이 들면 계속 다니고, 아니라면 과감하게 끊은 뒤 학교 수업 시간에 더 집중하고 복습해서 내 것으로 만드는 시간을 확보하는 게 좋습니다.

학교 수업에서 하는 내용을 복습하고 내 것으로 만드는 공부 자체가 부족하다면, 기출문제 분석보다는 해당 시험 범위 공부에 주력해야 합니다. 혼자 정리할 힘이 부족하다면 처음에는 전담학원의 도움을 받아도 됩니다. 하지만 고1부터 고3 끝까지 의존하면 안 된다는 것을 명심해야 합니다. 학교 수업에 더 집중하고 스스로 복습해서 결국 자립을 이뤄내야 합니다. 그렇지 않으면 마지막 내신 시험과 수능 직전까지 학원을 다니게 됩니다.

만약 학원을 다니기로 결정했다면, 수업의 종류에 따라 학원의 성격이 다르기 때문에 자신에게 꼭 필요한 학원을 선택해야 합니다. 학원별 특징을 간략하게 설명드리겠습니다.

○○고등학교 전담학원: 해당 고교 전담반이 있어 학교 스케줄에 맞춰 내신 대비를 해줍니다. 모의고사 기간에는 수능 모의고사 문제 풀이에 집중하여 진행합니다. 혼자서는 도저히 공부가 안 되고, 내신시험 기간

에 학원에서 준비한 기출문제 분석 및 예상 문제를 받고 싶은 학생이 다닐 것을 추천합니다.

수능 성적 전담학원: 시대인재 같은 대치동에 있는 학원에 다닐 경우, 왕복 이동 시 소요되는 시간과 에너지, 비용까지 고려해야 합니다. 한두 번 듣고 그만둘 게 아니기 때문에 투입 대비 산출 효과를 꼼꼼하게 따질 필요가 있습니다. (최)상위권 학생이며 혼자서 자기주도학습이 되고 동네 학원은 굳이 다닐 필요는 없으나, 유명한 학원에서 서바이벌 모의고사를 통해 극강의 실력을 향상하고 싶은 학생에게 추천합니다.

인근 동네 학원: 자신이 살고 있는 동네에서 10년 이상 별 이슈 없이 운영된 경우라면 어느 정도 검증된 학원이라고 볼 수 있습니다. 자신의 학년을 가르치는 교과 선생님의 실력과 학원의 수업 퀄리티나 학생 관리, 숙제 검사 방식 등 스타일이 맞는지 최소 3~6개월 정도 다니면서 중간중간 체크하길 추천합니다.

인터넷 강의: 가성비로 따지자면 최고의 사교육 방법입니다. 하지만 인강을 들을 때 집중을 하지 못하고 계속 딴짓을 하다가 다시 듣고, 또 다시 듣는 학생들이 많습니다. 이런 방식으로 듣고 나면 뭘 들었는지 기억을 못 해 남는 게 없게 됩니다. 이런 유형의 학생이라면 현장 강의나

개인 과외를 추천합니다.

개인 과외: 선생님의 실력, 티칭 노하우, 성실성에 따라 복불복인 케이스가 많습니다. 그래서 과외는 3년 내내 계속 함께 갈 수 있는 훌륭한 선생님을 만나기가 어렵습니다. 혼자서는 도저히 공부할 의지가 생기지 않고, 의지가 생겼더라도 실천이 안 되거나, 학교 및 학원 수업을 들어도 중간 이상 따라가기 어려운 중하위권 학생의 경우라면 개별 지도를 통해 뒤처지지 않는 것을 목표로 삼고 개인 과외를 받을 것을 추천합니다.

고등학교 2학년

수시전형으로 대학에 갈 경우 고3은 매우 짧은 기간입니다. 고3 1학기 중간고사와 기말고사가 수시에 반영되는 마지막 내신시험이라는 것을 모두 알기에 평소보다 더 열심히 합니다. 이 말은 고3 때 웬만큼 공부해서는 치고 올라갈 틈이 없다는 뜻입니다. 성적을 올릴 생각이라면 모든 학생들이 올인하고 있지 않은 고2에 올린 다음 고3이 되는 게 더욱 효과적인 전략입니다.

따라서 고3부터 수험생이라는 생각을 버려야 합니다. 1학년 1

학기부터 3학년 1학기까지 총 5학기 중 가운데에 위치해 있는 것이 고등학교 2학년 1학기이고, 또 그 중간에 5월이 있습니다. 고2, 5월에 학생들에게 적용될 대입 정보가 발표됩니다. 학생들이 수시로 바뀌는 대입전형을 미리 준비할 수 있도록 사전에 예고하는 제도인 '대입 4년 예고제'가 있기 때문이죠.

대입 4년 예고제에도 불구하고 2025학년도 대입 의대 정원 확대(4695명), 무전공 확대 등 역대급 변화가 가능했던 건 '교육부 장관이 인정하는 부득이한 사유가 있거나 구조개혁을 위한 학과 개편 등이 있는 경우 변경이 가능하다'는 예외 조항 때문입니다. 이 예외 조항으로 인해 2024년 현재 고3들은 대입 4년 예고제가 아닌, 원서를 쓰기 불과 몇 달 전에 대입 전형을 공지받아서 혼란에 빠지게 된 것이죠.

자신이 무엇을 좋아하고 잘하는지를 일찍 찾은 학생들은 자신이 어느 대학과 학과에 가고 싶은지도 자연스럽게 알게 됩니다. 이런 학생들은 목표의식이 매우 뚜렷하기 때문에 공부에 대한 동기부여가 되기도 쉽죠. 제가 지도한 학생들 중 대입에서 원하는 목표를 달성한 아이들은 자신이 무엇을 잘하고 좋아하는지, 어떤 공부를 하고 싶은지, 어떤 분야에서 일하고 싶은지, 더 나아가 어떤 사람이 되어 어떤 삶을 살고 싶은지에 대한 삶의 방향성과 명확한 자아를 키워나간 학생들이었습니다. 목표가 구체적이고 생생할수록 자발적인 동기부여도 더 명확하게 이루어져, 매일매일 할 일을 성실하게 해내는 원동력이 될 수 있습니다.

고3이 되어서 '어느 대학을 갈까?', '어떤 전공을 할까?' 생각하기 시작하면 늦은 감이 있습니다. 고3이 수험생이라고 생각하지 마시고, 고2 1학기부터 수험생이라는 마인드로 준비하길 바랍니다.

늦었어도 성적 치고 올라가기

고2 때는 성적 역전이 종종 일어납니다. 고1 때는 고등학교 생활에 적응하느라 애쓰고 나름 최선의 노력을 다합니다. 그러나 자신이 노력한 만큼 성적이 쉽게 오르는 것이 아니라는 것을 체감하고 나면, 이때 힘이 빠져버리는 학생들이 있습니다. 그런 친구들은 무기력함을 느끼고 슬럼프를 겪게 되면 성적이 하향곡선을 그리게 됩니다. 반대로 고1 때 노력을 했는데 자신의 뜻대로 성적이 나오지 않은 친구들 중 일부는, 그럼 지금보다 더 노력을 해야겠다며 고2 때 부지런히 공부합니다. 그래서 고2 때는 성적이 오르는 친구와 떨어지는 학생이 동시에 발생합니다.

'고1 첫 시험성적 = 고3 성적'이라는 말은 오해입니다. 고1은 모든 학생이 고등학교 생활에 적응을 하면서 각 학교에서 자신의 위치를 찾아가는 과정을 거칩니다. 물론 그때 찾은 위치가 졸업할 때의 위치는 아니지요. 처음부터 중간을 거쳐 끝에 이르기까지 어느 정도의 노력을 하느냐에 따라 자신의 목표를 성취하고 졸업하는지가 판가름 납니다. 고1 때 노력한 만큼의 성적이 나오지 않았지만, 철저한 자기 분석과 끊임없는 노력을 통해 고2 때 확실한 상승곡선을 그리고 마침내 고3 때 최상위권으로 안착한 경우들이 있습니다.

제가 고2 담임을 할 때 보았던 한 학생의 이야기입니다. 이 학생은 고1 때 내신성적이 학교에서 중간 정도였고, 모의고사 성적도 썩 잘 나오는 편이 아니었습니다. 하지만 이 학생은 수업 시간에 그 누구보다 열정이 넘치는 눈빛과 태도로 임했다는 장점을 지니고 있었습니다. 제 수업뿐만 아니라 전 교과에서 그런 눈빛과 태도를 보이며 열정을 불태웠습니다.

고1 때는 전교에서 중간권 정도였는데 1년 내내 모든 교과에서 성실히 임했습니다. 고려대학교 스페인어과에 진학하고 싶다는 목표의식도 뚜렷했습니다. 모든 수업 시간, 수행평가, 교내 경시(이때 당시에는 대입에 교내 수상이 반영되었습니다)까지 모든 활동에 성실히 임했습니다. 이 정도의 열정과 기세라면 성적이 반드시 오를 수밖에 없다는 것을 저도 확신하고 있었습니다. 고2 2학기가 되면서 이 학생은 예상대로 점점 두각을 드러냈고 고3이 되어서는 상위권에 안착한 아이는 결국 본인이 원하는 고려대학교 스페인어학과에 진학하게 되었습니다.

고2 때 성적을 치고 올라갈 수 있는 구체적인 방법을 알려드리겠습니다. 위 학생의 사례처럼 지금까지의 집중도로는 부족하다고 객관적으로 판단한 뒤, 수업 시간에 더 충실하게 임하세요.

수업 시간에 배운 내용을 일주일 단위로 복습하는 것도 중요합니다. 기억은 시간이 지날수록 휘발되니 복습해야 할 양이 많아지면 내신 준비 기간에 부담스러워질 수 있습니다. 평소에 배운 내용을 복습하여 자신의 것으로 만드는 습관만 가져도 성적은 반드시 올라갑니다. 학원 숙제에 밀려 학교에서 배운 것을 복습하는 시간을 가지지 못하는 우를 범하지 마세요. 시험 문제 출제자는 학교 선생님입니다.

또한 내신성적은 중간 및 기말고사와 수행평가의 합산으로 산출된다는 점도 잊지 마세요. 수행평가 스케줄 관리를 잘하고 제출일은 반드시 잘 지키세요. 끝날 때까지 끝난 게 아니라는 생각을 늘 하셔야 합니다. 고등학교 생활의 허리에 해당하는 고2를 제대로 보내면 고등학교 생활을 탄탄하게 이어갈 수 있습니다. 그러면 자연스럽게 고3이 되어 성적 향상이라는 결과로 드러날 것입니다.

수시 vs. 정시, 미리 정해야 할까요?

'고3은 학생부종합전형으로 대학을 가야 한다' '수능에서는 N수생들한테 밀린다' 이런 이야기가 들리기 시작하면 본인이 먼저 수시형인지 정시형인지를 정하려고 합니다. 고1 내신성적을 이미 망쳤고 고2가 되어서 좋은 대학교에 가고 싶다고 결심하여 내신성적을 버리고 고2부터 수능에 올인하는 건 어떤지 물어보는 학생들도 있습니다. 이런 학생들에게 몇 가지 노하우를 드리려고 합니다.

우선, 본인이 재학 중인 고등학교가 수시에 강세인지, 정시에 강세인지 파악하는 건 꼭 필요한 과정입니다. 예를 들어 강남 8학군에 있는 휘문고등학교의 경우 2024학년도 대입에서 의대 114명(절대 다수 정시), 서울대에 33명(수시 3명, 정시 30명)이 합격했는데요. 정시에 강한 학교라는 것을 쉽게 알 수 있습니다. 정시에 강한 학교는 공부를 잘하는 학생들이 몰려 있기 때문에 내신성적을 잘 받기가 구조적으로 힘듭니다. 내신성적이 높아야 하는 학생부종합전형과 학생부교과전형에서는 경쟁이 어렵기 때문에, 재수를 각오하고서라도 정시로 의대 또는 SKY에 도전하는 경우가 많습니다.

하지만 해당 학교가 정시에 강하다고 해서 수시로 명문대를 합격하는 학생이 나오지 않는 건 아닙니다. 반대로 수시에 강한 고등학교라고 해서 정시로 명문대를 합격하는 학생이 나오지 않는 것도 아닙니다. 그러니 수시와 정시, 두 가지 길을 모두 염두에 두고 공부를 해야 합니다. 학교의 특징을 파악하고, 자신이 주력할 길에 집중은 하되 완전히 한쪽을 놓고 나머지 한쪽에만 올인하는 구조로 가면 안 됩니다.

고1 내신성적이 잘 나오지 않았고, 앞으로도 내신성적이 올라갈 가능성이 없다며 고2부터는 수능에 모든 걸 걸겠다는 학생이 있다고 합시다. 이렇게 생각해 보면 어떨까요? 이 학생의 고1 내신성적은 왜 잘 나오지 않았을까요? 단지 공부를 잘하는 학생들이 몰려 있는 특목고·자사고, 강남 8학군의 고등학교라는 특수한 구조 때문일까요? 내신시험을 조금 못 본 정도가 아니라 고1 내신성적을 버려야 할 정도로 망쳤다면 왜 그런 일이 생긴 걸까요? 고2부터 수능에 모든 것을 걸 정도의 집중력을 발휘할 수 있는 학생이라면, 평소 수업시간에 최선을 다할 수 있을 것입니다. 그럼 내신성적도 자동으로 올라가게 되어 있습니다.

정시전형에 강한 학교는 고3에 가까워질수록 수업 시간에 수능과 직결된 내용을 다룰 것이므로 절대 놓치면 안 됩니다. 이때 학교에서 하는 많은 활동들이 다 귀찮고 무의미하게 느껴질 수 있습니다. 하지만 그런 태도로 학교 생활에 임한다면 모든 시간이 낭비하는 것처럼 보일 것입니다. 또한 학생부에 기재될 내용이 없어 학교 생활을 충실하게 하지 않는 학생이 될 수 있으니 굳이 그런 위험부담을 떠안지 말라고 말씀드리고 싶습니다.

반대로 수시전형에 강한 학교라고 하더라도 기본적으로 수능 교과에 관련된 내용을 중점적으로 가르치기 때문에, 그 중요한 수업

시간을 절대 허투루 보내지 말라는 말씀 또한 드리고 싶습니다.

　사람 일은 어떻게 될지 아무도 모릅니다. 수시와 정시 선택은 고3이 되어서도 해도 늦지 않습니다. 고3 때 수능 성적이 잘 나오지 않았다면 재수나 삼수라는 선택도 가능합니다. 하지만 한 번밖에 없는 고등학교 생활은 지나가면 돌아오지 않습니다. 고1, 겨우 1년 내신성적이 좋지 않다고 고2를 시작하자마자 섣불리 '나는 정시형이야!' 라고 단정 짓거나 내신시험을 소홀히 하지 마세요. 학생부 종합전형은 말 그대로 교과성적에 드러나지 않는 학생의 여러 가지 면들을 종합적으로 판단하기 때문에 학생의 발전 가능성과 잠재력도 염두에 두는 편입니다. 그러므로 고2 때 내신성적을 더 올리고, 고3 때까지도 성적을 향상시킨다면 좋은 평가를 받을 수 있습니다.

　앞으로 정시모집에서 학생부 성적을 반영하는 대학들이 늘어납니다. 이미 서울대와 고려대가 정시모집에서 학생부와 내신성적을 반영하고 있는데요. 2026학년도 대입부터는 연세대도 정시모집에서 학생부와 내신성적을 반영하기로 결정하였습니다. 그러므로 고3이 끝나는 순간까지 수업 시간을 충실히 보내고, 내신시험과 모의고사 그리고 수능시험까지 최선을 다해 치르길 바랍니다.

자기주도학습 능력 극대화하기

고2, 12월 31일이 지나면 많은 특목고와 자사고의 고2 학생들은 스스로 고3이라고 생각하고 본격적인 수험생 모드로 들어갑니다. 그리고 1월 1일이 되자마자 기숙형 '윈터스쿨'에 들어가는 학생들도 부쩍 늘어나지요.

윈터스쿨은 재수생들처럼 아침부터 저녁까지 종일 공부만 하는 기숙형 학원입니다. 보통 아침 8시부터 8교시의 수업을 듣고, 저녁 6시부터 밤 10시까지, 늦게는 밤 12시까지 자율학습을 하는 시스템을 갖추고 있습니다. 기숙형 스쿨의 경우 한 달 학원비와 기숙사비, 독서실 이용비, 교재비, 식비까지 합치면 약 400만 원 정도가 듭니다. 유명 학원은 앞다투어 윈터·썸머스쿨을 열고, 많은 학생들은 두 달 동안 작정하고 공부만 해보자는 심정으로 신청합니다.

제가 담임 교사를 맡았던 반의 학생들도 윈터스쿨을 가는 경우가 있었습니다. 시간이 흐르면 흐를수록 윈터스쿨에 가겠다는 학생들이 늘어나는 추세입니다. 이것도 각 가정과 개인에 따라 선택할 사항이므로 '도움이 안 되니 가지 마세요' '도움이 되니 꼭 가세요' 이렇게 무 자르듯 선을 그을 수 있는 부분이 아닙니다. 다만, 윈터스쿨에 들어가기 전에 다음 사항들을 확인하고 판단해 보시길 바랍니다.

두 달 동안 매일 아침 8시부터 밤 12시까지, 식사 시간과 씻는 시간을 제외한 모든 시간(매일 최소 12시간) 이상 공부할 의지와 체력이 준비되어 있는 학생이라면 굳이 두 달의 방학 기간 동안 총 800만 원의 비용을 지불하면서 윈터스쿨에 입소해야 하는지 냉정하게 생각해 볼 필요가 있습니다. 그 비용이면 매월 80만 원씩, 10개월간 다른 학원에 다닐 비용이 생기니까요. 그리고 윈터스쿨에 들어가면 부모님이나 가족 등을 한 달에 한 번 정도 볼 수 있습니다(물론 주말 외박이 가능한 곳도 있지만, 그만큼 외출이나 다른 생활이 어렵다는 얘기입니다).

그리고 윈터스쿨 자체가 보안상으로도 믿을 만한지, 기숙사도 안전한 곳인지도 확인해야 합니다. 이런 여러 가지 측면에서 고민해 봤음에도 꼭 입소해서 공부를 해야겠다면, 반드시 성적을 올리겠다는 심정으로 들어가길 바랍니다.

대입정책은 미리 공부하세요

5월에 발표되는 대입자료를 보고 아주 디테일한 전략을 세워야 합니다. 먼저 본인이 어떤 대학, 어떤 학과에 어떤 전형으로 갈 건지 구체적으로 생각해야 합니다. 이는 추후 수시 원서를 접수할 때 도움이 됩니다. 고2 1학기 중간고사까지 받은 성적을 바탕으로 전략을 세우고 어느 선까지 성적을 올려야 하는지 구체적으로 계획을 수립해야 할 때입니다. 이 계획에는 과목별로 어떤 점이 부족하고 과목별 공부 전략은 어떻게 세워야 하는지 등 상세하게 체크해야 합니다.

무턱대고 꾸준히 열심히 하다 보면 뭔가 해결책이 생기겠지, 하고 생각하면 안 된다는 말입니다. 한참 뛰고 있는 달리기 선수를 떠올려 봅시다. 목표 지점을 모르는 상태에서 "일단 열심히 뛰고 있어봐. 나중에 목표지점이 어디인지 알려줄게"라고 하면 선수 입장에서는 어떨까요? 어디로 가야 하는지, 지금 힘을 들여서 열심히 뛰는 게 무슨 의미인지 모른다면 열심히 뛰고 싶을까요?

공부하는 아이들도 마찬가지입니다. 구체적인 방향성과 목표 지점을 제시하고, 그것을 향해 나아가는 과정에서 정확하고 구체적인 방법을 내놓으면 눈에 보이고 손에 잡힐 듯한 선명함이 느껴집니다. 그래서 더 잘 따라오는 것은 물론 실제로 끝까지 실천할 가능성도 높아집니다. 물론 이 모든 과정을 자녀 스스로 다 할 수 있으면 가장 좋지만, 그게 어려운 아이들이 많을 것이므로 부모님이 옆에서 함께 고민해 주시면 도움이 될 겁니다.

월	2024학년도 고등학교 3학년 월별 일정
1월	· 고2 겨울방학부터 고3 생활시작
2월	· 고1~2과정 결손없이 마무리, 고3 과정 준비
3월	· 2024.03.28.(목) 서울특별시 교육청 모의고사
4월	· 중간고사 대비 기간(4주 준비) · 4월 마지막 주 중간고사 시작
5월	· 5월 첫째 주 중간고사 종료 · 2024.05.08(수) 경기도 교육청 모의고사 · 수행평가
6월	· 2024.06.04(화) 한국교육과정평가원 모의고사 · 6월 마지막 주 기말고사 시작
7월	· 7월 첫째 주 기말고사 종료(총 5학기 성적 확인) · 수행평가 마무리 · 학교 생활기록부 입력 및 확인 · 2024.07.11(목) 인천광역시 교육청 모의고사 · 수시 1차 상담
8월	· 여름방학(수능공부 집중) · 수시 2차 상담, 수시원서 준비(면접 또는 논술) · 2학기(개학이 빠른 학교는 8월 중순에 시작)
9월	· 2024.09.04(수) 한국교육과정평가원 모의고사 · 2024.09.09(월) ~ 09.13(금) 중 3일 이상 수시모집 원서접수 · 2024.09.14(토) ~ 12.12(목) 수시모집 전형기간
10월	· 2024.10.15(화) 서울특별시 교육청 모의고사 · 막바지 수능 공부 집중
11월	· 2024.11.14(목) 2025학년도 대학수학능력시험 실시 · 2학기 정기고사(중간, 기말 없이 1번만 침)
12월	· 2024.12.06(금) 대학수학능력시험 성적 발표 · 2024.12.13(금) 수시모집 합격자 발표 · 2024.12.16(월) ~ 12.18(수) 수시모집 합격자 등록 · 2024.12.31(화) ~ 2025.01.03(금) 중 3일 이상 정시모집 원서접수
2025년 1월	· 2025.01.07(화) ~ 02.04(화) 정시모집 전형기간(가/나/다군별로 기간 다름)

고등학교 3학년

고등학교 3학년만이 수험생일까요? 앞서 고2 고등학교 2학년 5월부터는 무조건 수험생이라고 말씀드렸습니다. 수시로 대학을 갈 경우 3학년 1학기에 모든 성적과 학생부가 마감되기 때문에 실제 고3 생활은 매우 짧습니다. 고1 첫 중간고사 성적부터 바로 대입에 반영되기 때문에 고등학교 내신에는 자비가 없다고들 합니다.

하지만 당장의 성적보다 더 중요한 것은 따로 있습니다. 바로 '회복탄력성'입니다. 고등학교 1학년 1학기 첫 내신성적부터 바로 대입에 반영되는 건 사실입니다. 고1에 총 4번, 고2에 총 4번, 고3 1학기에 2번, 고3 2학기에 1번, 이렇게 총 11번의 내신시험을 봅니다. 수시전형으로 대학을 간다고 하면 고3 1학기부로 학생부가 마감되므로 총 10번의 내신시험이 대입에 반영되는데요. 고등학생들은 한 번만 시험을 못 봐도 크게 좌절하여 좀처럼 회복하지 못하고 곧바로 슬럼프로 빠지는 경우가 있습니다.

그러나 총 10번의 기회가 있습니다. 한 번 내신시험을 잘 못 봤다고 어떻게 되지는 않습니다. 그러므로 자녀가 내신시험을 못 봤다고 '멘붕'이 왔을 때 얼른 털고 앞으로 나아갈 수 있도록 옆에서 든든히 격려와 도움을 주시는 게 이 시기에는 가장 중요합니다.

마지막까지 최선을 다하세요

고3이 되면 너도나도 다 열심히 합니다. 원래 열심히 하던 친구들은 당연히 열심히 하고, 심지어 열심히 하지 않던 친구들도 열심히 합니다. 고교 내신 중 고3 1학기 경쟁이 가장 치열하다고 해도 과언이 아닙니다. 고3이 되었다는 압박감도 있지만, 수시로 대학을 갈 수 있는 마지막 내신시험이라는 것을 모두 알기에 성적을 올릴 마지막 기회라고 생각하고 진짜 올인하는 학생들이 많기 때문이지요.

이때는 다들 눈물겹도록 노력합니다. 하루에 1~2시간만 자고 계속 공부에 몰두하는 극한의 노력을 하는 수험생들을 보면, 아직 미성년자인데 저렇게까지 힘들게 해야 하나 싶다가도, 누가 시켜서 하는 것도 아닌데 목표하는 대학을 가기 위해 저렇게까지 노력하는 모습이 대견하기도 하고, 안쓰럽기도 한 그런 상황이 연출됩니다. 그래도 결국 수시로 대학을 가기 위해서는 고3 1학기 기말고사까지 내신성적을 잘 받아야 합니다. 그게 가장 첫 번째로 해야 할 일이자 중요한 일입니다. 처음부터 마지막까지 최선을 다하셔야 합니다.

학교 생활기록부, 끝까지 관리하세요

"학교 생활기록부도 관리할 수 있는 영역인가요?"라고 물어보시는 부모님들이 계십니다. 어떤 포인트에서는 어느 정도 관리될 수 있는 영역입니다. 여기에서 '어떤 포인트'와 '어느 정도'가 어떤 뜻인지 정확하게 이해하고 넘어가셔야 합니다. 고등학교 생활을 마쳐갈 때쯤 학생부가 뒤죽박죽일 경우, 수시모집에 지원할 때 반드시 후회하게 되기 때문입니다.

기본적으로 학교 생활기록부를 입력하는 주체는 교사입니다. 담임교사, 교과 담당교사, 동아리교사, 진로교사 등 담당하는 교사가 다릅니다. 이 교사들이 평소 학생을 관찰한 내용을 바탕으로 학생부시스템(나이스NEIS)에 입력합니다. 기본적으로는 학생들이 작성해 온 보고서 등 기록물의 핵심 내용과 교사가 생각하기에 해당 학생이 활동했던 내용, 거기서 배우고 느꼈을 점 등을 바탕으로 작성합니다.

컨설팅업체들은 학생이 진학하고 싶은 대학 전공에 맞게 컨설팅을 해준다고 하며 고액을 받고 코칭을 해줍니다. 심지어 어떤 컨설팅업체는 학생부 컨설팅으로 마치 대학을 한 단계 업그레이드할 수 있다는 식의 과장된 광고를 하기도 합니다. 하지만 컨설팅업체에서 할 수 있는 건 학생부에 어떤 활동 내용을 중점적으로 입력할지에 대한 코칭과 학생부에 입력될 문장을 조금 더 매끄럽게 다듬는 정도일 뿐입니다.

절대 업체에서 학생이 학교에서 했던 활동 내용 자체를 바꿀 수는 없습니다. 학생이 직접 하지 않은 활동을 기록할 수는 없기 때문이지요. 그리고 스스로 자신이 한 활동을 보고서 또는 기록물에 논리정연하게 기록하지 못하는 학생이라면 대입에서도 큰 기대를 걸기가 어렵습니다. 수시로 가든 정시로 가든, 모든 것의 기본은 문해력과 논리력, 그리고 자기관리능력에 있기 때문입니다.

그럼 어떻게 학교 생활기록부를 관리할 수 있을까요? 그 방법을 알려드리겠습니다. 우선 대학에서 전공하고 싶은 학과 1~2가지를 정합니다. 그다음엔 자신의 관심분야에 맞게 각 과목별 수행평가 주제를 정하고 자율활동, 진로활동, 독서활동을 합니다. 각 활동에 대한 보고서 및 기록물을 논리정연하게, 스스로 작성한 다음 제출일에 맞춰서 학교에 제출하는 것도 중요합니다.

담임 교사, 교과 교사, 동아리 교사 등 입력 주체의 학생부 입력이 마감되면 오탈자 점검 및 미입력 여부를 확인해야 합니다. 그때 본인의 총 5학기 학생부를 쭉 읽으면서 자신이 한 활동들이 누락된 부분 없이 학생부에 전체적으로 잘 들어갔는지 확인해야 합니다. 학생부 기반 면접을 보기 위해서라도 스스로 총 5학기 학생부 내용을 다 숙지하고 있어야 합니다.

수시 원서 확정 및 수능 최저등급 맞추기

고3 1학기 기말고사까지 끝나면, 이후에는 담임 선생님과의 상담을 통해 수시 원서 6장을 쓸 곳을 정해야 합니다. 본인의 눈으로 확인한 성적을 기반으로 6장의 원서만을 써야 하니 그 어느 때보다 신중하게 골라야 할 시간이 다가온 것이죠.

수시 원서 쓰는 방법을 대략적으로 설명하면 이렇습니다. 먼저 학생 본인이 어디에 지원할지 결정합니다. 지원할 곳을 부모님과 의논하는 학생들도 제법 있는데, 어떤 부모님들은 스스로 결정하라고 하시기도 합니다. 결정 과정에서 고민이 되면 담임 선생님께 자신의 성적대와 비슷한 1년~3년 선배들이 어떤 학교, 무슨 학과에 진학했는지 알려달라고 요청하면 됩니다. 학교에서는 대입 기록을 파일로 관리하고 있기 때문에 가능합니다.

수험생들의 수시모집 원서 접수가 끝나고 나면 대학 측에서는 지원자들에 대한 서류 평가가 분주하게 이루어집니다. 수시모집에는 학생부종합전형, 학생부교과전형, 논술전형 등 다양한 전형들이 있지만 가장 대표적인 학생부종합전형을 예시로 들어보겠습니다.

학생부종합전형은 말 그대로 학생의 내신성적만 정량평가 하지 않고 학생들을 다각도에서 종합적으로 정성평가합니다. 물론 학업역량도 중요하게 평가하지만 수시모집에서 고등학교 5학기 내신성적 순으로 합격과 불합격이 결정되는 건 아닙니다. 내신성적의 차이가 미미하다면 종합적인 평가나, 2단계 제시문 기반 면접에서 얼마든지 뒤집을 수 있기 때문입니다.

한 고등학교에서 ○○대 △△과에 8명이 지원한 경우, 모집 인원이 많지 않은 학과라면 그 8명을 뽑아줄 가능성은 거의 없으므로 분산해서 배정합니다. 하지만 어느 학과에 지원할 것인지 최종 결정은 학생 본인이 하는 것이고, 실제 고등학교에서 ○○대학교 한 학과에 여러 명이 지원하여 3명이 합격한 사례도 있었습니다.

지원한 학생 모두 내신성적으로 봤을 때 학업역량 측면에서 자격이 충분했고 학교 생활기록부에 드러난 학교 생활의 충실도 또한 높게 평가받았기 때문입니다. 거기다 ○○대 2차 제시문 기반 면접을 모두 잘 보았기에 여러 명이 동시에 합격할 수 있었던 것으로 분석됩니다.

정리해서 말씀드리자면, 담임선생님과 세 차례 정도의 상담을 통해 최종 6장의 수시 원서를 확정합니다. 상담을 많이 하는 학생의 경우 5차가 넘어가는 경우도 있습니다. 그만큼 지원할 6곳을 확정하는 일은 상당히 어려운 작업임을 알아두셔야 합니다. 놓치지 말고 고려해야 할 사항으로는 아래 6가지가 있으니 참고하시길 바랍니다.

학교 상담 및 컨설팅업체 똑똑하게 활용하기

컨설팅업체는 특정 고등학교만 전담하는 게 아닙니다. 수시전형으로 지원서를 쓰기 위해서는 우리 고등학교에서 몇 점대의 내신과 스펙을 가진 선배들이 어떤 대학 어떤 학과에 합격을 했는지, 1차만 합격을 했는지, 떨어졌다면 왜 떨어졌는지 등의 상세한 데이터와 스토리를 알고 있어야 합니다. 가장 정확하게 알고 있는 분은 학교 선생님들입니다.

물론 지난해 고3 담임 교사가 아니었다면 아주 상세한 히스토리까지는 모르시겠지만, 고등학교는 대부분 10년 이상의 전교생들의 수시·정시 지원 현황과 합격·불합격 누적 데이터를 철저히 관리하고 있습니다. 해당 데이터에 관해 가장 정확한 상담을 할 수 있는 분들은 담임선생님 또는 3학년 부장선생님입니다. 그러므로 학교 측과 충분히 상담을 하는 게 먼저입니다.

그럼에도 컨설팅업체를 통해 상담을 받고 싶다면 그 업체가 본인이 다니는 고등학교 선배들이 많이 상담을 받은 곳인지부터 먼저 확인해 봐야 합니다. 유명하다고 다 좋은 컨설팅이 아닙니다. 대입은 정확한 데이터를 가지고 상담을 해야 하기 때문에 업체를 선정할 때 신중해야 합니다.

학교와 먼저 상담한 다음에 더 궁금한 것을 정리해서 물어봐야 도움을 받을 수 있습니다. 상담을 받으러 간 학생이 다니는 고등학교의 히스토리와 특성을 잘 모르고, 성적 데이터도 가지고 있지 않다면 정확한 상담이 이루어지지 않을 수 있습니다. 반드시 학교에서 상담을 먼저 받으시기 바랍니다.

사공이 너무 많으면 배가 산으로 가는 법입니다. 컨설팅을 받더라도 최대 2곳 이상은 받지 않기를 권합니다. 업체마다 하는 이야기가 다를 경우 오히려 더 혼란스러워지기 때문입니다. 그러므로 대입 원서를 쓸 때는 학생 본인이 생각과 성적, 학생부 정리를 모두 마친 다음 학교 선생님과 충분히, 원한다면 여러 차례 상담을 하고 그다음 선택적으로 컨설팅 업체를 찾아가시길 바랍니다.

논술과 면접 대비는 어떻게 할까요?

여름방학 때 논술전형을 쓸 학생들은 논술 대비를, 제시문 기반 면접이 있는 SKY를 지원할 학생들은 면접 대비를 하면서 수능 공부를 병행해야 합니다. 또한 이때부터는 내신 경쟁으로부터 자유로워지기 때문에 7~11월은 수시전형의 수능 최저등급을 맞추기 위한 나만의 전략도 세워야 합니다. 고3 1학기 내신시험을 치고 학교 생활기록부 입력까지 마무리하면 수능 D-100인 8월 초입니다 (수시모집을 위한 학교 생활기록부 시스템 마감은 8월 31일입니다). 무더운 여름날, 지친 몸을 이끌고 수능 공부와 수시 준비까지 잘해보려고 노력하지만 이것도 말처럼 쉽지 않습니다.

정신을 차리고 보면 어느덧 수시 원서 접수 시즌이 옵니다. 이 시즌은 보통 추석 연휴 전인 9월 초~중순에 마무리가 되는데요. 막판까지 어느 대학에 어느 학과를 쓸지 고민을 하면서 눈치 작전을 펼치는 학생들도 있습니다. 경쟁률을 어느 정도 살핀 뒤 마지막에 원서를 쓰는 것이지요. 이 마음도 충분히 이해가 됩니다. 그만큼 합격하고 싶은 마음이 간절하다는 뜻이겠지요.

논술 전형과 제시문 기반 면접이 있는 학생부종합전형으로 지원할 경우에도 대치동에 있는 유명 학원을 다니면서 준비해야 할까요? 현실적인 답변을 드리자면, 실제 많은 학생들이 유명 논술학원과 면접 대비 학원을 다니면서 준비합니다. 특히 서울대와 연세대, 고려대 제시문 기반 면접과 명문 대학 국제학부 영어면접을 준비하는 학생들은 대치동에 있는 유명 학원을 다니는 경우가 많다고 보시면 됩니다. 학생부 기반 면접은 혼자 준비하거나 학교 선생님의 도움을 받으면 충분하지만 제시문 기반 면접은 아무래도 난이도가 있기 때문에 혼자 기출문제를 분석하고 준비하는 데 어려움이 있습니다. 고3 1학기까지의 총 5학기 내신성적이 SKY 학생부종합전형 합격을 확신이 들 만큼 준비된 학생은 고3이 되기 직전 겨울방학부터 제시문 기반 면접 대비 학원을 다니고, 고3 1학기 성적까지 확인해야 가닥이 잡힐 것 같은 학생은 고3 1학기 기말고사까지 마친 다음 제시문 기반 면접 대비 학원을 등록합니다. 그래서 대치동 일대에서는 실제 고3 여름방학에 맞춰 제시문 기반 면접 대비 학원의 특강이 많이 열립니다. 여름방학 때 기차를 타고 매주 이 대치동 학원들의 특강을 들으러 오는 지방 학생들도 종종 볼 수 있습니다.

2022학년도 대입에서 고려대학교가 자기소개서를 폐지했던 것을 시작으로 2024학년도 대입에서는 서울대학교까지 자기소개서를 폐지했습니다. 그러나 몇 년 전까지만 해도 최상위권 대학은 자기소개서를 작성해야 했기 때문에 이미 지원할 학과를 확정한 경우가 많았습니다. 하지만 2024학년도 대입부터는 자기소개서가 전면 폐지되었기에, 비슷한 계열·학부·학과들에 대한 몇 가지 옵

션을 가지고 있다가 마지막까지 경쟁률을 보고 지원하는 케이스들이 더 늘어날 것으로 예상됩니다.

수시모집 원서 접수가 끝난 이후로도 긴장을 놓지 말고 차분하게 수능 날까지 페이스를 유지하며 공부해야 합니다. 대학별로 수시원서 접수일도 다르지만, 1단계 및 2단계 합격자 발표일도 다릅니다. 1단계 합격 후 2단계 전형에 대한 전형료 납부까지 완료해야 2단계 면접 기회가 주어지는 경우도 있습니다. 합격하고도 홈페이지를 확인하지 않아서 불이익을 당하는 어처구니 없는 상황은 만들지 말아야겠습니다.

원서를 쓸 때는 전체적으로 전형 일정을 확인하는 것은 물론이거니와 각 대학별 일정, 공지사항 및 준비사항 등을 꼼꼼하게 확인하고 또 확인해야 합니다. 수첩에 기록하고, 스마트폰 캘린더에도 입력하고, 믿을 수 있는 가족들과도 공유하세요. 친구끼리는 이 시기에 매우 예민할 수 있습니다. 아무리 친한 친구라도 어느 대학교에 원서를 썼는지, 몇 개 대학에 합격했는지 등을 일일이 공유하기보다는 최종 결정되기까지 조심하고 배려하는 것이 서로를 위해 좋습니다.

총 6곳의 수시 원서 결과를 볼 때마다 일희일비하지 마시고, 지원한 학교의 발표가 모두 끝날 때까지 할 수 있는 한 마인드컨트롤과 수능 최저등급 기준을 맞추기 위한 수능 공부에 최선을 다하시길 바랍니다.

대입을 준비하는 동안 분명히 '이렇게 많은 것을 준비해야 하나?' '이렇게까지 노력해야 하나?' 이런 생각이 들 때가 올 것입니다. "노력은 어떠한 형태로든 보상으로 돌아온다"는 말이 있죠. 결국 내가 노력한 것은 대입 합격으로 돌아올 것입니다. 지치지 않고 끝까지 최선을 다하는 게 중요합니다.

상위권으로 치고 올라가는 불변의 방법

"선행학습을 하지 않고 고등학교에 가면 성적이 잘 나오지 않나요?" "특목고 학생들은 보통 선행을 얼마나 하고 오나요?" 간혹 이렇게 질문하시는 학부모님들이 계십니다. 자녀가 고교 과정에 대해 선행학습을 많이 하지 않아서 아무리 공부해도 친구들을 따라잡을 수가 없다고 생각하는 경우가 있는데요. 100% 진실은 아닙니다.

상위권으로 치고 올라가는 비결은 단 하나, 매일 꾸준히 많은 양을 공부하는 것입니다. 내신 기간이든 아니든 상관 없이 매일 12시간 이상 공부해야 합니다. 최상위권들은 하루 15시간 이상 공부하기도 합니다. 이 시간의 차이가 365일 동안, 나아가 3년 동안 쌓이면 어마어마하게 차이를 보이게 되는 것이죠. 또한 선행학습보다는 현행학습을 얼마나 완벽하게, 집요하게, 일관되게 했느냐가 관건입니다.

눈물이 나는 정도의 노력을 해본 학생이라면 공부를 했는데도 성적이 안 올랐다는 말이 나오지 않을 것입니다. 당장은 성적이 오르지 않는다고 해도, 스스로 생각해도 더 이상의 노력을 할 수 없을 정도의 노력을 한 학생들은 스스로에 대한 믿음과 확신이 생깁니다. 그러므로 과연 본인이 진짜 최선을 다하고 있는지 생각해보고 판단하기 바랍니다.

하지만 90% 이상, 아니 95% 이상의 학생들이 순도 100% 노력을 해낼 체력과 정신력과 끈기가 없기 때문에 성적을 올리기가 힘든 것입니다. 그리고 그게 어려운 일이라는 걸 알기에, 조금이라도 선행을 하고 가야 고등학교에 가서 편하다는 인식이 팽배해져 있는 것이지요. 고등학생이라면 이제는 공부에서 홀로서기를 해야 할 때입니다. 더 이상 물러날 데가 없습니다.

> 초등 성적 = 엄마 성적
>
> 중등 성적 = 학원 성적
>
> 고등 성적 = 진짜 성적

위의 공식을 기억하고, 고등학교 공부는 본인 스스로 해내야 한다고 생각해야 합니다. 아무리 좋은 학원을 다니고 과외를 해도 결국에는 본인이 얼마나 소화를 해서 자신의 것으로 만드느냐가 싸움의 승패를 가릅니다. 3학년 1학기까지 총 10번의 내신시험을 볼 때도, 수능 당일에도 시험을 치는 순간에도 시험지와 펜 그리고 학생 자신밖에 없습니다.

입시는 끝날 때까지 끝난 게 아닙니다. 정말 끝까지, 순도 100%의 노력을 하는 학생들에게 입시운이 돌아갑니다. 그러므로 자녀가 마지막 순간까지도 집중하고 또 집중할 수 있도록 많이 도와주시기 바랍니다.

3학년 1학기가 지나면 고등학교에서 필요한 성적이 다 마무리되니 3학년 2학기 정기고사도 대충 보고 수행평가도 안 하려고 하는 학생들도 생길 텐데요. 사람 일은 어떻게 될지 모릅니다. 수시로 대학을 가려면 고3 때 가는 게 유리하긴 합니다. 그러나 고3 때 만족스러운 결과를 내지 못해서 수시로 재수를 하는 경우도 있습니다. 그때는 3학년 2학기 내신성적과 학생부, 고3 담임선생님의 행동 특성 및 종합 의견까지 모두 다 반영됩니다. 그리고 요즘에는 정시로 대학을 가려고 해도 학생부를 반영하는 대학들이 늘어나고 있기 때문에 고등학교 졸업 전까지 학교에서 시행하는 내신시험과 수행평가, 학생부까지 끝까지 잘 마무리하기 바랍니다.

단 한 번의 시험으로 일희일비할 필요도 없습니다. 몸과 마음 모두 건강하게 3년의 장기 레이스를 행복하게 잘 달려나가시기를 바라며, 각 가정의 자녀들을 축복하고 응원합니다.

우리 아이가 특목고·자사고 진학에 적합한지 판단하는 10가지 기준

10가지 기준 중 5가지 이상 해당한다면, 특목고 진학을 고려해 봐도 좋습니다.

1. 기본적으로 글을 읽고 이해하는 것을 좋아하고 배움에 대한 열의가 있다.
   (O / X)

2. 경쟁에 과도하게 예민하게 굴지 않고 실수나 실패를 해도 오랫동안 좌절하지 않고 다시 일어설 줄 안다. (O / X)

3. 열심히 하는 친구들 사이에 있으면 더 열심히 하는 스타일이다.
   (O / X)

4. 시험과 수행평가 스케줄 및 공부 계획까지 스스로 세우며 꼭 실천하려고 하는 책임감이 있다. (O / X)

5. 목표를 달성하지 못한 경우, 그 원인을 찾아내어 분석하며 다음번에는 이를 개선하기 위해 노력한다. (O / X)

6. '오늘 피곤하니 공부를 하지 말아야겠다' 등의 핑계를 대지 않으며 매일 정해진 루틴을 지켜내는 힘이 있다. (O / X)

7. 장시간, 장기간 공부를 하기 위한 정신력과 체력, 지구력과 끈기를 갖추고 있다. (O / X)

8. 특목고·자사고 별 설립 취지나 인재상, 특징 및 커리큘럼을 이해하고 자신의 전공과 진로에 맞는 특목고·자사고가 어느 학교인지 정확하게 파악하고 있다. (O / X)

9. 특목고·자사고 진학 시, 일반고에 가는 것보다 좋은 내신성적을 받기 힘들다는 점, 3년 내내 치열한 경쟁에 노출된다는 점을 인지하고 있으며 이를 극복할 의지와 도전정신이 있다. (O / X)

10. 이 모든 어려움에도 불구하고 특목고·자사고의 장점을 이해하고 있으며 현재 특목고·자사고에 진학하고 싶은 마음으로 공부하며 준비를 하고 있다. (O / X)

3부

최상위권 아이들을
길러낸
특목고 교사의 조언

상위 1% 아이들을 둔 가정의 6가지 특징

자녀는 부모의 거울이다

'내 아이가 이런 사람으로는 절대 크지 않았으면 좋겠다' 하는 부분이 있으신가요? 혹시 그런 것이 있다면, 부모님 스스로 그런 모습을 0.001도 보이면 안 된다고 말씀드리고 싶습니다. 자녀는 부모님의 거울이거든요. 닮았으면 하는 모습도, 닮지 않았으면 하는 모습도 다 닮습니다.

학부모 상담 기간에 교무실로 들어오시는 모습만 봐도 '아, ○○의 어머님이시구나. ○○의 아버님이시구나!' 하면서 단번에 알아

볼 수 있습니다. 자녀와 부모님들은 정말 많이 닮았거든요. 생김새는 물론이고 목소리나 말투, 말할 때 입꼬리 모양, 심지어 눈빛까지도 비슷해서 깜짝 놀랄 때가 많습니다.

자녀에게서 보기 싫은 모습을 보게 될 때면 보통 자녀에게 이런 식의 말씀을 하십니다. "넌 대체 누굴 닮아서 저러니? 꼭 아빠(또는 엄마)를 닮아서는…." 자신이 아닌 배우자를 닮았다고 잘못을 돌리는 것이지요. 그런데 제가 볼 때, 자녀는 부모의 장단점을 골고루 닮습니다. 자녀와 배우자를 탓하기 시작하면 가정에 갈등만 일어날 뿐 절대 도움이 되지 않습니다. 스스로 본인의 모습부터 객관적으로 점검해 보시길 바랍니다.

부모는 자녀에게 인생의 훌륭한 멘토이자 스승이 되어주어야 합니다. 평소 자녀와 가정의 심신 건강을 위해 최선을 다해야 합니다. 화목한 가정에서 훌륭한 인재가 탄생한다는 것을 명심하세요. 자녀에게 바라지만 말고, 원하는 모습대로 본보기를 보여주셔야 합니다. 나도 하지 못하는 것을 자녀에게 바라지 마세요.

저는 10년 넘게 학생들을 지도하면서 자녀를 절대 '이기적인 사람'으로는 키우지 않겠다고 생각했습니다. '이기적인 아이들이 공부를 잘하던데?'라고 생각하시는 분들도 계십니다. 하지만 저는 이 말에 동의할 수 없습니다. 자신의 할 일을 잘 챙기는 것과 이기적인 것은 전혀 다릅니다. 자신의 이익만을 꾀하는 아이들은 친구들을 배려할 줄 모르고 챙길 줄도 모릅니다. 그런 아이들이 공부를 잘해서 좋은 대학교에 간다고 해서 나중에 다른 사람들을 배려하게 될까요? 이기적인 아이들은 결국 본인 스스로 괴로워지기 마련입니다. 어렸을 때부터 타인을 배려하고 함께 갈 줄 아는 이타성을 길러주셔야 합니다.

모든 순간에, 모든 결정에서 이타적인 사람이 되도록 하라는 게 아닙니다. 내 자신의 이익만을 보는 게 아니라, 전체적인 큰 그림을 보고 다른 사람들의 입장도 헤아리면서 함께 가면 결국에는 모두를 위한 일이 됩니다. 이것을 자녀들이 깨달을 수 있도록 아이의 내면에 있는 이타성을 일깨워 주시기 바랍니다.

자녀의 사춘기 vs. 부모의 갱년기

제가 담임을 맡던 시절, 저희 반의 한 학생이 교무실로 저를 찾아왔습니다. 이 학생은 심성도 착하고 친구들과도 잘 지냈으며 저희 반에서 항상 1등 자리를 지키던 학생이었습니다. 큰 변수가 없으면 서울대에 무조건 합격할 수 있는 여학생이었습니다. 그런데 그 친구가 저를 찾아와 대뜸 이런 이야기를 했습니다.

"선생님! 왜 자꾸 불쑥불쑥 화가 나는지 모르겠어요!"

처음 이 말을 들었을 때 의외라고 생각했습니다. 늘 모범적이고 공부도 잘하고 친구들과도 잘 지냈기 때문에 이 학생이 이런 고민을 하고 있다는 걸 저마저도 눈치채지 못하고 있었습니다. 그래서 저는 이렇게 말해주었습니다.

"이 시기에는 누구나 그런 감정이 들곤 해. 그런 걸 사춘기라고 하는데, 아마 ○○이가 중학교 때 사춘기를 겪지 않아서 지금 그런 감정들이 불쑥불쑥 올라오는 것 같구나. 호르몬의 영향도 있지만 청소년기에는 누구나 한 번쯤 그런 감정을 겪으니까 그 정도가 심하지 않다면 자연스럽게 받아들여도 될 것 같아. 그리고 그렇게 화가 날 때는 왜 화가 났는지 너의 마음을 잘 들여다보고 그 진짜 이유를 파악해 볼 필요가 있어. 정말로 이유도 없이 불쑥불쑥 화가 나는 건지, 아니면 어떤 맥락에서, 누구 때문에 화가 나는 건지 솔직하게 너의 마음과 직면해 봐야 해. 이유를 정확하게 알아야 해결책도 나오거든. 무엇보다 선생님을 찾아와서 솔직하게 말해줘서 고마워. 앞으로 화나는 정도가 심해지거나 아무리 마음을 들여다봐도 이유를 잘 모르겠으면 또 선생님을 찾아오렴. 이야기를 자주 나눠보자."

특히 중학생 자녀를 둔 부모님이라면 사실 학업적인 고민만큼이나 자녀의 사춘기 때문에 고민이 많으실 겁니다. 자녀의 사춘기와 부모의 갱년기가 맞붙어서 집 안 분위기가 살얼음판이라는 가정들도 종종 있는데요. 사실 자녀가 극심한 사춘기를 겪지 않고 지나가게 하려면 어렸을 때부터 그 준비를 시작해야 합니다.

아이가 어렸을 때는 전혀 그렇지 않았는데, 갑자기 중학생이 되더니 뭘 잘못 먹었는지 이상하게 변했다고 하십니다. 사실 갑자기 변한 게 아닙니다. 5~10년 동안 누적되어 온 감정들이 그때서야 폭발하는 것입니다. 자녀들은 마음이 상해도 아직 어리고 미숙하기 때문에 그 불만 표출을 제대로 못 했을 뿐입니다.

부모님의 억압이나 잘못된 양육방식으로 인한 상처는 자녀들의 몸과 마음에 하나씩 하나씩 고스란히 새겨집니다. 그러다 자아가 온전히 형성되기 시작하는 청소년기에 폭발을 하게 되는 것이지요.

그러므로 아이가 돌변했다고 이상하게 받아들이지 마시고, 내가 아이를 키우는 과정에서 어떤 점이 아이를 힘들게 만들었는지 자아 성찰하는 시간과 자녀를 이해하는 시간을 꼭 가지시길 권장합니다. 그 과정을 통해 부모님 스스로 자녀에게 부족했거나 잘못했던 부분을 알게 되었다면 진심 어린 사과를 하세요. 그리고 앞으로는 그러지 않겠다고 자녀에게 약속해 주세요. 이렇게 한다면 풀기 어려웠던 관계가 개선될 겁니다.

이런 가정교육은 최악의 교육입니다

일반적으로 수험생활은 자녀와 부모 모두 긴장하고 마음 졸이며 스트레스 받는 기간이라고 생각하기 쉽습니다. 대부분이 힘들어하시는 건 사실이니까요. 하지만 실제 수험생들 중에서도 자신의 발전에 뿌듯함을 느끼며 성장에 성장을 거듭하는 학생들도 있습니다. 최상위권 아이들의 학부모님들과 상담을 할 때면 저는 늘 궁금해했습니다. 대체 어떻게 교육하셨길래 이렇게 스스로 공부를 잘하는 걸까 싶었지요. 그랬을 때 대부분 공통적으로 하시는 말이 있었습니다. "별다른 잔소리는 안 했어요."

우리는 살면서 자녀에게, 배우자에게, 부모님께, 팀원들에게, 학생들에게, 또 누군가에게 참 잔소리를 많이 하고 많이 듣습니다. 눈 떠서 잠들 때까지 잔소리를 하기도 하고, 본인도 잔소리를 듣다가 잠들기도 합니다. 아이를 키우다 보면, 학생들을 가르치다 보면, 팀원들에게 일을 시키다 보면 잔소리를 할 수밖에 없습니다. 하지만 단순한 잔소리와 건설적인 피드백은 확연히 다른 개념입니다.

저는 10년 동안 학교에서 근무하면서 학생들의 행동이 교정되고 동시에 긍정적이고 발전적인 방향으로 변화하는 모습을 직접 눈으로 확인했습니다. 잔소리가 아닌 '칭찬'을 통해서 말이지요. 2000명이 넘는 학생들을 지도하면서 확신하게 된 사실은, 바로 칭찬이야말로 최고의 교육이라는 것입니다.

혹시 본인이 이루지 못한 꿈을 자녀에게 강요하고 있지는 않으신가요? 한국 사회에서 말하는 '좋은 길'에 자녀를 억지로 밀어넣고 있지는 않은지 객관적으로 생각해 보길 바랍니다. 지금 대한민국에 아무리 의대 열풍이 불고 있더라도 내 자녀의 능력과 적성에 맞지 않는 길이라면 강요해서는 안 됩니다. 자녀의 인생은 자녀의 것이니까요.

자녀를 진심으로 존중하고 또 자녀로부터 존경받는 부모님이 되어주셔야 합니다. 자녀에게 바라는 모습대로 본인이 먼저 살아가셔야 합니다. 그럼 자녀는 알아서 부모님을 보고 자랍니다. 긴 세월을 지나 자녀들이 부모가 되어서야 이해할 수 있는 말을 바로 알아들을 거라 기대하지 마세요. 자녀들도 본인의 인생을 결정할 권리가 있습니다. 꼭 SKY와 의대를 가야 할 의무는 없습니다.

인간은 누군가에게 인정받고 칭찬받을 때 자신의 가치를 확인하고 더 괜찮은 사람이 되기 위해 스스로 노력하는 존재라고 생각합니다. 인간은 수많은 잔소리로 변화하는 존재가 아닙니다. 그렇게 해서 변화시킬 수도 없고요. 무엇보다 진심을 담은 구체적인 칭찬이 최고의 교육입니다. 결과도 중요하지만 과정에 대한 칭찬도 필요합니다. 그러니 자녀들에게 잔소리하기 전에 칭찬을 해주세요. 그럼 아이들의 행동이 달라질 것입니다.

학습보다 훨씬 중요한 두 가지 교육

지금부터 말씀드리는 두 가지 사안은 사실 어떤 교과목 공부와 성적보다 훨씬 더 중요한 것입니다. 바로 '학교폭력'과 '성교육'입니다.

많은 부모님이 '우리 아이는 모범적이라 절대 학교폭력 같은 일에 휘말릴 일이 없어'라고 생각하십니다. 하지만 내가 알고 있는 아이의 모습이 전부가 아닌 경우도 있습니다. 예전에는 학교폭력의 형태가 직접 때리는 물리적인 폭력뿐이었다면, 요즘은 초등학생부터 다양한 형태의 학교폭력이 발생합니다.

어린 나이부터 스마트폰을 사줄 수밖에 없는 부분은 충분히 이해합니다. 하지만 자제력이 부족한 어린 나이부터 스마트폰을 사용하게 되면 SNS에 무방비로 노출됩니다. 부모님 앞에서는 욕설을 사용한 적이 없어도 SNS에서는 욕설을 남발하는 아이들이 많습니다. 친구들을 놀리거나 장난으로 욕을 했다고 하더라도 여러 번 반복적으로 할 경우, 그 말을 들은 아이는 얼마든지 학교폭력이라 느낄 수 있습니다.

이로 인한 부작용들이 상당히 많습니다. 언어폭력을 행사하고 나아가 심하게는 성폭력 문제까지 발생합니다. 자아가 형성되고 있는 초등학교 1학년 때부터 어떤 행동과 말이 친구들을 힘들 수 있게 하는지, 어떤 점을 주의해야 하는지 아주 구체적이고 반복적으로 교육을 해주셔야 아이들이 주의할 것입니다.

또한 학교폭력에는 가해자와 피해자가 분명하게 나뉘는 사건도 있지만, 제3자의 입장에서 들어보면 양쪽 다 잘못이 있는 경우들도 많습니다. 모든 사람은 자신의 입장에서만 생각하고 진술하기 때문에, 학교폭력으로 싸움이 날 경우 양쪽 다 자신이 피해자라고 주장하게 되는 것이죠. 학교 내에서 해결하면 좋으련만 원만하게 해결이 되지 않아 교육청으로 넘어가고, 교육청에서 결론이 났음에도 불구하고 억울함을 주장하며 서로 개인 변호사를 고용한 뒤 소송까지 가는 상황도 점차 늘어나고 있습니다.

이와 관련해서 심각성을 인지한 대학에서도 움직이고 있습니다. 2025년 이후, 대입에 학교폭력 내용이 적용됩니다. 2025학년도는 대학 측에서 자율적으로 반영, 2026학년도 대입부터는 의무 반영이 되었습니다. 학교폭력과 관련하여 정부와 대학 측에서 칼을 빼 들었다고 볼 수 있습니다. 가장 경미한 처분인 1호 서면사과 조치만 받아도 서울대, 연세대, 고려대 등 주요 대학의 수시 및 정시 지원에 치명적인 불이익으로 작용합니다.

일단 학교폭력에 연관이 되면 학업은 고사하고 정상적인 학교생활이 힘들어집니다. 그러므로 미연에 방지하는 것이 최우선입니다. 부모님들께서는 신뢰하는 마음을 바탕으로 아이를 키우는 게 맞지만, 밖에서의 내 아이의 모습은 내가 알고 있는 모습과 다를

| 학교폭력 가해자에 관련된 처분 조치 |

구분	처분 조치
1호 처분	피해학생에 대한 서면사과
2호 처분	피해학생 및 신고·고발 학생에 대한 접촉·협박·보복행위 금지
3호 처분	교내봉사
4호 처분	사회봉사
5호 처분	학내외 전문가에 의한 특별교육 이수 또는 심리치료
6호 처분	출석정지
7호 처분	학급교체
8호 처분	전학
9호 처분	퇴학

| SKY 2026학년도 학교폭력 대입 조치 사항 |

서울대학교	수시·정시전형 모두 1호 서면사과 조치를 받았을 시 정성평가를 통해 최종 점수에 반영하므로 비슷한 수능 점수 및 내신 학생들이 지원하는 상황이라면 경미한 학교폭력 처벌이어도 불합격 처리가 될 수 있습니다.
고려대학교	1~9호 처분을 받는 학생은 정시 전형 총점 1000점 중 1점에서 20점까지 감점할 예정입니다. 대입은 0.1점으로 당락이 결정되는 구조이기 때문에 사실상 합격에 치명적이라고 볼 수 있습니다.
연세대학교	정시 전형에서 1호부터 3호 처분까지 10점, 4·5호 처분은 25점, 6·7호 처분은 50점, 8·9호 처분은 100점을 감점합니다. 전형 총점이 1000점일 때 처분 1호만 받더라도 매우 치명적입니다. 수시 전형에서는 1~9호 모두 지원 자체가 불가능합니다.

수 있습니다. 그러므로 이런 사안이 발생할 경우 객관적으로 보시는 분별력도 필요합니다.

무엇보다 이런 일이 발생하지 않도록 사전에 교육하시는 것이 가장 현명합니다. 그리고 혹시나 학교폭력의 피해자가 된 경우, 힘들어하는 아이의 마음을 보듬어주시고 함께 해결해 나가는 지혜와 용기가 필요합니다.

학교폭력과 성폭력의 가해자도, 피해자도 절대 되어서는 안 됩니다. 사건이 한 번 일어나면 되돌릴 수 없습니다. 어쩌면 내 아이의 트라우마로 평생 남는 사건이 될 수도 있습니다. 그걸 옆에서 지켜보는 부모님의 마음은 또 어떨까요. 공부보다 심신의 건강과 안전 확보가 최우선입니다. 이 부분은 아무리 강조해도 모자랍니다. 적어도 이 두 가지 일은 절대 겪게 하지 않게 해야 그 다음에 학습적인 부분에 대해 논할 수 있습니다.

성적보다 자존감을 키워줘야 하는 진짜 이유

요즘 학부모님들은 아이의 '자존감'이 중요하다는 것을 다 알고 계십니다. 하지만 자존감의 정확한 의미가 무엇이라고 생각하시나요? 자존감의 사전적 정의는 '스스로 품위를 지키고 자기를 존중하는 마음'입니다. 진정한 자존감은 '자기중심적인 마음'과는 정반대의 개념인 것이죠.

어떤 학생들을 보면 자기중심적인 사고와 언행을 하면서 스스로 자존감이 높다고 착각합니다. 세상의 중심은 자신이며 주변의 친구들은 자신을 위해 존재한다는 식으로 생각하거나, 그걸 속으로만 생각하는 데 그치지 않고 그런 발언과 행동을 하는 것이지요. 그러면서 스스로의 자존감이 높다고 합니다.

우주의 중심에 내가 존재하는 것은 맞습니다. 하지만 단체생활 중에 그런 발언과 행동을 하면 문제가 됩니다. 이런 자기중심적인 사람을 좋아할 사람은 세상에 없습니다. 더 큰 문제는 이런 자기중심적인 학생들이 점점 많아진다는 점입니다.

10세 이전까지의 아이들은 부모님으로부터 상처가 되는 말을 들어도 보통 참거나 그냥 듣고 있습니다. 이런 아이들을 보고 부모 말을 잘 듣고 있다고 생각하시면 안 됩니다. 아직 온전한 자아가 형성되지 않은 어리고 연약한 존재이니까요. 이럴 때 부모님으로부터 혼나고 상처가 되는 말을 듣게 되면 '내가 진짜 그런가?' '내가 진짜 그렇게 가치가 없는 사람인가?'를 마음속으로 계속 생각합니다. 그런 부정적인 정체성을 형성해 나가면 결국에는 자존감이 낮은 아이로 자라게 되는 겁니다.

11세가 넘어가면서부터는 자아가 뚜렷해집니다. 보통 사춘기라고 하죠. 청소년기에 접어들면 부모님 말에 대꾸를 하고 더 나아가 반항을 하기도 합니다. 이때 일어난 부모님과의 갈등은 자존감을 더욱 떨어뜨립니다. 그러면서 점차 자아존중감이 낮은 사람들처럼 말하고 행동하게 됩니다. 떨어진 성적은 올리면 되지만 부모님과의 신뢰 및 아이의 자존감은 서서히 서서히 떨어지고, 한번 바닥으로 떨어지면 회복하기가 매우 힘듭니다.

따라서 자녀가 올바른 자존감을 키워나갈 수 있도록 잘 지도해 주셔야 합니다. 자존감이 높은 아이들은 자신만큼 다른 사람도 귀하게 여기고 존중한다는 점이 가장 큰 특징입니다. 내 아이가 학교를 넘어 사회에 나갔을 때도 타인들과 건강하게 지내려면 지나친 자기중심적인 사고로 비뚤어진 세계관을 가지지 않도록 주의해야겠습니다.

실패하더라도 다시 일어서게 하는 법

아이들을 지도하다 보면 같은 학교, 같은 반, 같은 상황인데도 다양한 모습을 마주하게 됩니다. 예를 들어 A학생은 공부를 제법 잘하는 편인데도 늘 불만이 많고 얼굴 표정이 밝지 않았고, B학생은 A학생과 비교했을 때 공부를 잘하지는 못했지만 늘 밝았죠. 객관적으로 '성적'만 두고 보면 B학생이 더 좌절할 것 같은데, 실제로는 A학생이 B학생보다 학업 역량과 성적까지 모두 뛰어남에도 더 좌절하고 슬럼프에 빠지는 것을 보면서 그 이유가 참 궁금해졌습니다. 또 B학생을 보고 있으면 늘 행복하고 감사함이 넘치는 삶을 살고 있다는 게 확연히 보였습니다. 고3 내내 성적은 A학생이 B학생보다 높았고 결과적으로 A학생이 더 좋은 대학교에 진학했습니다.

이 책을 읽고 계시는 학부모님들은 자녀가 어떤 학생처럼 자라기를 바라시나요? 저는 제 자녀가 B학생처럼 자라기를 바랍니다. 저는 A학생이 왜 평소에 불만이 많고 표정이 어두운지, B학생은 왜 성적이 마음처럼 나오지 않아도 계속해서 열심히 해나가며 표정이 늘 밝은지, 두 가정의 부모님과 상담을 하면서 그 진짜 이유를 알게 되었습니다.

A학생은 기본적으로 능력치가 뛰어나고 자기가 최고로 잘하고 싶은 마음이 큰 완벽주의 성향이 있는 학생이었으며, 어렸을 때부터 그런 기질을 가지고 있었다는 것을 알게 되었습니다. 그래서 2등을 해도 1등을 하지 못한 자신에 대한 불만이 생기는 것이었죠. 자신을 여러 방면에서 충분히 서포트해 줄 수 없는 넉넉하지 않은 가정환경 때문에 이상과 현실의 사이 괴리감을 느끼게 되었고, 극단적인 스트레스를 받는 고3이 되어서 얼굴에 드러났던 것 같았습

니다.

　반면에 B학생은 기본적인 공부 능력치는 있고 목표 설정도 적당하게 하는 편이었습니다. 그리고 부모님께서 늘 감사함과 온화함으로 이 학생을 키워내셨던 것 같았습니다. B학생의 어머님을 뵙는 순간 B학생의 얼굴 표정과 눈빛, 말투까지 모두 느껴졌습니다. 수시 원서 상담 중에도 제게 이렇게 말씀하셨습니다.

　"대학 원서는 선생님과 제 아이가 의논해서 잘 쓸 것이라고 생각합니다. 저는 그저 고3 담임 선생님께 감사 인사를 드리고 싶어서 직접 찾아뵌 거예요. 저희 ○○이가 집에 오면 선생님 이야기를 많이 해요. 선생님은 어린 아들을 키우시면서 매일 잠도 몇 시간 못 주무시는데 수업 준비며 생활지도까지 진짜 열심히 하신다고요. 그래서 저희 ○○이도 선생님처럼 열심히 살고 싶대요. 저희 아이가 수험생활하는 데 힘이 되어주셔서 정말 감사드립니다. 선생님."

　겨우 자녀를 1년 지도한 저에게도 이렇게 따뜻한 말씀을 건네는 분이신데, 자녀에게는 오죽 따뜻하게 대해주셨을까 싶었습니다. 이 어머님은 감사와 긍정의 시각으로 세상을 바라보고 자녀를 키우셨으니 B학생 또한 지치지 않고 행복하게 수험생활을 해나갈 수 있겠다고 생각했습니다.

제가 이 두 학생의 이야기를 왜 했을까요? 바로 '회복탄력성' 때문입니다. 앞에서 말한 자존감만큼이나 회복탄력성도 중요하다는 사실은 이미 알고 계실 겁니다. 하지만 이 회복탄력성은 비단 자녀에게만 중요한 게 아닙니다. 성인들도 살면서 실수를 하거나 실패하여 좌절을 겪는 일이 발생하기 때문입니다.

자녀가 성적 때문에 낙담하거나, 원하는 대학에 합격하지 못해서 절망할 경우 원래 상태로 회복할 수 있도록 옆에서 도와주려면 어떻게 해야 할까요? 보통 이런 말들로 위로하실 겁니다. "괜찮아. 좌절하지 마. 사람은 누구나 실수를 해. 다음에 같은 실수를 반복하지 않으면 돼. 시간이 지나면 괜찮아질 거야."

이런 말들로 바로 회복이 된다면 얼마나 좋을까요? 하지만 현실은 그렇지 않습니다. 저는 자존감과 회복탄력성이 높은 사람으로 성장하기 위해서는 최소 10년이 걸린다고 생각합니다. 그렇기 때문에 자녀가 어릴 때부터 절대적인 존재 가치를 일깨워 주는 사랑의 표현을 많이 해주셔야 합니다.

따라서 위처럼 괜찮다는 격려의 말도 좋지만, "엄마랑 아빠는 네가 뭘 잘하거나 무엇인가를 성취해 냈기 때문에 널 사랑하는 게 아니야. 너는 존재만으로 이미 가치가 있는 사람이야"라는 맥락에서 이야기를 하는 게 중요하다고 생각합니다.

사람은 최악의 상황을 마주했을 때 그 진가가 드러납니다. 태도의 가치와 그 경생력에 대해서 말로만 가르치지 말고 부모님이 몸소 보여주시길 바랍니다. 감사할 수 없는 상황이 닥쳤을 때도 감사하는 모습과 그 긍정이 지닌 힘을 자녀에게 직접 보여주세요. 올바른 가치관과 태도는 나중에 큰 경쟁력이 될 것입니다. 이것이야말로 부모님께서 자녀에게 물려줄 수 있는 가장 강력한 유산이랍니다.

성적 최상위권 아이들의 6가지 특징

입시에서 승리하는 단 하나의 방법

학생들은 공부하는 것을 왜 그렇게 힘들어할까요? 여러 가지 이유가 있겠지만, 가장 큰 이유는 '생각이 많아서'입니다. 국어 공부를 하고 있으면 수학이 걱정되고, 수학 공부하고 있으면 영어가 걱정됩니다. 이 걱정 저 걱정만 하다가 도저히 안 되겠다며 포기해버리는 악순환이 반복됩니다. 그렇다면 입시에서 승리하는 아이들은 어떻게 끝까지 해내는 걸까요?

"JUST DO IT." 나이키의 슬로건으로 유명합니다. 그냥 하면 됩니다. 사실 어렵지 않습니다. 그냥 하면 승리합니다. 왜냐하면 90%는 하지 않기 때문입니다. 그냥 하세요. 그리고 꾸준히 하세요. 그럼 원하는 목표를 달성합니다. 그냥 하는 것 중에서도 '꾸준히' 하는 것이 핵심입니다.

세계적으로 큰 성공을 이룬 사람들이 성공의 제1덕목으로 꾸준함(persistence)을 꼽는 데는 이유가 있습니다. 불타오르는 마음, 열정이라고 하는 것은 어느 누구의 마음에나 생길 수 있습니다. 하지만 이 마음을 행동으로 보이고 꾸준하게 이어나가는 것은 정말 아무나 못 합니다. 그래서 이 꾸준함을 이겨낸 소수의 사람만이 성공하는 거죠.

간절히 원하는 것, 내가 목표하는 것을 찾아야 합니다. 그 뒤 3년 이상 꾸준히 실행해야 합니다. 왜 '최소 3년'일까요? 공부는 꾸준히 6개월만 해도 성적으로 서서히 드러납니다. 1년이 지나면 공부에 소질이 있든 없든 그 노력한 것이 성적으로 보이기 시작할 겁니다. 최상위권까지 올라가기 위해서는 3년이라는 시간 동안 꾸준히 연마할 필요가 있습니다.

하루 10시간씩, 3년을 실행하면 1만 시간의 법칙이 성립합니다. 그 기간이 10년이 넘고, 실력까지 있으면 그 분야의 전문가로 인정받기 시작합니다. 그래서 저는 서울대 최상위 학과나 의대에 합격하는 학생들을 보면서 '아, 10년은 걸리는 일이구나'라고 느꼈습니다. 결국 10년 동안 꾸준히 노력하는 것, 그것만이 학업과 배움의 진정한 목표를 달성할 수 있는 방법입니다.

간혹 "저는 목표가 없어요. 가고 싶은 대학도 없고, 전공하고 싶은 학과도 없어요. 제가 무엇을 원하는지 모르겠어요"라고 말하는 학생들이 있습니다. 간절히 이루고 싶은 것을 아무나 찾지는 못합니다. 스스로에 대해 고민하고 생각하는 시간을 오랫동안 가져야 진정한 나의 모습을 깨닫게 됩니다. 스스로에 대한 고민 없이 즉각적인 즐거움만 가져다주는 게임과 SNS에 시간을 흘려보내고 있는 청소년들은 그것을 알아내기가 어렵습니다.

아이들마다 꽃을 피우는 시기는 다릅니다. 봄에 피는 아이도 있고, 겨울에 피는 아이도 있습니다. '다른 아이들은 다 봄에 피는데 우리 아이만 왜 피지 않는 거지?' 조급해하지 마시고 기다릴 줄 아는 지혜가 필요합니다. 때가 되면 알아서 핍니다. 그리고 아이가 피운 꽃이 꼭 공부의 길이 아닐 수 있습니다. 사람들마다 타고난 재능이 다 다르니까요.

자녀를 어릴 때부터 이 학원 저 학원에 떠밀어 넣다 보면 나중에 내가 무엇을 좋아하고 잘하는지, 어떤 사람이 되고 싶은지, 어떤 공부를 하고 싶은지, 무엇을 하면서 살고 싶은지 스스로 생각해 낼 힘이 부족해집니다. 자녀가 스스로 동기부여가 되어 자신의 길을 찾아가기를 원한다면, 부모로서 기다려주는 지혜가 필요합니다.

그냥 두고 방치하라는 뜻이 아닙니다. 적절한 자유방임의 교육관은 괜찮지만 극단적인 자유방임 교육관을 갖고 아무것도 지도하지 않으면 기본적인 생활 습관도 잡히지 않습니다. 이불 정리, 식습관, 말하는 습관, 규칙 지키는 법, 타인을 배려하는 법, 스마트폰 사용 예절, 일기 쓰는 습관, 알림장을 확인한 뒤 숙제하고 준비물 챙기기 등 다양한 생활지도로 어렸을 때부터 습관을 잘 정립해 주셔야 합니다.

학교 생활을 충실히 하는 아이들은 다양한 경험과 인간관계를 통해 성장해 나가면서 자신이 어떤 사람이고, 무엇을 좋아하고 또 무엇을 잘하는지 서서히 알게 될 겁니다. 하지만 기본적인 자기관리가 안 되는 학생들이 자신이 누구인지 탐색해 나가는 것까지 하기에는 버겁습니다. 그러니 가장 기본적인 것부터 해낼 수 있는 사람으로 성장할 수 있도록 도와주세요.

독서하는 시간과 생각하는 시간을 통해 자신에 대해서 충분히 알아갈 수 있는 환경도 조성해 주시기 바랍니다. 이런 과정을 충분히 거치지 않고 오로지 앞만 보고 공부만 했거나 게임이나 SNS 등에만 몰두한 학생들은 대학생이 되어서도, 성인이 되어서도 자신이 어떤 사람이고 어떤 인생을 살아가고 싶은지, 어떤 가치관과 인생의 방향성을 가지고 살아가야 하는지 몰라 뒤늦게 방황할 수밖에 없습니다.

목표로 이끄는 강력한 행동력의 비결

고3 초기에는 대부분의 학생들이 공부 의욕에 불탑니다. 하지만 이야기를 나눠보면, 말로만 계획이 거창하고 행동까지 옮기지는 못합니다. 자신이 목표하는 바를 이루고자 할 때 따라올 수밖에 없는 시련과 고통을 감내하지 않고, 마음속으로만 'SKY 가야지' '의대 가야지'라고 생각하는 것입니다.

실제 입시가 다 끝나고 보면 고3 초기보다 성적을 올린 학생은 10~20% 정도에 불과합니다. 그만큼 위로 치고 올라가기가 어렵다는 뜻이지요. 기존 최상위권과 상위권이 자리를 내어주지 않기도 하지만, 중위권에서 상위권으로, 하위권에서 중위권으로 치고 올라갈 만큼 간절하게 노력하는 학생을 찾아보기도 어렵습니다. 이런 학생들의 특징이 있습니다.

첫째, 게으른 편입니다. 공부는 두뇌를 쓰는 과정을 계속 거치기 때문에 기본적으로 쉬운 일이 아닙니다. 늘 편안함을 추구하는 인간의 두뇌로 부지런히 머리를 써서 이해해야 하는 공부는 그 자체로 해내기 어려운 일이죠. 그래서 아무나 쉽게 할 수 없습니다.

둘째, 당장 공부하지 않아도 아쉬울 게 없습니다. 부모님께서 학비와 학원비는 물론 먹고 입는 것까지 필요한 모든 사항을 알아서 다 채워주시기 때문에, 자녀가 공부를 안 한다고 해서 생존에 위협을 느끼진 않습니다. 그만큼 절박하고 간절하지 않다는 뜻이겠죠. 그러면서 자연스럽게 열정과 의지도 사그라듭니다.

저는 제자들에게 '공부는 머리로 하는 것 같지만, 사실 몸으로 하는 부분이 제일 크다'라고 말합니다. 일어나기 싫어도 제시간에 몸을 일으켜 책상 앞에 앉는 것, 눈으로 보고 손으로 글씨를 쓰면서 문제를 푸는 것, 의자에 장시간 엉덩이를 붙이고 앉아 있는 것. 신체로 하는 이 모든 행동들이 합쳐져 공부라는 것이 탄생한다고 말이지요. 그러므로 말로만 공부하는 게 아니라 온몸으로 공부하고 있다는 것을 기억해야 합니다.

제가 이런 친구들에게 자주 권장하는 전략은 바로 '주변 사람들에게 미션 완성일 공언하기'입니다. 의지를 다잡고, 무너지고, 다시 다잡고, 무너지고를 반복하기보다는 주변의 관심을 통해 의지를 지켜낼 수밖에 없는 환경을 조성하는 것입니다. 작은 성공 경험들을 쌓아서 또 다른 성공으로 나아갈 수 있도록 하는 게 중요합니다.

오늘 나의 모습은 어제까지의 내가 쌓아온 모습입니다. 우리는 어제와 오늘, 내일을 구별하고 살지만 사실 매일이 '오늘'일 뿐입니다. 오늘 하루를 제대로 살아내야 곧 다가올 또 다른 오늘까지 내가 원하는 모습대로 살 수 있습니다.

상위권과 최상위권의 한 가지 차이점

최상위권과 상위권들의 차이는 어디에서 비롯된다고 생각하시나요? 2024학년도 전국 수험생 50만 4588명을 기준으로 했을 때 1년에 서울대학교에 합격하는 정원 내전형 3502명, 전국 의대에 합격하는(2024학년도 대입까지) 3058명. 둘을 합쳐 약 6560명이라고 하면 이들이 상위 1.3% 정도 됩니다. 즉, 상위 6560명의 자리를 놓고 펼치는 입시전쟁이라고 볼 수 있는 것입니다.

제가 특목고에서 아이들을 10년 동안 지도하면서 찾아낸 최상위권과 상위권의 차이는 무엇보다 '집요함'입니다. 최상위권 학생들은 모르는 개념, 이해되지 않는 내용, 풀리지 않는 문제를 만났을 때 이를 아주 집요하게 파고듭니다. 이해가 될 때까지 생각하고 또 고민하고, 질문하고, 토론까지 동원하여 모든 교과를 집요하게 파고드는 것이죠. 이러면 매사에 책임감을 갖고 끝까지 해내는 성향과 능력이 자연스럽게 길러집니다.

개인적인 의견으로 사교육을 통해 상위권까지 만드는 건 가능하다고 봅니다. 하지만 최상위권은 사교육만으로 만들 수 없습니다. 지적 호기심, 내적 동기부여, 과제 수행에 대한 집요함, 맡은 일에 대한 책임감까지 갖추었을 때 비로소 최상위권이 됩니다. 이건 하루아침에 만들어지지 않지요. 자녀가 타고난 기질도 중요하겠지만 후천적인 영향 또한 매우 큽니다. 이건 최소 10년은 걸리는 일입니다.

수능이든 내신시험이든 시험시간에는 종이와 연필, 그리고 나밖에 없습니다. 이 문제가 왜 출제되었고 어떤 개념과 어떤 공식을 적용해서 풀어야 하는지 어느 누구도 힌트나 정답을 알려주지 않습니다. 몇 번이고 강조했지만, 시험을 잘 보기 위해서는 결국 혼자서 고민도 해보고, 이렇게 풀어보고, 막히면 다르게 풀어보기도 하면서 스스로 문제해결능력을 키워야 합니다. 하지만 요즘 많은 학생들은 수동적으로 공부합니다. 부모님과 선생님이 시키는 대로만 움직일 뿐이죠. 이런 학습 패턴에 익숙해진 친구들은 자기주도적인 학습 능력을 갖추기 어렵습니다.

이 책을 읽고 계신 분들은 본인의 인생을 자기주도적으로 개척하면서 살아가고 계신가요? 살면서 해야 할 일이 많고 책임감이 막중할 때는 어떤 기분이 드시나요? 자녀들도 마찬가지입니다.

해야 할 일, 해야 할 공부, 해야 할 과제가 매일매일 너무 버거울 정도로 많을 경우에는 그것부터 해치우느라 자기주도성을 가지기 힘듭니다. 지적 호기심을 가지고 자기주도적으로 세상을 향해 나아갈 준비를 할 수 있을 정도의 시간적 여유를 주셔야 합니다. 공부와 배움의 주인은 바로 나이며 부모님을 위해서 공부하는 게 아니라고, 지금 공부를 하지 않으면 나 스스로에게 손해라고 생각할

수 있어야 하는 것입니다. 앞에서도 말했지만 공부에 대한 주인의
식이 있어야 하는 것입니다.

자기주도성을 가지고 있는 학생들과 아닌 학생들의 수능 전날을
보면 확연히 알 수 있습니다. 평소에 자기주도적으로 열심히 공부
해 온 학생은 수능 전날 컨디션을 조절하며 평소대로 공부합니다.
하지만 준비가 덜 된 학생은 시험 전날까지 일타 강사의 강의를 보
고 있죠. 강사가 풀어주는 문제를 눈으로만 보면서 이해했다고 착
각하지 마세요. 그것은 온전히 내가 이해한 것이 아닙니다.

책임감 있는 어른으로 성장하게 도와주는 법

저는 살면서 인생의 모든 면에서 '자기주도성'과 그에 따르는
'책임감'이 매우 중요하다고 생각합니다. 성적이 최상위권인 학생
들 대부분은 모든 일에 책임감이 투철합니다. 특목고 학생들을 10
년 동안 지도해 본 결과, '공부 잘하는 아이가 이기적이다'라는 말
은 잘못된 선입견이라고 생각합니다. 그것은 성품의 문제일 뿐, 공
부를 잘하는 아이들이 이기적인 것과는 상관관계가 없다고 생각합
니다.

공부를 잘한다는 것은 여러 면에서 책임감이 강하다는 뜻입니

다. 수업시간에 잠이 와도 졸음을 참으며 열심히 듣는 행동, 과제를 하기 싫어도 기한 내에 맞춰서 내는 행동 등 모든 면에서 책임감이 필요합니다. 칠판 하나를 닦아도 본인에게 주어진 것을 책임감을 갖고 열심히 하는 것이죠.

이런 책임감 또한 어렸을 때부터 키워야 하는 덕목입니다. 고등학생, 심지어 고3이 되어서도 무엇이든지 부모님과 의논해 본 뒤 결정하겠다는 학생들도 많습니다. 예를 들어 동아리 활동 같은 사소한 것들도요. 몇 개월만 지나면 법적으로는 성인인데도 말이죠. 자녀가 성인이 되면 달라질까요? 요즘 취업한 자녀의 회사에 부모님이 직접 '우리 아이는 힘든 부서에 가지 않게 해달라'고 전화했다는 이야기가 있지요. 정말 웃기지만 슬프기도 한 이 이야기가 지금의 현실입니다.

부모님의 기준과 판단으로 모든 결정을 내리면 자녀가 그 기준과 판단에 맞지 않았을 때마다 다그치는 경우가 분명히 생깁니다. 이렇게 자란 자녀는 나중에 스스로 판단하고 의사결정을 내리지 않고 '내가 이 결정을 했을 때 부모님이 괜찮다고 하실까?'라고 생각하게 되겠지요. 인생의 기준점이 자신이 아닌 부모님한테 맞춰지는 것입니다.

스스로 해결할 수 없는 문제는 누구도 해결하지 못합니다. 그래서 자녀에게 독립심을 길러주는 게 중요합니다. '내 인생의 주도권과 결정권은 내가 갖고 있으며, 그에 따른 책임도 내가 지는 것이다'라는 것을 꼭 어릴 때부터 알려주세요. 아이를 졸졸 따라다니면서 부모님이 다 해결해 주신다면, 자녀는 자신의 인생을 주도적으로 살아가는 게 힘들어집니다. 어릴 때야 부모님이 보기에 좀 미흡해 보일 수 있습니다. 하지만 아이 스스로 결정하고, 결과를 책임질 수 있도록 도와주시는 것이 중요합니다. 그래야 공부도 스스로 하고 자녀가 원하는 인생을 살 수 있습니다.

입시 운은 어떤 학생에게 돌아가는가?

성공한 사람들의 대부분은 이렇게 말합니다. '운이 좋았다'고요. 저는 이 말을 들을 때마다 '정말 운이 좋았던 걸까? 저렇게 말하는 사람이 한둘이 아닌데…. 진짜라면 운은 어떤 사람들한테 돌아가는 걸까?'라는 의문이 들었습니다. 의문을 가진 것도 잠시, 고3 담임으로 학생들을 지도하면서 입시와 운의 상관관계를 바로 깨닫게 되었습니다.

노력하지 않고 '운'만 바라는 것은 옳지 않습니다. 실제로 별다른 운이 필요 없는 학생들도 있죠. 0.5%의 최상위권에 있는 학생들이 그렇습니다. 크게 이변이 없는 한 내신성적과 심층면접 모두 자신의 실력으로 합격을 보장할 수 있는 학생들이죠.

하지만 입시 운이 따르는 경우도 분명히 있습니다. 제가 가르치던 어떤 학생은 연세대와 고려대 수시모집에서 서류는 붙었으나 제시문 기반 면접에서 떨어졌습니다. 하지만 최종적으로는 학생부종합전형으로 서울대에 합격했습니다. 연세대와 고려대 최초 합격을 못 한 상황이었기 때문에 큰 기대를 하지 않았다가 서울대 합격 소식을 듣고 그 학생과 가족 그리고 저까지 펑펑 울었던 기억이 납니다. 그동안 가르친 모든 제자들의 합격 소식이 반갑고 기뻤지만 제가 유독 이 학생의 합격 소식에 펑펑 울었던 이유는 따로 있습니다.

이 학생은 평소에도 교복을 단정히 입고 다니는 친구였습니다. 고3들은 종일 학교에서 공부하느라 대부분 하의로는 트레이닝복을 입고 지냅니다. 하지만 이 학생은 흐트러지는 모습 없이 늘 용모를 단정히 했습니다. 예의도 발랐습니다. 또한 본인의 공부와 수행평가를 하기에도 바쁠 텐데 모르는 것을 물어보는 친구들에게 늘 친절하게 답변해 주는, 성품이 훌륭한 학생이었습니다.

공부만 열심히 하는 것이 아니라 모든 것을 자진해서 하는 책임감 있는 모습도 보여주었습니다. 귀찮은 일이라고 생각할 수 있으나 학급을 위하는 일에는 늘 '네. 선생님. 알겠습니다'라고 하면서 기꺼이 도왔습니다.

저는 이 학생을 지켜보며 '입시에 운이라는 게 작용한다면 이런 학생한테 돌아가겠구나!'라고 생각을 했습니다. 그리고 실제로 그해 대입에서 행운의 여신은 이 학생의 손을 들어주었습니다. 그렇습니다. 운이라는 건 평소에 정말 자신의 일에 책임을 다하는 사람, 이기적이지 않고 이타적인 행동을 하는 사람, 힘든 날에도 예외 없이 규칙을 적용해 철저하게 자신을 관리하는 사람에게 돌아가는 것입니다.

본인이 운이 없다고 생각하나요? 운이 없다고 탓하기 전에 얼마나 노력했는지 스스로 객관적으로 되돌아보면 좋겠습니다. 운은 받아들일 자격이 되는 사람들에게만 찾아가기 때문입니다.

성품이 훌륭한 아이들이 끝까지 잘 됩니다

지금까지 제가 많은 이야기를 했지만, 딱 한 가지만 강조하라고 한다면 '인성교육'에 대해 말하고 싶습니다. 성적이 아닌 성품이 가장 중요합니다. 제가 10년 동안 교직에 있을 때 제자들에게 했던 이야기가 있습니다.

"인생은 성적대로 가지 않는다. 결국에는 성품대로 간다."

복권에 당첨되기를 누구나 꿈꿉니다. 복권에 당첨되기만 하면 누구에게나 행복한 미래가 보장될까요? 저는 그렇게 생각하지 않습니다. 인생의 호재라고 생각했던 것도 실력과 성품을 갖추고 있지 못한 사람에게 오면 오히려 악재가 됩니다. 갑작스럽게 찾아온 재물을 자신의 그릇에 담지 못하고 탕진하거나, 믿었던 사람들에게 사기를 당할 수도 있죠.

공부도 비슷한 면이 있습니다. 처음에도 말씀드렸지만 공부는 '인격 수양'과 많이 닮아 있기 때문입니다. 우리 아이의 공부 그릇이 작은데 대치동 일타강사한테 이 강의 저 강의를 계속 듣는다고 한들 그것을 자신의 것으로 소화할 능력이 될까요? 작은 그릇에는 적은 양밖에 담지 못합니다. 결국에는 흘러넘치죠. 온전히 내 것으로 받아들이지 못합니다.

아이의 공부 그릇은 어떻게 키울 수 있을까요. 대장장이가 연장으로 놋쇠 그릇을 계속 쳐서 그릇을 넓혀가는 과정과 비슷합니다. 계속 두드리고 또 두드리며 넓혀가는 단계를 통해 단단하고 큰 놋그릇이 탄생하는 거죠. 놋쇠 입장에서는 얼마나 고통스럽고 아프겠습니까? 아이 입장에서도 공부 그릇을 키워간다는 건 그만큼 힘든 과정이 수반된다는 뜻이기도 합니다.

재미있고 좋아하는 것을 참고, 하기 싫은 것을 견디면서 해내는 인고의 시간을 이겨내야 비로소 공부 그릇이 커지는 때가 옵니다.

아이들의 심신을 해치면서까지 강요하는 것은 안 됩니다. 스스로 공부 그릇을 키워나갈 수 있는 나이가 될 때까지는 심신의 건강을 최우선으로 챙겨주세요. 아이가 세상에 대해, 다른 사람에 대해 그리고 나 자신에 대해 탐색할 준비가 되면 스스로 공부 그릇을 넓혀나갈 수 있도록 기초를 잘 닦아주시기 바랍니다.

게임이나 유튜브 시청, SNS를 싫어하는 학생이 과연 있을까요? 거의 없다고 봅니다. 그중에 적당히 하며 자제할 줄 아는 학생들이 있을 뿐이죠. 절제력이 있는 학생들은 유혹에 흔들리지 않고 자신의 목표에 집중할 줄 압니다. 성품이 훌륭하고 사리 분별력이 뛰어난 친구들은 끝까지 노력할 수 있는 에너지가 있습니다.

부모님이 기대했던 것보다 자녀의 성적이 안 나왔더라도 아이가 그 과정에서 최선을 다했다면 격려해 주는 것이 맞습니다. 그 노력이 방향을 찾고 꾸준히 해나갔을 때 반드시 좋은 결과를 만들어내기 때문입니다. 부모님이 성적(결과)만 강조할 경우, 자녀는 어떤 방법이든 결과만 좋으면 된다는 왜곡된 인식을 가질 수도 있습니다. 그러니 어떤 성적이 나오더라도 너무 좋아하지도 너무 실망하지도 마세요. 진심 어린 마음을 담아 담백하게 칭찬해 주세요. 자녀에게 한결같은 태도로 대하는 것이 중요합니다.

행복한 최상위권
학생들의 14가지 사례

사례 1. 모든 면에서 기본을 지키는 학생

성인인 제가 봐도 놀라울 정도로 모든 면에서 반듯한 학생들이 있습니다. 수업시간에 앉아 있는 자세, 교사의 말에 경청하는 태도, 친구들에게도 늘 친절한 모습까지. 흐트러짐이 없습니다. 이렇게 반듯했던 학생들 중에서도 기억에 남는 한 아이의 이야기입니다. 특목고에서 10년 동안 일하면서 이렇게 반듯하게 잘 자란 친구가 있을까 싶을 정도로, 제가 이런 학생의 담임교사였다는 것이 자랑스러울 정도로 훌륭한 성품을 가진 학생이었습니다.

이 학생은 공부도 잘할 뿐만 아니라 청소나 학급의 일까지도 언제나 책임감 있는 모습으로 수행했습니다. 도움이 필요한 친구들이 있으면 자신의 시간과 에너지를 빼앗긴다고 생각할 법도 한데, 항상 기분 좋게 친구들을 기꺼이 도왔습니다. 늘 본인의 공부와 일은 먼저 해놓고 친구들과 학급을 위해 부지런히 움직이는 이 친구를 좋아하지 않을 사람이 있을까요? 이런 학생이야말로 이 시대가 요구하는 능력과 리더십을 겸비하고 있는 인재라는 생각이 들었습니다.

학부모님 입장에서는 '본인의 것을 더 챙겼으면…' '친구들을 챙긴다고 우리 아이가 고생을 하는 건 아닐까?' 하며 안타까워하실 수도 있습니다. 그 마음도 충분히 이해합니다. 하지만 요즘처럼 개인주의적인 시대에 이런 이타성을 가지고 솔선수범하는 능력이 있다면 대입은 물론 사회에 나가서도 빛을 발할 거라고 확신합니다.

이 학생의 학부모 상담을 해봤을 때도 같은 느낌을 받았습니다. 어머님께서 차분하시고 점잖으신 분이었습니다. 자녀가 하는 일에 딱히 간섭을 하지 않는 분이셨죠. 부모님께서 반듯하게 키워주셨기 때문에 생활 습관도 올바르고 모범적인 아이로 자랐고, 그게 좋은 학업성적에까지 이어진 듯했습니다.

이 학생은 서울대학교 사범대학에 지원해서 합격했습니다. 저는 이 친구가 지원할 때부터 당연히 합격할 거라고 생각했습니다. 이변이 없는 한 서울대학교에 떨어지지 않겠다는 확신을 강하게 주던 아이들 중 하나였습니다. 이 정도의 성품과 실력을 가진 아이로 키운다면, 자연스럽게 최상위권 대학에 합격할 것이라고 생각합니다. 그해 이 학생을 지도할 수 있어서 교사로서 영광이었습니다. 성품과 실력을 모두 갖춘 그 아이의 미래를 기대하고 있습니다.

사례 2. 엄마의 정보력 없이도 공부하는 학생

1년에 최소 1번은 학부모 상담을 진행합니다. 보통 학기 초에 학부모님들을 대상으로 학교설명회 또는 학부모간담회를 진행합니다. 이후 한 학기동안 학생의 학교생활을 관찰하고, 성적이 나오는 가을학기에 1:1 상담을 진행합니다. 가끔 이렇게 물어보시는 분들이 계십니다. "요즘은 공부하려면 조부모님의 재력과 엄마의 정보력이 필요하다면서요. 저희 집은 그렇지 않은데 그럼 저희 아이는 희망이 없을까요?"라고 말이죠.

이런 이야기를 들으면 참으로 안타깝습니다. 부모님의 경제력이나 학력에 따라서 자녀의 학군지가 결정되고, 또 그게 대학의 수준으로 연결되기도 하니까 완전히 틀린 말이라고 볼 수는 없지요. 예전에는 공부만 열심히 하면 사법고시도 행정고시도 붙을 수 있었지만, 요즘은 로스쿨을 가려고 해도 비용이 많이 듭니다. 의대를 간다 하더라도 마찬가지로 6년 동안의 등록금이 엄청납니다. 로스쿨이나 의대를 가기 위한 사교육비도 엄청나죠. 예전보다 가능성이 줄어든 것은 맞지만, 가능성이 아예 없진 않습니다. 바로 '스스로 공부하는 아이'라면 말입니다.

제가 가르쳤던 한 여학생 중에 실력과 성품이 아주 훌륭했던 아이가 있었습니다. 평소에 말수는 적어 조용했지만 그 안에서 느껴지는 단단함이 있었습니다. 특목고에서 늘 전교 10등 이내를 유지하면서 자신의 할 일은 똑부러지게 해내는 학생이었죠. 학부모 상담을 위해 이 학생의 어머님을 만났을 때, 어머님께서는 집의 여건이 넉넉하지 않아 딸에게도 신경을 못 써줘서 미안하다는 말씀을 하셨습니다.

그래서 저는 어머님께 "따님을 정말 훌륭하게 키우셨습니다. 성적도 좋고, 책임감 있게 학교 생활을 얼마나 잘하고 있는지 모르겠습니다"라고 말하면서 학생의 성적표를 보여드렸습니다. 그랬더니 어머님은 "저희 딸이 공부를 그렇게 잘해요?"라고 물으셨습니다. 딱히 신경을 쓰지 않았고, 알아서 잘하겠거니 믿고 있었다면서요.

빨리 철이 든 아이들은 조부모님의 재력과 엄마의 정보력이 없어도 '알아서' 공부합니다. 이 여학생은 혼자 알아서 공부를 하고 있었습니다. 집안이 넉넉하지도 않고 부모님이 학업에 신경을 써주지도 못하는 상황이었지만, 스스로 목표를 정해 경쟁이 치열한 특목고에서도 묵묵히 자신의 길을 걷고 있던, 기특하고 대견한 제자였습니다. 이 친구도 서울대학교에 진학하였습니다. 고등학교 생활을 하는 것을 보면 '어떤 20대, 30대가 되겠다'라고 머릿속에 그려지는 아이들이 있습니다. 이 학생은 아주 책임감 있고 멋진 사회인으로 성장하였을 것이라 생각합니다.

사례 3. 독립심을 잘 키워온 학생

교직을 떠나오고 나서도 유난히 기억에 남는 애틋한 학생들이 있습니다. 고등학교를 졸업하고 나서도 따로 만나서 식사를 하고, 대학 졸업과 취업 소식을 알리고 축하해 주며 함께 성장해 나가는 제자들이죠. 저에게도 그런 제자가 있습니다.

보통 최상위권 학생들은 계속해서 성적을 유지하지 못할까 봐 걱정이 많습니다. 그리고 성적이 떨어졌을 때 많이 속상해하거나 좌절하곤 하죠. 하지만 이 학생은 "괜찮아요. 다음에 잘하면 되죠!"라고 말하더군요. 요즘 말로 정말 '쿨한' 학생이었습니다. 이런 게 바로 '회복탄력성'이고 '자존감'이겠지요. 늘 여유가 보이는 학생이었습니다. 이 아이는 어떻게 이렇게 '쿨할' 수 있었을까요?

외고가 없는 지역에서 살던 학생들이 서울에 있는 외고로 유학을 오는 경우가 있습니다. 제가 재직하던 학교는 기숙사가 있었기에 지방에서 올라오는 아이들이 종종 있었습니다. 이런 학생들은 고등학교 때부터 한 달에 한 번 부모님을 만나게 되죠. 아직은 부모님 품이 필요한 나이인데도 이 학생은 씩씩하게 타지 생활을 해냈습니다. 성격도 시원시원해서 늘 웃으며 쾌활한 분위기를 이끌어갔죠. 공부만 하지 않고 학교에서 하는 다양한 활동에도 적극적으로 참여하는 학생이었습니다.

부모님의 이야기를 들어보니, 어렸을 때부터 다양한 경험을 시켜주기 위해 노력하신 분들이었습니다. 해외여행을 가면 각종 박물관이나 역사체험관에 대해 미리 공부한 다음 직접 둘러보면서 자연스럽게 역사에 대해 관심을 길러주셨다고 했습니다. 사고력 수학을 통해 수학적 개념도 세워주셨고요. 또한 초등학교 시절 내내 독서로 지적 호기심까지 잡아주었다고 합니다. 이 학생은 책 읽는 것이 너무 재미있어서 장르를 가리지 않고 다양한 분야의 독서를 파고들었다고 합니다.

또한 중학교 때는 서울에서 열린 영어토론대회와 영어모의유엔대회도 여러 번 출전했다고 합니다. 서울에 사는 또래들은 부모님이 태워주는 차량을 타고 와서 부모님의 응원을 받으며 대회를 치르고 간 반면, 이 학생은 혼자 서울까지 기차를 타고 와서 대회에 출전하였다고 합니다. 집에 갈 때도 물론 혼자 기차를 타고 갔고요. 이런 경험 덕분에 일찍 독립심을 키우게 되었다고 합니다. 고등학생 때도, 대학생인 지금도 친구들과 선배들로부터 가장 많이 듣는 이야기가 "너는 어쩜 이렇게 독립심이 강해?"라는 말이라고 합니다.

이 친구를 보며 위험하지 않은 경험이라면 자녀 스스로 해보는 기회를 가지게 하는 것도 좋다는 생각이 들었습니다. 본인이 결정하고, 그 결정을 스스로 믿는 독립심은 '괜찮아, 다음에 잘하면 되지'라는 회복탄력성으로 이어집니다. 이 학생은 앞으로 어떤 모습으로 자랄까요? 저는 글로벌 인재가 될 수 있는 뛰어난 제자라고 보고 있습니다.

사례 4. 관심과 칭찬으로 변화한 학생

중학교 때까지 고만고만하다가 고등학교에 가서 성적이 오르는 학생들도 있습니다. 특목고에서도 그런 경우들이 종종 있습니다. 이 아이는 공부에 관심도 없고, 수업시간에 집중해서 수업을 듣지도 않았습니다. 운동을 잘해서 남자아이들과 노는 것을 좋아했죠. 고등학교 2학년 1학기까지만 해도 수업에 교재를 챙겨 오지 않는 일이 종종 있었습니다.

여름방학이 지나고 2학기가 시작되었을 때, 이 학생이 교재와 유인물까지 모두 챙겨온 날이 있었습니다. 제가 그 모습을 보고 친구들 앞에서 그 아이를 칭찬했습니다. 이 학생은 외향적이고 친구들과 어울리는 것을 좋아하기에 공개적으로 칭찬을 한 것입니다.

"얘들아, 우리 ○○이 교재랑 유인물을 다 챙겨왔어. 박수 한 번 칠까? ○○아 고마워!"

이 말을 들은 아이의 얼굴에는 미소가 번졌습니다. 살짝이지만 어깨도 조금 으쓱해진 것 같더라고요. 이틀 뒤에도 수업 시작을 하기 전에 교실을 돌아다니며 학생들의 수업 준비 상태를 점검했습니다. 이번에는 이 학생이 교재와 유인물을 챙겨온 것은 물론, 예습까지 해온 게 아니겠습니까? 그래서 저는 또 이 학생을 칭찬했습니다.

"얘들아, 우리 ○○이 오늘 대견하게 예습까지 해왔어! 우리 ○○을 위해서 박수를 쳐주자!"

그 칭찬을 받은 학생의 얼굴은 이전보다 더 밝아졌습니다. 수업 시간 내내 미소를 띤 표정으로 집중하던 그 모습을, 아마 저는 오래도록 잊지 못할 것 같습니다. 그날 이후로 이 학생의 수업 태도는 점점 더 좋아졌습니다. 수업시간에 집중해서 필기하고, 발표하고, 반짝이는 눈으로 참여하는 학생이 되었습니다. 놀라울 정도의 속도였습니다. 그리고 이 아이에게는 이때 해군사관학교에 들어가겠다는 '꿈'이 생겼다고 합니다. 이 학생은 공부를 못하는 아이가 아니었습니다. 마음을 잘 살피고 주변 사람들이 관심과 인정, 칭찬을 해주자 마음속에 있던 씨앗이 싹트게 된 것이죠.

자녀의 단점이 아닌, 장점과 행동에 초점을 맞춰보세요. 작지만 긍정적인 변화는 눈에 들어올 것입니다. 그것을 발견했을 때 놓치지 말고 꼭 칭찬해 주세요. 아이의 얼굴에는 미소가 번지고, 어깨도 펴지면서 긍정적인 사람으로 자라날 것입니다. 아래 다섯 가지 말로 오늘부터 당장 칭찬하기를 시작해 보세요.

① 괜찮아.

사람은 누구나 실수할 수 있어. 그러니까 너무 자책하지 마. 반성할 건 반성한 다음 툭 털고 일어나자. 언젠가 이 경험이 발전하는 기회가 될 거야.

② 고마워.

우리 ○○이는 지금도 얼마나 잘하고 있는지 몰라. 엄마, 아빠는 네 나이에 이렇게 성숙하게 생각하지 못했어. 이렇게 잘 자라줘서 정말 고마워.

③ 대견해.

생각보다 성적이 안 나와서 힘들었지? 엄마, 아빠는 우리 ○○이가 열심히 하던 모습을 옆에서 지켜봤기 때문에 얼마나 힘들지 이해가 가. 이 정도 해내는 것만으로도 정말 기특하고 대견해. 속상하겠지만 다음에는 더 잘해보자.

④ 특별해.

엄마와 아빠는 ○○이가 뭘 잘해서 사랑하는 게 아니야. 네 존재 자체로 이미 특별하고 완벽해. 엄마와 아빠에게 ○○이는 이 세상에서 유일무이한 존재야.

⑤ 응원해.

엄마와 아빠는 ○○이가 어떤 상황에 있더라도 항상 응원할 테니까 겁내지 마. 뒤에는 늘 엄마, 아빠가 있으니 걱정 말고 세상을 향해 씩씩하게 나아가렴.

사례 5. 모르는 것은 반드시 짚고 넘어가는 학생

고1부터 고3이 끝날 때까지 최상위권을 유지하는 학생도 있지만, 처음에는 최상위권이 아니다가 고2, 고3으로 올라갈수록 두각을 드러내는 학생도 있습니다. 전형적으로 공부만 하는 아이들도 있지만 친구들과 매우 활발하게 어울리면서 공부를 하는 아이들도 있습니다. 지금부터 제가 말하는 친구는 공부뿐만 아니라 운동도 잘하고 친구들과 늘 어울려 다니는, 후자의 학생입니다.

이 학생과의 인연은 이 학생이 정규수업뿐만 아니라 제가 맡은 방과후 영어 수업을 신청하면서부터 시작되었습니다. 제가 이 학생을 가르치면서 느낀 가장 큰 차이점은, '공부를 하다가 모르는 것이 나오면 선생님께 반드시 질문한다'는 것이었습니다. 보통 아이들은 대충 어림짐작으로 생각하거나, 해설지를 보고 이해하는 선에서 넘어갑니다. 교무실까지 선생님을 찾아와 질문하는 학생들은 거의 없습니다. 하지만 이 친구는 공부하다가 모르거나 헷갈리는 것이 있으면 반드시 해당 교과 선생님을 찾아와 질문했습니다. 충분히 설명을 들어도 이해가 되지 않으면 선생님께 정중하게 또 질문하는 친구였습니다.

교사 입장에서 이런 학생이 귀찮게 느껴질까요? 절대 그렇지 않습니다. 정확하게 이해하기 위해 노력하고 질문하고, 더 나아가 토론까지 하는 학생을 보면 선생님들은 하나라도 더 알려주고 싶은 마음이 듭니다. 그리고 질문한 것에 대해 더 깊이 있게 고민하죠. 이후에도 이 아이가 어떻게 공부하고 발전하는지 관심을 가지고 지켜보게 됩니다.

이 학생은 고3이 되어서도 이런 학습 태도를 유지했습니다. 사교육을 거의 받지 않고 학교에서 배운 것을 스스로 복습하고 정리했습니다. 그러면서 모르는 것이 나오면 반드시 선생님께 질문을 하고 스스로 완전히 이해할 때까지 파고들었습니다. 이 학생은 고1, 고2 때까지만 해도 최상위권의 학생은 아니었습니다.

하지만 공부한 내용을 탄탄하게 자신의 것으로 만들면서 고3이 되었고, 그해 수능으로 서울대 경영학과에 합격하게 되었습니다. 졸업식 때 저에게 손편지를 써왔더라고요. 그동안 자신의 질문에 친절하게 설명해 주신 덕분에 좋은 결과를 낼 수 있었다고요. 자신의 노력을 선생님들의 공으로 돌리는 마음까지도 참 고마웠던 학생으로 오래 기억할 것입니다.

사례 6. 국어로 최상위권에 오른 학생

제가 담임을 맡았던 학생 중 어떤 아이가 생각납니다. 특목고에서 늘 전교 3등 안에 드는, 놀라운 실력을 가진 학생이었습니다. 이 학생은 어렸을 때 집안 사정이 넉넉하지 않아 장난감이 거의 없었다고 합니다. 가족끼리 여행을 가기도 어려웠기 때문에 그저 독서만이 이 친구의 가장 큰 즐거움이었다고 합니다. 책을 읽으면 세계여행은 물론이고 자신이 직접 관찰하고 경험하기 어려운 것들도 상상력을 펼쳐 간접경험을 할 수 있었죠. 꾸준히 독서를 한 경험이 차곡차곡 쌓여 특목고 내에서도 국어 실력과 성적에 있어서는 정말 독보적인 실력을 갖추고 있었습니다.

고3 시절 내내 국어 모의고사에서 100점을 놓친 적이 없었습니다. 또한 모의고사가 끝나면 1교시 국어영역 100점이 몇 명인지 궁금해했는데요. 스스로 문제를 풀면서도 알고 있더라고요. 자신이 국어 100점이라는 것을요. 국어시험을 어렵게 출제한 내신시험도 이 학생만이 100점을 받은 적이 있었습니다. 고교 내신은 1~9등급 상대평가이기 때문에 전교생을 변별하기 위해 어려운 문항을 출제하기 마련입니다. 그럼에도 100점을 받아낸 것입니다. 이 학생의 놀라운 언어능력은 하루아침에 쌓은 게 아닙니다.

상위권이 되기 위해서는 '수학을 잘해야 한다'고 합니다. 이것도 일리 있는 말입니다. 중위권과 상위권은 수학에서 차이가 나는 게 맞습니다. 하지만 상위권과 최상위권은 어디서 차이가 나는지 아시나요? 바로 국어영역입니다. 이 학생이 모든 국어 시험을 마스터할 수 있었던 이유는 아까 말한 초등학교 시절부터 해왔던 다방면의 독서 덕분이죠. 제대로 된 독서는 최소 6년에서 10년은 투자해야 합니다.

| 최근 3개년 수능 국어, 수학 만점자 & 영어 1등급 비율 |

영역		2022학년도 수능	2023학년도 수능	2024학년도 수능
국어	만점자 비율 (만점자인원)	0.01% (28명)	0.08% (371명)	0.01% (64명)
	응시생	446,580명	446,034명	443,090명
수학	만점자 비율 (만점자인원)	0.63% (2,702명)	0.28% (934명)	0.14% (612명)
	응시생	429,799명	428,966명	426,625명
영어	만점자 비율 (만점자인원)	6.25% (27,830명)	7.83% (34,830명)	4.71% (20,843명)
	응시생	445,562명	444,887명	442,105명

| 2024학년도 대입 전국 의대 선발 인원 |

	전형구분	인원
수시	학생부교과	909
	학생부종합	847
	논술	116
수시모집 총 인원		1,872

정시	가군	484
	나군	498
	다군	162
정시모집 총 인원		1,144
의대 의전원 정원(차의과학대학교)		42
2024학년도 전국 의대 정원 합계		3,058

　위의 표를 보시면 2022학년도 수능 기준으로 국어영역 만점 받기가 수학영역 만점 받기보다 100배 어렵다는 걸 알 수 있습니다. 2023학년도와 2024학년도 역시 국어영역 만점 받는 게 더 어렵다는 사실을 확인하실 수 있습니다.

　2024학년도 전국 의대 선발인원 3058명 중 가·나·다군 정시모집으로 1144명을 선발하였고 그중 인서울 의대(가톨릭대 37명, 경희대 44명, 고려대 39명, 서울대 39명, 연세대 47명, 이화여대 63명, 중앙대 45명, 한양대 68명) 382명을 정시로 선발하였습니다. 2024학년도 수능 수학영역 만점자가 612명인데 인서울 의대 선발인원이 382명이라는 뜻은 인서울 의대에 정시로 합격하기 위해서는 일단 수학은 만점을 받고 시작해야 합격 가능성이 높아진다는 점입니다.

　그리고 수학영역 만점자는 612명인 반면 국어영역 만점자는 64명으로 훨씬 적습니다. 즉, 국어영역까지 만점을 받는다면 최상의 경쟁력을 갖추게 되는 것이죠. 수학은 3년 만에 성적을 올릴 수 있는 과목이기도 합니다. 하지만 국어는 절대 단기간에 성적 향상을 할 수 없다는 점을 명심하시길 바랍니다.

이 학생이 유독 제 기억에 남는 건, 외고에서 전공어영역 1등급을 가져갔기 때문입니다. 전공어권 국가에서 실제로 몇 년을 거주하다가 온 학생도 전공어영역 1등급을 가져가지 못했는데 말이지요. 놀랍고 재미있는 사실이지요. 공부를 어떻게 하는지 아는 학생은 모든 과목에서 경쟁력이 있습니다. 우리 집 사정이 넉넉하지 못해 해외에 거주하거나 어학연수를 하지 못해도, 월 150만 원씩 하는 영어유치원을 보낼 수 없다고 해도 좌절할 필요가 없다는 뜻입니다.

4~6세에는 부지런히 자녀에게 책을 읽어주시고 글을 깨우친 7세부터는 스스로 다방면의 책을 재미있게 읽을 수 있는 환경을 마련해 주세요. 초6, 즉 13세까지는 그 무엇보다 독서의 즐거움을 알고 책을 사랑하는 아이로 자랄 수 있도록 도와주세요.

그게 차곡차곡 쌓이면 나중에 상위권에서 최상위권으로 치고 올라갈 때 가장 큰 무기가 됩니다. 지금 이 친구는 서울대학교의 자신이 원하는 학과에 진학해서 역시나 성실하고 책임감 있게 자신의 길을 개척해 나가고 있습니다.

사례 7. 시험에 직결되는 '질문력'이 좋은 학생

10년 동안 교직에 있으면서 상위권과 중하위권의 차이를 체감할 때가 언제냐고 물으시면, 바로 '학생들이 내신시험 기간에 질문할 때' 가장 크게 느낍니다. 상위권의 학생들은 대개 수업을 듣고 혼자 복습할 때 확실하게 이해가 되지 않는 포인트, 그중에서도 아주 중요한 포인트에 대해서만 질문하는 경향이 있습니다. 이 질문을 받으면 '이 포인트에서 문제를 출제하려고 했는데, 정확하게 알고 있구나'라는 생각이 듭니다.

반면에 중하위권의 학생들은 질문을 거의 하지 않습니다. 질문을 해도 '수업시간에 집중해서 듣지 않았기 때문에 핵심을 전혀 짚지 못했다'는 생각이 듭니다. 질문을 할 준비도 되지 않았고, 중요하지 않은 포인트에서 애쓰고 있는 것이죠.

제가 가르친 학생들 중 핵심을 콕콕 짚는 질문력이 좋은 아이가 있었습니다. 이런 학생은 우선 수업시간에 최선을 다해 집중해서 듣고 필기합니다. 그리고 수업이 끝나자마자 그 자리에서 5분 동안 입 밖으로 소리 내 말하며 정리하고 핵심을 파악합니다. 내신시험 기간에 돌입하면 수업 내용과 복습했던 것을 바탕으로 스스로 먼저 이해한 다음, 이해가 안 되는 것들은 담당 교과 선생님께 질문합니다. 선생님께 받은 정확한 답변을 다시 내 것으로 만드는 것이죠.

이에 비해 중하위권의 학생들은 앞의 상위권 학생들이 습관처럼 해오는 과정들을 다 생략한 채 기출문제 분석이나 학원 예상문제만 받아 공부합니다. 수박 겉핥기 식으로 공부하는 것이죠. 그러고서는 "학원에서 내준 예상문제 100개 중에서 하나도 안 나왔어요!"라고 말합니다. 이렇게 말하는 학생은 어디서부터 잘못된 걸까요? 곰곰이 생각해 보세요. 기본에 충실하지 않으면, 아무것도 이루어낼 수 없습니다.

좋은 질문을 하는 힘은 하루아침에 생기지 않습니다. 어떤 정보를 마주했을 때 이것이 맞는지 아닌지, 사실부터 확인할 수 있어야 합니다. 양질의 정보를 받아들인 뒤 자신의 것으로 재해석하고 인출해 내는 과정을 반복하다 보면 비판적으로 사고하게 됩니다. 그렇게 했을 때라야 좋은 질문을 할 수 있는 힘이 생깁니다. 자녀가 부모님 말씀을 잘 듣는 것도 물론 중요합니다. 그러나 부모님의 말씀이나 선생님의 지도, 교과서 속 내용 등 스스로 이해가 되지 않는 것을 마주했을 때 '이게 사실일까? 왜 그런 걸까?' 이런 의문을 가질 수 있는 힘까지 함께 길러주시길 권장합니다.

사례 8. 리더십이 뛰어난 학생

제가 대학생 때 사회봉사 동아리인 로타랙트를 했던 경험이 있었는데요. 그래서인지 외고에서도 국제봉사 동아리를 담당했던 적이 있습니다. 그중에서도 동아리 기장을 맡은 한 학생의 이야기를 해보려고 합니다. 이 친구는 봉사동아리의 기장답게 선하고 성실했으며, 타인을 돕는 마음까지 넘치는, 정말 예쁘고 기특했던 학생이었습니다.

코로나 발생 한참 전이라 방학 때 학생들이 직접 봉사활동을 가기도 하고, 한국에서 사용하지 않는 학용품을 전교생에게서 기부받아 일일이 포장한 다음 학용품이 귀한 나라에 보내주는 봉사활동도 하였습니다. 그리고 국내에 도움의 손길이 필요한 곳을 다양하게 찾아다니며 교사와 함께 봉사활동을 진행하기도 했습니다. 이 학생은 공부를 하는 와중에도 이런 일들을 언제나 솔선수범하는 멋진 기장이었습니다.

모두가 자발적으로 참여하는 활동이지만 아무래도 기장이 가장 많은 일을 기획하고 진행하기 때문에 그 아이만의 노고가 있습니다. 가정에서 어떻게 자랐을지 눈에 선하게 보였죠. 다른 사람을 섬기는 이 귀한 마음은 하루 이틀 사이에 생기는 게 아닙니다. 어떤 일에도 늘 리더십을 발휘해 솔선수범했죠.

이 학생에 대해 더 자세히 알게 되는 계기가 있었습니다. 그해 입시가 다 끝난 겨울방학, 저는 어머니를 모시고 3박 4일 해외 패키지 여행을 가게 되었습니다. 그런데 인천공항에서 그 학생을 마주쳤습니다. 학생의 어머니와 할머니까지 저와 같은 패키지여행을 가게 된 것이었지요. 우연히 함께 간 여행이었지만 3박 4일 내내 그 학생을 포함한 3대의 모습을 지켜보게 되었습니다. 그 학생은 어머니와 할머니께도 얼마나 잘하던지요. 예상했던 모습이었습니다. 할머니와 어머니께도 점잖으시고 겸손하신 성품이 그대로 느껴졌습니다.

이런 환경에서 자란 이 친구는 늘 묵묵히 자신의 공부에도 최선을 다했습니다. 그리고 서울대학교 사범대학에 합격했지요. 이런 학생이야말로 서울대학교 사범대학에 가장 어울리는 인재라는 생각을 하면서 진심으로 축하를 해주었습니다. 서울대학교 재학 중 행정고시 교육행정계열에 합격한 이 아이는 이후 저를 찾아왔습니다. 이런 마음도 얼마나 대견하고 고맙던지요.

제가 만난 최상위권 학생들은 이렇게 단단하고 올바른 성품까지 겸비하고 있었습니다. 자녀를 진심으로 존중하고, 자녀로부터 진정으로 존경받는 부모가 된다면 자녀는 이처럼 올곧고 성실하게 잘 자랄 거라 확신합니다. 내 아이가 올곧게 자랄 수 있도록, 부모인 우리부터 그런 성품을 가지도록 노력해야겠습니다. 그럼 자녀는 반드시 잘될 겁니다.

사례 9. 사교육 없이 성공한 학생

첫째 아들은 수능으로 서울대 경제학과, 둘째 아들은 수능으로 서울대 의대를 합격한 가정이 있었습니다. 수능으로 한 명도 서울 대학교에 합격하기 힘든데 어떻게 한 가정에서 둘 다 수능으로, 그것도 한 명은 문과에서 톱이고 한 명은 이과에서 톱인 학과에 합격했는지 궁금하지 않으신가요?

저도 그 비결이 너무 궁금했습니다. 그래서 이 학생들의 부모님을 직접 뵙고 여쭤봤습니다. 그러자 초등학생 내내 어머니와 함께했던 독서, 토론, 논술이 비결이라고 하셨습니다. 어머니는 독서토론논술지도사라는 직업을 갖고 계셨는데, 다른 가정의 자녀들을 방문해서 지도했을 뿐만 아니라 본인의 아들 둘도 직접 가르치셨다고 합니다.

원래 자기 자식은 가르치는 게 아니라고(가르치다 보면 가족이라서 더 쉽게 화를 내게 된다고 하죠) 하는데, 나이 차가 얼마 나지도 않는 아들 둘을 직접 지도하셨다는 점에서 그 끈기와 인내심이 정말 대단하시다고 생각했습니다. 사교육 없이 초등학생 시절 내내 어머니와 함께했던 그 기초공사가 두 형제 모두 서울대학교에 합격한 비결이라는 이야기를 듣고 저는 무릎을 탁! 쳤습니다. 왜냐하면 제가 생각한 이상적인 케이스였기 때문입니다.

이 두 아들은 초등학교 6년 동안 지은 기초공사 덕분에 수능으로 서울대학교에 합격했습니다만, 무엇보다 나중에 사회생활을 하면서 쓰게 될 보고서에서 그 역량이 드러날 거라 생각합니다. 글을 잘 쓴다는 것은 논리적으로 말할 수 있는 사람이 된다는 뜻이기에, 앞으로의 인생을 살아갈 때 엄청난 자양분이 되어 주겠죠.

교사를 하면서 지켜본 결과, 형제자매 둘 다 서울대학교 또는 SKY에 진학하는 경우가 상당히 많았습니다. 학기 초, 상담을 할 때 제가 학생들에게 꼭 물어보는 것이 있습니다. 부모님과의 관계는 어떤지, 그리고 형제자매가 있다면 그 사이는 어떤지 꼭 물어봅니다. 왜냐하면 그것만큼 학생의 심신의 건강과 행복한 학교 생활에 큰 영향을 끼치는 요소는 없기 때문입니다.

형제자매가 모두 바르고 명문대에 진학한 가정의 공통점을 살펴본 결과, 대부분 부모님과의 사이가 원만했고 올바른 신뢰관계가 형성되어 있습니다. 또한 형제자매의 사이가 대체로 좋았지요. 최상위권이 되기 위해서는 타고난 공부 머리가 어떤지, 어떤 학원을 다녔는지, 선행을 얼마나 많이 했는지가 중요하기도 하지만 사실 이런 것들이 결정적인 요소는 아닙니다. 오히려 화목한 가정에서 심신이 건강하게 자랐는지, 10년 동안 다방면에서 꾸준히 독서를 해왔는지가 더 중요한 요소였습니다.

부모님과의 사이가 좋지는 않지만 공부를 잘하는 학생들이 있긴 합니다. 하지만 그런 학생들과 이야기를 나눠보면 마음 속 정서가 행복하고 평온하지는 않습니다. 자녀가 공부만 잘하면 상관없으신가요? 부모님의 마음은 절대 그렇지 않으실 겁니다. 가정이 불안하고 부모님과의 사이가 좋지 않은데, 부모님이 늘 부부싸움을 하고 형제자매간 갈등이 깊은데, 과연 이런 환경에서 아이가 공부를 하고 싶어질까요? 아무리 집중해서 공부해 보려 해도 마음이 불편하고 딴생각이 들 것입니다. 그러면 공부를 지속적으로 해내기가 힘들 것입니다.

굉장히 따분한 이야기처럼 들릴 수 있겠지만, 최상위권의 탄생을 위해서는 가화만사성을 이루어야 합니다. 가정이 편안하고 화목해야 세상과 사람들에 대한 기본 태도가 적대적이지 않고, 건강한 호기심을 가지고 앞으로 나아갈 수 있습니다. 공부도 결국 어른이 되기 전에 세상을 살아가는 데 필요한 지식들과 기술들을 알아가는 과정입니다. 자녀가 공부를 잘하기를 바라기 전에 서로 존중하고 사랑하는 부부가 되도록 노력해 보세요. 그리고 자녀를 진심으로 존중해 주시고 자녀로부터 존경받는 부모님이 되시기를 바랍니다. 그런 가정의 자녀는 잘될 수밖에 없습니다.

사례 10. 노력으로 끝까지 극복해 내는 학생

어느 날 야간자율학습 감독을 하고 있는데 교무실로 저희 반 학생이 찾아왔습니다. "선생님. 저는 공부를 한다고 하는데, 해도 해도 성적이 오르지 않아요. 왜 그러는 걸까요?"라고 말하더군요. 그래서 저는 "○○이가 누구보다 열심히 하는 거 선생님도 알고 있어. 그런데 왜 성적이 안 오르는 걸까? 뭐가 원인인 것 같니?"라고 되물었습니다. 그랬더니 아이는 "잘 모르겠어요. 과목별 공부법이 잘못된 것 같아요"라고 대답했습니다. 노력은 하지만 성적이 잘 안 오르니 속상할 만하죠. 누구보다 그 심정을 이해합니다.

여기서 잠깐. 과목별로 올바른 공부 방법이 있냐고 물어보신다면 어느 정도는 맞다고 말씀드리고 싶습니다. 영어에서 고난도 지문의 독해 실력을 향상하는 올바른 공부 방법이 있듯, 과목별로도 해당 학생에게 알맞은 공부 방법이 있습니다. 본인에게 맞는 과목별 공부법은 어떻게 알 수 있을까요?

바로 학교에 있는 과목별 선생님을 직접 찾아가 현재 자신의 성적(내신, 모의고사)과 공부 방법, 교재, 공부시간까지 정확하게 말씀드린 다음 본인의 문제점과 올바른 공부 방법을 알고 싶다고 정중히 요청하는 겁니다.

고3들을 지도하면서 느낀 바로는 분명히 타고난 공부 머리가 좋은 학생도 있지만, 노력으로 최상위권에 오른 학생도 있다는 것입니다. 이 둘의 차이를 알 수 있는 첫 번째 포인트는 바로 공부 머리가 좋은 최상위권 학생들은 고3 2학기 정기고사에서 두각을 드러낸다는 사실입니다.

고3 1학기까지는 좋은 내신성적을 받기 위해 너도나도 피 터지게 노력을 합니다. 내신시험은 범위가 정해져 있기 때문에 공부를 하면 할수록 성적을 잘 받는 구조입니다. 하지만 고3 2학기에 1번 치는 내신시험은 대부분 모든 범위가 시험범위이기도 하고, 시험범위를 정해줘도 공부를 하는 학생들이 많지 않기 때문에 유일하게 모의고사처럼 평소 실력만으로 치르는 내신시험입니다. 이 시험에서 전교 10등 이내에 드는 최상위권 학생들은 '공부 머리가 좋은' 최상위권이고, 고3 1학기까지 최상위권이었으나 이 시험에서 전교 20등 밖으로 밀려난 학생들은 '노력형 최상위권'일 가능성이 높습니다.

이 둘의 차이가 나는 두 번째 포인트는 모의고사 성적입니다. 공부 머리가 좋은 최상위권은 모의고사 성적도 전국 최상위권이지만 노력형 최상위권은 내신성적보다 모의고사 성적이 더 잘 안 나오는 편입니다. 그래서 자녀의 성적을 보실 때 내신성적은 좋은데 모의고사 성적이 잘 안 나오면 자녀가 노력형 인재라고 생각하시면 되고, 내신성적과 모의고사 성적 둘 다 골고루 잘 나오면 공부 머리가 있는 인재라고 보시면 됩니다.

그렇다면 노력형 아이들은 공부 머리가 있는 최상위권을 따라잡을 수 없을까요? 아닙니다. 평범한 아이들도 노력으로 이뤄낼 수 있습니다. 스스로 동기부여가 되어서 '특목고에 진학해서 공부 잘하는 친구들과 함께 공부해 보고 싶다' 'SKY의 ○○학과에 진학해서 △△을 전공하고, 직업을 갖고 싶다' 등 자신의 길을 빨리 찾는 아이들은 스스로 계획을 세우고 노력할 여지가 많습니다. 또한 특목고·전국 단위 자사고 입시도 중학교 내신성적과 학교 생활기록부, 고입용 자기소개서와 면접으로 이루어지기 때문에 충분히 노력으로 성취해 낼 수 있습니다.

특목고·자사고에 입학해서 학업을 이어가는 학생들의 대부분은 공부를 할 의지와 마음이 있는 아이들이지 학업의 천재들이 아닙니다. SKY 대입도 마찬가지입니다. 수시모집의 경우엔 고등학교 내신성적과 학교 생활기록부, 대입용 자기소개서와 면접으로 이루어지고, 정시모집도 수능성적으로 선발됩니다. 대한민국에서 12년 간의 학교 과정을 충실히 이수하고 적절한 사교육을 통해 부족한 점을 채워온 학생들이라면 충분히 합격할 수 있는 구조입니다.

수능은 천재들만이 치르는 시험이 아닙니다. 노력으로 극복할 수 있는 수준입니다. 그러므로 특목고·자사고와 SKY에 합격하는 학생들은 공부 머리가 좋은 타고난 천재들이 아니라 노력형 인재들이라고 말씀드릴 수 있습니다.

그럼 이런 노력형 최상위권 학생들은 어떻게 노력해야 상위 1%가 될 수 있을까요? 여기에 한 가지 팁을 드립니다. 공부할 때 '아는 부분은 과감하게 넘어가는 것'입니다. 책과 문제집 한 권을 온전하게 다 풀지 않아도 됩니다. 모르는 부분만 집중적으로 공략하는 게 중요합니다. 다만 이건 자신이 어느 분야를 아는지 모르는지 구별할 수 있는 학생들에게 국한된 이야기겠지요. 공부가 어느 정도 된 학생은 전 교과에서 모르는 파트와 틀리는 파트만 집중해서 공략하세요. 그게 성적을 올리는 핵심 비결입니다. 이미 알고 있는 내용은 다시 봐도 압니다. 시험을 칠 때 실수만 하지 않으면 되니까요.

아직 최상위권은 아니지만 공부를 열심히 해보겠다고 마음먹은 친구들을 위해 한 가지 팁을 더 드리겠습니다. 아는 것이 거의 없다면 각 과목별로 책 한 권을 빠른 속도로 마스터하겠다고 결심한 다음 반드시 끝까지 해내세요. 한 권이라도 끝까지 마스터하는 것이 중요합니다. 하다가 흐지부지 그만두지 말고, 반드시 마지막 페이지까지 다 봐야 합니다.

물론 처음에는 50%도 이해가 되지 않을 겁니다. 그래서 처음부터 끝까지 해당 과목에 무엇이 들어 있는지 다 보는 게 핵심입니다. 그 이후에 2회독, 3회독을 하면 1회독 때는 '이런 내용이 있었나?' 하는 부분도 눈에 들어올 겁니다. 그때는 10~20%밖에 이해가 되지 않았던 내용이 조금 더 이해가 되는, 신기하고 뿌듯한 경험을 할 수 있게 되죠. 내가 잘 모르는 것, 남들이 해결하기 어려운 것을 정확하게 파악한 뒤 그것을 알아가고 해결해 나가는 것이 바로 공부 능력을 키우는 핵심 포인트입니다.

사례 11. 자기주도학습으로 수학을 정복한 학생

30년 전의 일이긴 하지만, 이번에는 제 학창시절 얘기를 해보려고 합니다. 제가 수학을 좋아하지 않았던 시절은 초등학교까지 거슬러 올라갑니다. 초등학교 3학년 당시 눈높이 수학과 영어를 동시에 했었습니다. 그때는 영어교과가 초등 정규과정에 있지 않았습니다. 그래서 서울 학군지에서 교육열이 높은 곳을 제외하면 대부분 초등 고학년 또는 중학교 1학년 때 알파벳을 처음 접했습니다. 유치원생부터 알파벳을 접하는 지금과 비교하면 굉장히 놀라운 광경이긴 하지만 실제로 그랬습니다.

아무튼 저는 영어 공부가 그렇게 재미있더라고요. 일주일치 학습지를 하루만에 다 풀고 일주일이 얼른 지나기를 기다릴 정도로 좋아했는데, 수학은 어찌나 싫던지…. 눈높이 수학 선생님이 오시는 날이면 어떤 핑계를 대고 집에 늦게 갈까 궁리를 많이 했습니다.

핑계도 가지각색이었죠. '조별 모임이 있다' '친한 친구 생일이다' 등등 온갖 구실을 붙여 눈높이 수학 선생님이 오시는 날만 집에 늦게 가려고 안간힘을 썼습니다. 이후 초등 고학년이 되어 다녔던 동네 보습학원에서도 수학 숙제를 안 해가서 선생님께 따로 불려가 혼났던 기억도 납니다.

그랬던 제가 고1에서 고2로 넘어가는 겨울방학에 영어교육과로 진학하기 위해 공부라는 것을 본격적으로 시작하게 되었습니다. 영어 공부를 꾸준히 하는 학생이 아니었음에도 재미있게 공부했기 때문에 별문제 없이 잘 습득해 온 편이었죠. 문제는 수학이었습니다. 고1까지 제대로 된 수학 공부를 해본 적이 없는데, 기초 학습도 안 되어 있어서 어떻게 해야 하나 고민이 많았습니다.

그러다가 교과서부터 보기 시작했습니다. 농담이 아니라 수능 만점자, 서울대 합격자들이 하는 "교과서 위주로 열심히 했습니다" 이 말이 거짓말이 아니라고 생각합니다. 제가 수학에 있어서만큼은 교과서 위주로 열심히 해서 '수포자'에서 '수학 만점자'가 된 케이스거든요. 직접 경험해 보니 교과서만큼 체계적인 책이 없습니다.

우선 수학 교과서에는 개념에 대한 정의와 그 배경이 정말 잘 설명되어 있습니다. 수학 입문자였던 제가 보기에 최상의 교재는 교과서입니다. 바로 수학 문제풀이부터 하려고 했다면 발전이 없었을 거라 생각합니다. 개념 정의와 배경, 핵심 공식, 기초 문제부터 고난도 문제까지 체계적으로 정리가 잘되어 있었습니다.

중간 난이도 문제를 풀다가 모르면 개념 정의와 배경 설명으로 되돌아가서 다시 읽고 이해했습니다. 그러고 난 다음 핵심 공식을 다시 학습했고, 못 풀었던 문제로 돌아와서 문제를 다시 풀었습니다. 그럼 신기하게도 문제 해결의 실마리가 보였습니다. 이 과정을 반복하다 보니 고난도 문제도 풀 수 있게 되더라고요.

그때의 희열이란 정말 이루 말할 수 없습니다. 수학을 포기하려고 했던 내가 스스로 차근차근 해나갔을 때, 그리고 그것을 완벽하게 마스터했을 때의 성취감은 정말 짜릿했습니다. 그 이후로 수학이 너무 재미있어서 수학 공부에 빠져들게 되었습니다.

재미를 붙이니 수업 시간에 전혀 들리지 않던 선생님의 말씀이 하나씩 귀에 들어오기 시작했습니다. 수학 수업 시간이 재미있다고 느끼게 되니까 예습을 하고 싶었습니다. 미리 문제를 다 풀어가고, 수업 시간에는 제가 풀어온 문제 풀이법이 선생님과 같은지 확인했습니다. 수학 공부의 원리를 터득하고 나자 미적분, 확률과 통계까지 어려울 게 없었습니다. 이 과정을 몇 개월 하고 났더니 수학 성적이 눈에 띄게 올랐습니다. 어느 날 수학 선생님께서 제게 이런 말씀을 하셨습니다.

"지원아, 이제 문제 풀이는 더 이상 안 해도 되겠다. 문제를 대체 얼마나 푸는 거니?"

다른 과목도 아니고 수학 선생님께 이제 문제 풀이를 그만해도 되겠다는 말을 다 듣게 되다니. 이 순간은 정말 잊을 수가 없습니다. 이처럼 수학 공부에도 올바른 방법이 있습니다. 일타 강사의 수학 수업만 열심히 듣는다고 수학을 마스터할 수 있는 게 아닙니다. 스스로 수학 개념과 공식을 이해하면서 차근차근 실력을 쌓고 그 개념들을 기초 문제, 중간 난이도 문제, 고난도 문제까지 적용할 수 있어야 실력이 늡니다.

물론 선생님들의 설명을 열심히 들어야 하는 것은 당연하겠지요. 내 것으로 만들어서 혼자 문제를 풀 때 적용할 수 있어야 한다는 점이 관건입니다. 수학은 시간이 걸리는 공부입니다. 하지만 저 같은 수포자도 결국에는 수학을 정복하게 되었으니, 여러분들도 가능할 거라 생각합니다.

사례 12. 실패해도 다시 일어날 수 있는 학생

혹시 자녀가 시험에서 실수로 문제를 틀렸을 때 "실수도 실력이야. 실수는 절대 하면 안 돼"라는 말을 무심코 하신 적이 있지 않나요? 저마저도 어렸을 때 어른들로부터 이런 말을 종종 들어왔고, 이게 마치 진리인 것처럼 믿고 살았습니다.

실수하는 것도 실력이 부족해서 그런 것일 수 있습니다. 하지만 인간이라는 존재 자체가 불완전한데 왜 실수를 하면 안 될까요? 치명적인 실수를 반복한다면 인생에 문제가 생길 수 있기 때문에 주의해야겠지만, 시험에서 문제 몇 개를 틀리는 것을 가지고 마치 큰 잘못을 한 것처럼 자녀를 혼내면 안 된다는 말씀을 드리고 싶습니다.

부모님 입장에서는 좋은 성적을 받도록, 그래서 좋은 대학교에 갈 수 있도록 도와주는 일이라고 생각해서 그러시는 거겠죠. 하지만 그렇게 한다고 아이가 더 좋은 성적을 받고, 더 좋은 대학에 가서 궁극적으로 더 건강하고 행복한 삶을 살게 될까요? 그건 알 수 없습니다.

수업을 하면서 교실을 돌아다니다가 어떤 학생의 탁상달력에 "절대 실수하지 말자"라고 적혀 있는 것을 본 적이 있습니다. '의지가 대단하다'라고 생각할 수도 있겠지만, 저는 그것을 보고 이 아이가 얼마나 압박에 시달렸으면 스스로 저런 말을 적어놓고 상기하고 있을까 싶었습니다. 어른들도 사는 동안 수많은 실수와 실패를 겪으면서 성장해 나가는데 하물며 10대 아이들이 왜 실수를 하면 안 될까요? 실수가 거듭되면 안 되겠지만 그 전에, 아이에게 먼저 스스로 깨닫고 그 실수하는 정도를 조정할 권리가 있다고 생각합니다.

자녀가 실수를 할 때마다 "엄마가 실수도 실력이라고 했지! 절대 실수하지 말라고 했지!" 하고 쥐 잡듯이 잡으면 아이는 실수에 대한 두려움과 걱정 때문에 한 발짝도 제대로 떼지 못하는 겁쟁이가 될지 모릅니다. 또는 매사에 집요하고 완벽하게 하려는 학생들은 강박증에 걸리기도 하죠. 어느 순간부터는 1등을 하지 못하면 그 누구도 뭐라고 하지 않아도 먼저 자책하죠.

어렸을 때부터 자녀에게 완벽해야 된다고, 실수하면 안 된다고 강요하지 마세요. 부모님이 그런 성향이시라면 더욱 주의하셔야 합니다. 부모님도 알게 모르게 자녀에게 완벽주의를 강요하고 있을 수 있습니다. 자녀의 강박증과 완벽주의가 공부를 잘하는 데 당장의 도움이 될지는 모르나, 나중에는 극심한 정신적 스트레스에 시달릴 수 있기 때문입니다.

이 세상에는 똑똑한 사람은 많은데, 용기 있는 사람은 적다고 합니다. 살면서 겪게 될 수많은 실수와 좌절 속에서 우리 아이가 "괜찮아. 털고 일어나면 돼. 그리고 용기 내서 다시 나아가면 돼"라고 스스로를 다독이면서 일어설 수 있는 사람이 되기를 바라지 않으시나요? 아이들이 강박과 우울에 시달리지 않도록 부모로서 여유로운 마음과 자녀를 늘 격려하는 모습을 보여주셔야 합니다.

격려를 듣고 자란 아이들은 인생에서 힘든 순간을 마주했을 때 '그래! 엄마랑 아빠도 지나고 보니 다 별일 아니라고, 괜찮다고 늘 말씀하셨어. 지금은 조금 힘들어도 괜찮아질 거야. 털고 일어나야지!'라고 하면서 다시 힘차게 출발할 수 있을 것입니다.

사례 13. 입시 전략을 똑똑하게 활용하는 학생

고등학교 1~2학년까지는 소신을 갖고 자신이 관심 있는 분야에 대한 책도 읽고 수행평가도 하고 자율 및 진로활동까지 다 해왔는데, 막상 3학년으로 올라와서 지금까지 받은 성적을 종합해 보니 원하는 만큼은 나오지 않은 경우가 많습니다. 가고 싶은 대학교를 그대로 가자니 해당 학과에 못 가게 될 것 같고, 그런데 또 그 대학을 포기하기는 싫은 경우들이 발생하죠.

문과의 경우 소위 '대학 간판이 중요하다'는 말을 많이 들어서 그런지 '학과를 변경하더라도 대학은 낮출 수 없다'고 하는 학생들을 종종 볼 수 있는데요. 이런 상황이 되었을 때 어떻게 하는 것이 좋을까요?

중간에 전공이나 진로를 변경할 경우 '전공적합성'에서 마이너스 평가를 받지 않을까 하고 고민하는 학생과 학부모님들이 많습니다. 어른이 되어서도 중간에 직업을 바꾸기도 하고, 평생 직장이나 직업 또한 사라져 가고 있는데, 고등학생이 대학에 진학해서 공부하고 싶은 전공이나 졸업 후 갖고 싶은 직업이 바뀌는 일은 어찌 보면 당연합니다. 그리고 실제 주요 대학교의 입학사정관들을 만나서 여쭤보면 중간에 하고 싶은 전공과 진로를 바꾼다고 감점하진 않는다고 말씀하십니다.

경기도교육청이 배포한 〈2024학년 학생부종합전형 분석 자료집〉을 살펴보면 학생부 기록에 진로와의 연계가 과도하게 침투되면서 도리어 서류평가가 원활하게 이루어지지 않는 점을 지적하고 있습니다. 최상위 대학들은 공통적으로 진정성 없이 진로와 짜맞춘 학생부를 경계하고 있습니다. 특히 과목별 세특에 진로 관련 내용이 들어 있는 것을 부정적으로 보고 있습니다. 과하게 진로와 엮으려는 학생부 세특은 도리어 평가취지와 부합하지 않는다는 것이지요. 그러므로 학생부종합전형으로 대학을 가기 위해서 내가 지원할 학과에 적합한 '전공적합성'이 드러나도록 학생부를 채워야 한다는 것이 모든 대학에 맞아 떨어지는 이야기는 아니라는 말씀을 드리고 싶습니다.

각 대학교는 홈페이지에 그해 수시모집 입시 결과가 다 나오고 나면 수시전형 학과별 경쟁률 50% 컷과 70% 컷을 발표합니다. 그러므로 고3이 되면 우선 1학기 내신성적까지 최선을 다해서 높은 성적을 받아두고, 수시 원서를 쓰기 전에 지원할 대학교에서 발표하는 자료를 꼼꼼하게 다 살펴 본 다음 전략적으로 지원해야 합니다.

제가 가르쳤던 최상위권 학생 중에 서울대학교 어떤 학과에 지원을 할지 고민을 하다가 고3 때 사회과학대학 인류학과에 학생부종합전형으로 지원하기로 결정하여 합격한 경우가 있었습니다. 서울대학교 홈페이지에서는 인류학과를 다음과 같이 소개하고 있습니다.

서울대학교 인류학과 소개

서울대학교 인류학과는 대학의 학과로서는 국내 최초로 1961년 서울대학교 문리과대학 고고인류학과로 출발, 1975년 사회과학대학 인류학과로 독립한 이래 인간과 문화의 다양성과 보편성을 연구·교육하는 학문공동체로서 지속적으로 성장해 왔습니다.

핵심은 사회과학대학 소속 학과로써 인간과 문화의 다양성과 보편성을 연구 및 교육한다는 점이었습니다. 이 학생이 3년 내내 서울대학교 인류학과 진학을 목표로 했던 것은 아니지만 고교 시절 내내 최상위 내신성적을 유지했기에 학업 역량 및 고교 생활의 충실성과 진로 역량이 학교 생활기록부에 드러났고, 수시모집 2차 제

시문 기반 면접까지 모두 잘 보았기에 서울대학교 인류학과에 합격했던 것으로 분석됩니다.

제가 말씀드리고 싶은 것은 '전공적합성에 대해 제대로 알아야 한다'는 것입니다. 물론 2025학년도 대입에서도 여전히 전공적합성을 평가하는 대학들이 있습니다. 하지만 학생부종합전형으로 지원할 때 모든 대학교에서 전공적합성이 높은 학생을 선발하는 것이 아니라는 점과 앞서 말했듯이 특히 상위권 대학에서는 학생부 기록에 진로와의 연계가 과도하게 침투되는 점을 경계하고 있다는 것을 알아두실 필요가 있습니다.

또한 최근 3개년 동안 내신성적 컷이 상대적으로 낮은 학과라서 해서, 본인이 과를 낮추기만 하면 합격 가능성이 무조건 높아진다고 착각해서는 안 됩니다. 왜냐하면 학생부종합전형은 말 그대로 종합적인 평가가 이루어지기 때문입니다.

내신성적에 대한 평가, 전반적인 학업 역량, 학교 생활기록부, 2차 면접까지 다각도로 종합적인 평가가 이루어진다는 점 꼭 기억하시고 자신의 역량을 최대한으로 끌어올리기 위해 부지런히 노력하시길 바랍니다.

사례 14. 학교 핵심 공부를 끝까지 놓지 않은 학생

제가 근무한 학교에서도 수능 만점자가 나온 적이 있습니다. 그 학생의 특징은 학원을 많이 다니지 않았고, 눈이 오나 비가 오나 교실에 앉아서 늘 꾸준히 자습을 했다는 점입니다. 학교 수업에 집중하고 항상 자습을 하면서 배운 내용을 자신의 것으로 만들기 위해 한결같이 노력하는 모습이 대견했습니다. 모르는 것이 있으면 바로 선생님께 찾아갔죠. 이런 공부 패턴이야말로 "교과서 위주로, 학교에서 열심히 했어요"가 되는 겁니다.

2024학년도 수능에서 만점을 받은 유리아 양은 전국 단위 자사고인 용인외대부고를 졸업한 다음 시대인재 학원에서 재수를 했고, 표준점수 수석인 이동건 학생 또한 시대인재에서 재수를 했습니다. 유리아 양은 인터뷰에서 "공교육만으로 수능 문제를 충분히 풀 수 있을 것 같냐"는 질문에 "사교육을 받지 않고 만점을 받았다면 이 질문에 답할 수 있겠지만 어쨌든 저는 재수종합학원에 다녔기 때문에 답하기 어려울 것 같다"고 했습니다.

그래서 요즘 시대에는 "학원은 다니지 않았고요. 학교 수업에 충실했고, 교과서 위주로 공부해서 서울대 합격했어요"라는 말을 하기가 현실적으로 쉽지는 않아 보입니다. 하지만 이건 가능합니다. "학교 수업에 충실했고, 부족한 부분은 적절히 사교육을 활용했습니다. 학교에서 다루는 교재들은 철저하게 복습했고 학원 자료도 놓치지 않고 꼼꼼하게 봤습니다."

수능 만점자들이나 서울대학교에 합격한 학생들의 이야기를 들어보면 12년 동안 교과서 '위주로' 공부를 했다는 뜻이지, 교과서만 공부했다는 뜻은 아닙니다. 그렇다면 교과서 위주로 공부해야 하는 이유는 무엇일까요?

국어 교과서를 예로 들어보겠습니다. 초1부터 고3까지 우리는 읽기, 쓰기, 듣기, 말하기, 문법을 국어교과서를 통해 배웁니다. 달리 말하면 대학에서 학업을 이어갈 능력이 되는지 그 여부를 판단하기 위한 수능에 필요한 지식이 교과서에 집대성되어 있다는 것이죠. 단원의 학습목표, 내용, 단원평가 내용까지 일목요연하게 정리가 되어 있으므로 교과서 읽기에 익숙해지면 논리적으로 글을 쓰고 콘텐츠를 구성하는 능력까지 배울 수 있습니다.

여기서 전 교과의 교과서만 학습목표에 맞춰 이해하고 복습해서 자신의 것으로 만들 수 있다면 사교육 시장 규모 27조 원 시대까지는 필요 없다는 말씀을 드리고 싶습니다. 교과서 흐름을 따라가며 정독하고, 정리하면서 이해가 잘 되지 않는 부분은 체크해 둔 다음 선생님께 질문하거나 참고서나 문제집을 보고 이해하는 자기주도학습을 한다면, 수능시험은 대부분 잘 볼 수 있습니다.

그래서 수능 만점자들의 인터뷰 단골 멘트가 "교과서 위주로 공부했어요"가 되는 겁니다. 고등학교에 올라오면 현실적으로 교과서를 다루는 시간이 줄어듭니다. EBS 교재가 50% 이상 연계되던 때, 고등학생들의 교과서는 EBS 교재라고 해도 과언이 아니었죠. 하지만 EBS가 직접 연계에서 간접 연계로 바뀌면서 킬러 문항들을 풀기 위한 각종 사교육과 인강, 과외를 받게 되었고, 학교 역시도 수능 관련 문제집과 기출문제집으로 문제 풀이 시간을 많이 갖게 되었습니다.

이렇게 보면 현실적으로 교과서의 중요성은 고등학교로 갈수록 줄어드는 게 맞습니다. 그러나 교과서는 당연히 잘 쓰여진 주요 교재입니다. 특히, 초등과 중등에 있어서 각 과목별 교과서만 100% 이해하고 내 것으로 만들어도 공부 기초를 정말 탄탄하게 만들 수 있다는 점은 확실하게 말씀드릴 수 있습니다.

아이의 의견은 다를 수 있습니다

자녀가 태어나고 얼마 지나지 않아, 우리 아이의 교육에 있어서 첫 번째 갈림길이 나타났습니다. 바로 '일반유치원'과 '영어유치원'입니다. 여기서 제가 말씀드릴 수 있는 것은 "영어유치원 보내세요"나 "영어유치원 보내지 마세요"가 아닙니다. 앞에서도 말씀드렸듯 확고한 자녀 교육관이 정립되어 있는 경우가 아니라면 이리저리 휘둘리기 쉽습니다.

영어유치원 레벨 테스트를 통과하기 위해 만 4세부터 과외를 받는 아이들을 보면 참 안타깝습니다. 5~7세의 아이들이 교육을 받는다고 해도, 어떤 결정을 내리기 전에 자녀들에게 먼저 의견을 물어보는 게 먼저입니다. 충분히 이야기를 나눈 뒤 결정하시는 것을 권장합니다. '애가 뭘 알겠어, 부모인 내가 더 잘 알지'라는 생각은 정말 위험합니다. 아이는 태어나면서부터 이미 한 사람으로서 존중받아 마땅한 존재이고, 생후 18~24개월부터 자아가 형성되기 시작합니다.

아이가 영어유치원을 다니면서 지속적으로 스트레스를 받거나, 유치원 내에서 하고 싶은 말을 제대로 못 하거나, 과도한 숙제로 힘들어하거나, 유치원 등원을 한 달 이상 거부하는 등의 반응을 보일 수 있습니다. 아이가 이런 반응을 보였다면 진지하게 다시 고민해 보셔야 합니다. 내 아이가 영어를 잘할 수 있도록 도와주려는 좋은 마음에서 보냈지만, 정서적으로는 좋지 않은 결과를 만들 수도 있습니다.

10년 동안 외고에서 영어 교사로 근무한 사람으로서, 유년 시절의 유창한 영어 아웃풋보다 더 중요한 것은 장기적으로 영어에 대한 거부감 없이 즐겁게 이루어지는 학습이라고 말씀드리고 싶습니다. 아이의 정서적인 안정감이 먼저입니다. 아이가 영어유치원을 다니는 것을 스트레스로 느끼고 있다면 모국어 습득 및 학습에 중점을 두고 지도하세요. 초등 1학년~4학년까지 영어를 즐겁게 배울 수 있는 환경을 만들어 주신다면 충분히 영어를 잘하는 아이로 자랄 수 있습니다.

사립초등학교도 마찬가지입니다. 사립초등학교에 다니면서 학교 시스템과 프로그램에는 만족하고 있지만, 셔틀버스에서 보내는 시간과 에너지 소모가 많아서 힘들어하는 경우도 많습니다. 이걸 6년 동안 시키는 게 맞는지, 사립초를 보내고 싶은 부모님의 욕심에 아이를 너무 힘들게 하는 건 아닌지 생각해 보셔야 합니다. 사립초등학교의 인기가 나날이 하늘을 찌르더니 2023학년도 경쟁률이 29:1로 역대 최고치를 기록했습니다. 국공립초등학교를 다니는 초등 1학년의 경우 12시 30분이 넘으면 집으로 돌아오는 반면, 사립초등학교에 다니는 학생들은 다양한 프로그램을 늦은 시간까지 할 수 있고, 영어 몰입교육이나 예절교육 그리고 전인교육 등이 전반에 걸쳐 이루어집니다. 그렇기에 6년 동안 총 수천만 원의 등록금을 내야 함에도 그 인기가 식지 않습니다. 집 근처에 있는 사립초등학교에 다닌다면 문제가 없겠지만, 셔틀버스로 왕복 1시간 이상 걸리거나 길게는 왕복 2시간 가까이 통학을 해야 하는 경우도 생깁니다. '내 아이가 이걸 과연 6년 동안 해낼 수 있을까?'를 기준으로 판단하셔야 합니다. 8~13세까지 아이가 6년 동안 이걸 해낸다고 생각했을 때 아이가 어떨지, 아이가 보내는 신호와 목소리에 집중하셔야 합니다.

가정 내 지도를 두려워하지 마세요

부모님이 서울대를 나왔다면 그 자녀는 서울대에 갈 가능성이 높다고 생각하시나요? 물론 서울대를 나온 부모에게서 태어난 자녀가 서울대에 갈 가능성이 높을 수는 있습니다. 공부 머리 유전자를 가지고 태어났을 수도 있고, 경제력을 바탕으로 교육의 기회를 더 많이 제공해 줄 수 있기 때문이지요. 그래서 본인의 학력과 경제력으로는 아이를 가정에서 지도하기 힘드니 자녀에게 도움을 주지 못해 미안하다고 생각하시는 분들이 많습니다.

하지만 부모님의 학력 및 경제력과 아이들의 행복이 꼭 정비례하는 건 아닙니다. 부모님이 어릴 때 공부를 잘했다면 자녀가 공부를 잘 못하는 것에 대해 답답해하며 혼내는 경우가 있습니다. 최소한 SKY는 가야 한다는 압박을 자녀에게 넣는 상황도 있습니다. 공부를 잘했던 부모님이라고 자녀교육까지 잘 시킨다는 게 아니라는 점을 강조하고 싶습니다. 한 가지 확실한 건 훌륭한 부모님 밑에서 자라는 아이들이 훌륭하게 자란다는 것입니다.

훌륭한 부모란 어떤 부모일까요? 그 기준은 개인이나 가정마다 다를 수 있습니다만, 기본적으로는 자녀의 말에 경청하고 자녀를 신뢰하고 부모님과 자녀 모두 올바른 가치관과 언행을 하는 것입니다. 학습적인 부분에서 자녀가 배우게 될 내용은 사실 모르셔도 상관없습니다. 공부를 하는 주체는 부모님이 아니라 자녀이니까요. 하지만 자녀가 하는 이야기를 잘 들어주시고 잘 이해하는 게 중요합니다. 그건 부모님의 학력으로 하는 게 아니라 마음으로 하는 거니까요. 확실한 건 자녀를 진심으로 존중하고 자녀로부터 진정한 존경을 받는 부모님이 계신 가정의 자녀들은 잘될 수밖에 없다는 것입니다.

학부모님들 중에는 "내 아이는 어릴 때부터 물심양면으로 100% 서포트했는데도 서울대에 못 가는 성적인데, 어떤 집의 아이는 학원도 많이 안 보내는데 서울대를 합격했다고 하더라. 우리 아이와 차이를 모르겠다"고 말씀하시는 분도 계십니다. 그 차이를 제가 알려드리겠습니다.

제가 가르친 학생들 중 SKY에 합격한 아이들과 그 부모님들의 특징을 살펴보면 자녀에게 간섭이나 잔소리를 하지 않았다는 공통점이 있었습니다. 이것이 부모님이 학원에 보내서 공부하는 아이들과 스스로 공부하는 아이들의 차이점이겠죠. 부정적인 습관과 잘못된 행동을 교정하는 방법은 잔소리가 아닌 단호함과 일관된 훈육입니다. 그리고 더 나아가 조금이라도 자녀의 행동 교정이 일어났을 때는 진심을 담아 구체적으로 칭찬을 해주세요.

공부는 몸과 마음을 수련하는 일입니다

공부는 엉덩이 힘과 비례하는 부분이 분명히 있습니다. 유명한 소설가들도 글이 잘 써지는 날이나 안 써지는 날이나, 매일 엉덩이를 붙이고 앉아서 쓰고 또 쓴다고 하죠. 매일 그렇게 쓰다 보면 저절로 실력이 쌓입니다.

학생들 중에서도 공부가 잘되는 날이나 잘 안 되는 날이나, 컨디션이 좋은 날이나 좋지 않은 날이나 한결같이 엉덩이를 붙이고 공부하는 학생들이 있습니다. 그 공부량을 채워나가는 시간 속에서 질이 높은 공부 시간이 생겨나고, 결과적으로 우수한 성적으로까지 이어지죠. 이걸 모르는 사람은 없습니다. 학부모님들도 알고는 계시지만 우리 아이가 어떻게 엉덩이를 붙이고 진득하게 공부할 수 있도록 도와야 하는지 그 방법을 모르겠다고 하십니다.

우선 마음을 차분하게 가라앉히고, 아이의 집중력과 체력을 늘릴 수 있는 방법을 생각해 보세요. 식습관 개선이나 명상, 스트레칭 등 다양한 방법이 있습니다. 우리 아이에게 꼭 맞는 포인트를 발견해 주세요. 특히 남자아이들의 경우 넘치는 에너지를 운동으로 발산시켜 주는 것도 좋습니다. 아이의 몸에 집중력과 체력이 자리 잡으면 그때부터 공부를 시작하기를 권장합니다.

공부는 몸과 마음이 동시에 작용하는 영역입니다. 신체를 통제할 수 있는 능력도 길러주세요. 아무리 노력하고 갖은 방법을 써도, 학년이 올라가도 우리 아이가 집중하는 시간이 길어지지 않을 경우에는 아이의 기질상 그게 어려울 수 있다는 점을 인지하고 인정하는 것도 필요합니다.

활동량이 많은 아이들은 아무런 동기부여나 목표도 없이 차분히 앉아서 공부하는 일 자체를 매우 힘들어할 수 있습니다. 활동적인 아이들일수록 동기부여가 될 수 있는 영역과 이유를 찾고 학습 능률을 높일 수 있도록 부모님께서 도움을 줘야 합니다. 동기부여나 목표 없이 공부하라는 말은 목적지를 모른 채 "일단 뛰고 있어봐. 뛰다 보면 방향을 알게 될 거야"라고 하는 것과 같습니다.

아이들 입장에서는 '어디로 뛰어야 할지, 왜 뛰는지도 모르는데 일단 뛰고 있으라고요?'라는 생각이 들겠지요. 왜 해야 되는지 모르니 당연히 하기 싫은 것입니다. 따라서 아이 스스로 하고 싶은 것, 되고 싶은 것을 먼저 찾아주세요. 그리고 공부를 잘해야 원하는 분야에 갈 수 있고, 꿈을 이룰 수 있다고 설명해 주는 것이 좋습니다. 이렇게 했을 때 공부의 능률이 오릅니다.

여기저기 관심이 많고 두리번거리는 산만한 아이들은 공부를 할 수 있는 환경도 중요합니다. 스마트폰이나 게임기, TV 등 주의를 끄는 놀거리가 집에 너무 많을 경우 이런 아이들은 공부에 집중을 못 할 가능성이 높습니다. 혼자 공부할 때는 반드시 스터디카페나 독서실, 학원 자습실 등 공부할 수밖에 없는 환경에 있도록 해주세요. 처음에는 이런 환경에서도 집중하지 못하고 있을 수 있습니다. 하지만 집에서 스마트폰을 보거나 게임을 몇 시간씩 하는 것보다는 훨씬 낫습니다.

자랑하고 싶은 마음을 경계하세요

최상위권 학생들의 부모님들, 특히 특목고에서 최상위권을 차지하고 있는 학생들의 학부모님들은 누구보다 입시 정보를 빠르게 알아내고 아이에게 최적화된 길만 제시할 거라 생각하실 수도 있습니다. 하지만 제가 관찰한 학부모님들 중 안 그런 분들도 분명히 계셨습니다. 즉 부모님의 입시 정보력과 자녀의 성적은 정비례하지 않는다는 것입니다.

최상위권 부모님들의 공통점은 바로 '사리 분별력'과 '겸손함'입니다. 자녀가 살면서 공부'만' 잘하는 사람이 아니라 공부'도' 잘하는 사람으로 자라길 바란다면 겸손한 태도와 사리 분별력을 잃지 않고 자녀를 교육하셔야 한다는 말씀을 드리고 싶습니다. 지금 우리 아이가 공부하기를 극도로 꺼려 하나요? 솔직히 말씀드리자면, 그 이유는 이 책을 읽으시는 부모님과 자녀가 가장 잘 알고 있습니다. 다만 회피하고 싶을 뿐이죠. 마주하고 싶지 않겠지만 지금이라도 직시하고 이유를 분명하게 알아야 해결책을 찾을 수 있습니다. 그렇기에 부모님의 사리 분별력이 중요합니다.

겸손한 태도를 유지하는 것도 마찬가지입니다. 우리 아이는 어릴 때부터 영어도 잘하고, 수학도 잘하고, 어디서 무슨 상도 받아오고…. 뛰어난 자녀를 자랑하고 싶으신 마음은 이해합니다. 하지만 할머니나 할아버지, 동네 이웃들, 거기다 자녀의 친구 부모님들까지…. 아이에게는 이런 것이 부담으로 다가옵니다. 게다가 그 소식을 들은 학부모들은 자녀들끼리 비교할 수도 있습니다.

자녀에 대한 뿌듯함과 대견함은 마음속으로만 느끼시고, 어디에도 과한 자랑은 삼가시는 게 나중을 위해서 좋습니다. 자녀에 관한 부모님의 자랑이 아이에게 자신감이나 자부심을 심어줄 수도 있습니다. 그러나 자신감이나 자부심은 스스로 느끼는 감정입니다. 결과를 얻기까지 스스로 노력했을 때라야 그 자신감이나 자부심을 올바르게 느낄 수 있습니다.

그렇다고 자녀를 깎아내리라는 말은 아닙니다. 누군가 "○○이가 공부를 그렇게 잘한다면서요?"라고 말했을 때, "아니에요. 이 정도는 다 하죠"처럼 깎아내리는 대답이 아닌 "칭찬 감사해요. 열심히 배우는 중입니다" 식의 겸손의 미덕을 보여주세요. 자기 PR이 중요한 시대라고 하지만 무엇이든지 적당히 이루어져야 합니다.

부모님이 겸손한 가정에서 자란 아이들이 나중에 적을 만들지 않습니다. 그리고 입시도, 나아가 사회생활도 잘합니다.

결국에는 심신의 건강입니다

아이들은 부모의 대리만족을 위해 태어난 게 아닙니다. 겉으로는 자녀의 행복과 건강을 바란다고 하지만, 이면에는 아직도 자신이 못다 한 꿈을 자녀를 통해서 이루고 싶어 하는 부모님들이 많이 계십니다. 하지만 자녀는 세상에 태어나는 순간부터 부모님과는 독립된 '인격체'입니다. 자신이 가지고 태어난 재능과 결대로 살아갈 권리가 아이들에게는 있기 때문입니다.

우리 아이가 하나의 건강한 인격체가 되기 위해서는 부모님들의 끝없는 노력이 필요합니다. 아이의 고유한 능력과 자질, 성격, 기질 등을 파악하지 않은 채 부모님이 키우고 싶은 대로 키우면서 대리만족까지 느끼려고 한다면 얼마나 힘들까요. 자녀의 모습을 먼저 인정하고, 존중해 주세요. 부모님의 인정과 존중을 받고 자란 아이들이 자기와 어울리는 길을 찾아서 잘 간다는 점을 명심하시기 바랍니다.

때가 되면 알아서 공부할 것이라는 착각 또한 금물입니다. 물론 때가 돼서 알아서 하게 되는 것들도 있습니다. 유치원이나 초등학교에서 선생님이 시키고, 친구들도 다 하니까 자연스럽게 배워나가는 것들이 있지요. 하지만 아이들은 '때가 되면 모든 것을 알아서 할 수 있는 존재'가 아닙니다. 가정에서 기본적인 것부터 차근차근 알려주고 교육해야 합니다.

자녀의 '자기주도성'을 길러주기 위해 어느 정도의 자유방임이 필요한 부분은 있습니다. 하지만 '자유방임'과 '방치'는 다른 개념입니다. 방치는 책임을 지지 않는 것입니다. 올바르게 양치하는 방법, 이불 정리하는 방법 등 기본 생활 습관이나 매일 독서를 하거나 배운 내용을 복습하는 학습 습관을 어릴 때부터 부지런히 잡아주셔야 합니다. 이런 영역은 반드시 부모님이 별도로 신경을 써야만 자녀가 배울 수 있습니다. 이런 과정에서 자녀의 의사를 존중하는 태도가 필요합니다.

이 중요한 시기를 놓쳐서 '아, 내가 아이를 너무 방치했구나!'라고 생각하는 때가 올 수 있습니다. 자녀가 너무 커버리면 '(부모님에게) 지금까지 아무것도 안 해주다가, 왜 이제 와서 간섭하는 것이지?'라고 생각하게 되지요.

결국 10년 이상의 장기적인 입시 레이스에서 성공을 거두기 위해서는 부모와 자녀, 가정에서 끊임없이 서로 대화하고 노력해야 합니다. 다른 집 아이는 혼자서도 공부를 잘하는데, 우리 아이는 혼자서 공부를 못한다고 탓하지 마세요. 스스로 잘하는 아이는 그만큼 부모님이 그동안 아이를 믿고 공부의 기초가 되는 것들을 탄탄하게 교육해 주셨기 때문입니다.

일타 강사가 가르치는 학원이나 효율적인 공부법보다 훨씬 중요한 건 자녀가 먼저 배움에 대한 '즐거움'을 느끼는 것입니다. 살면서 즐거움을 느끼기 위해서는 무엇보다 가정 내의 화목하고 원만한 관계가 먼저겠지요. 그 어느 것보다 자녀와의 두터운 신뢰관계를 형성하시고 화목한 가정을 만들어주세요. 그것이 제가 말씀드리고 싶은 최상위권 아이들의 첫 번째 조건입니다.

어른으로서 현명하게 대처해 주세요

아이 싸움이 어른 싸움 된다고 했던가요. 분명히 옛말이었는데 요즘에는 정말 그런 경우가 많아 보입니다. 요즘은 초등학생부터 고등학생까지 학교폭력 건이 자주 접수됩니다. 겉으로 보기에는 아이들간의 단순한 갈등 상황이었는데 공식적인 학교폭력으로 접수되기도 하죠. 그렇게 되면 학교폭력위원회가 열려 학생부에서 피해자와 가해자를 조사하게 되는 등 일이 커지기도 합니다.

자녀가 단순한 갈등 상황에 처한 경우, 부모로서 그리고 어른으로서 어느 선까지 개입해서 도와줘야 할지 고민이 되는 부분이 많습니다.

어린 아이들도 놀다 보면 친구들과 장난감을 서로 뺏고 빼앗기면서 울고불고 난리가 나는 경우가 있지요. 어떤 면에서는 갈등 상황에 처한 자녀가 스스로 알아서 극복하는 방법을 체득하는 게 중요하기에 부모님이 개입을 하지 않는 게 나을 수도 있습니다. 하지만 아무리 어린 아이들이라고 하더라도 물리적으로 서로 밀치거나 때리는 일이 발생하면 어른의 중재와 훈육이 필요하지요.

아이들이 클수록 상황은 더욱 복잡해집니다. 초등학생에서 중학생, 고등학생이 되면서 갈등 또는 학교폭력 사안이 더욱 심각해져 해결도 어려워집니다. 자녀에게 뭐라도 해주고 싶은데 선뜻 나서기도 힘들고, 그렇다고 가만히 있자니 아이가 이러지도 저러지도 못하면서 너무 괴로워합니다.

현명하게 대처하기 위해 가장 중요한 것은 갈등 상황을 일으키지 않고 두루두루 사이좋게 지내는 것입니다. 하지만 수십 명의 10대들이 모여서 생활하는데 갈등 상황이 발생하지 않을 수 없습니다. 갈등 상황에서 사과할 부분은 사과하고, 현명하게 극복하는 과정을 스스로 체득할 수 있도록 인생의 선배로서 조언을 해주면 됩니다.

이 과정에서 해결되지 않고 학교폭력으로 접수되어 실제 피해자와 가해자가 생기기 시작하면 부모 싸움으로 번지기 쉽습니다. 요즘은 학교에서 학폭위(학교폭력위원회)를 여는 것으로도 해결되지 않아서 교육청까지 사안이 넘어가기도 하고, 그러기 전에 로펌 변호사를 고용해서 1:1로 붙는 경우들도 생깁니다. 그만큼 많이 심각해졌습니다. 앞으로도 그럴 가능성이 높고요.

자녀가 어렸을 때부터 어떤 말과 행동들이 친구들 사이에 갈등을 유발하는지, 오프라인뿐만 아니라 온라인상에서도 어떤 말과 험담들이 학교폭력으로 이어지는지 정말 많은 주의를 주면서 교육을 해야 합니다. 학교에서 하는 교육은 아이들이 건성으로 들을 가능성이 있습니다. 반드시 가정에서 필수적으로 초등학교 1학년부터는 반복적으로 지도해 주셔야 합니다.

갈등과 학교폭력 상황에 처했을 때 자녀가 그 누구보다 부모님을 믿고 말을 할 수 있도록 부모와 아이 사이의 신뢰관계를 형성하는 게 매우 중요합니다. 분명 큰 어려움에 처했는데 부모님께 말씀을 드리지 못하는 경우들도 있습니다. 학생도 이 상황이 힘들긴 하지만, 그것을 부모님께 알렸을 때 혼날 게 더 두려워서 차마 말씀을 못 드리는 것입니다. 그런 모습을 보면 더 안타깝습니다. 선생님한테는 말할 수 있는 문제를 부모님한테는 말하지 못하는 걸 보면, 이 학생은 자신을 믿고 지지하고 품어주는 부모님이 아니라 자녀의 잘잘못을 따지고 판단하는 엄격한 부모님 아래서 자랐겠다는 생각이 듭니다.

엄격할 필요가 있는 순간에는 엄격함이 필요합니다. 그러나 인생에서 가장 큰 어려움을 겪고 있는 순간에 자신을 낳고 길러주신 부모님께 상황 자체를 말씀드리기가 무섭다고 말하는 아이들을 지켜보면서, 성숙한 어른인 부모는 엄격함과 관대함 사이에서 균형을 잘 잡아야겠다고 생각했습니다. 자녀가 어려운 일을 겪었을 때 1초의 망설임도 없이 먼저 허심탄회하게 이야기를 나누고 도움을 요청할 수 있는 사람이 부모님이어야겠습니다.

요즘 부모님들 중에 부부 사이에는 소홀하면서 자녀에게만 정성을 다하는 엄마아빠들이 있습니다. 남편에게 소홀하면서 본인에게만 정성을 다하는 엄마를 보면서 자녀는 무슨 생각을 할까요? 고마워하기보다는 오히려 부담을 느낄 수 있습니다. 누구보다 소중한 엄마와 아빠가 서로를 소홀히 대하는데 자녀와의 사이가 좋을 리 없겠지요.

남편도 아내를, 아내도 남편을 존중하고 사랑하는 모습을 보여줘야 합니다. 부부관계는 어쩌면 부모와 자녀 관계보다 더 중요합니다. 자녀들이 장성해서 떠난 뒤 이 집에 남는 사람은 부부 두 명밖에 없기 때문이죠.

한국 사회는 정서적으로 자녀에게 너무 집중하는 경향이 있습니다. 그 시선을 거두고 자신과 배우자를 바라보시길 바랍니다. 배우자와의 사이가 건강하고 행복하면 그 가정의 분위기도 화목해집니다. 그리고 그런 가정에서 자란 자녀들이 더 행복하게 자라 나중에 그런 가정을 이룰 확률도 높아집니다.

자식에게 올인한다고 자녀가 고마워하고 부모를 존경하지는 않습니다. 부모와 자녀 간의 신뢰관계는 하루아침에, 1년 사이에 형성되는 것도 아니지요. 자녀가 태어나서 학교생활을 하는 그 10년, 길게는 19년 세월 동안 차곡차곡 형성되는 것이기에 늘 바른 마음과 따뜻한 마음으로 자녀를 키우셔야겠습니다.

말이 아닌 행동으로 보여주셔야 합니다

지금 바로 자녀의 방 상태를 점검해 보세요. 이불은 정리되어 있나요? 베갯잇과 이불의 청결도는 어떤가요? 공부하라는 잔소리를 하기 전에, 자녀의 이불과 베개 상태부터 점검해 주세요.

제가 대학생이던 시절 과외를 할 때의 일입니다. 주말에 중학생 영어 과외를 했는데요. 그 집에 갈 때마다 학생이 그때서야 침대에서 일어나서 세수도 하지 않은 채로 주섬주섬 교재를 꺼냈습니다. 머리는 부스스하고 베개나 이불은 언제 세탁을 했는지도 모를 정도로 꼬질꼬질했습니다. 저는 이 학생의 과외선생님이었기 때문에 최선을 다해 영어를 가르쳐주기는 했습니다. 그러나 특목고 경력 10년을 넘기고 아들을 직접 키우는 엄마가 되고 나서 보니, 그 학생은 영어 과외를 받을 게 아니라 부모님부터 달라져야 했다는 생각이 들었습니다.

분명 부모님이 해주셔야 하는 부분도 있습니다. 그런 기본적인 청결도 해결해 주지 않은 채 자녀에게 스스로 이불 정리를 하라고 한다면 앞뒤가 잘못된 것이지요. 제가 토요일 오전 11시에 영어 과외를 하러 갔는데요. 그 시간이면 진작에 일어나 식사 한 끼는 해야 하고 세수도 해야 하고 정돈된 몸과 마음가짐으로 책상에 앉아야 합니다.

부모님부터 일어나셔서 세수하고 정비를 해야 하는데, 제가 도착하고 나서야 부모님도 부스스한 모습으로 문을 열어주시고 아무것도 드시지 않은 채 저를 맞이하십니다. 아무리 주말이라고 하더라도, 제가 방문할 때마다 단 한 번도 뭔가가 준비된 채 맞아주신 적이 없었습니다.

제가 영어 과외를 1년 동안 아무리 열심히 한다고 해도, 이런 가정의 자녀가 얼마나 흡수했을까요? 제가 가르치고 나서 돌아가면 복습을 제대로 했을까요? 기본적인 생활 습관만 봐도 제가 없을 때 이 학생이 가정에서, 학교에서 어떻게 생활할지 눈에 선했기에 큰 기대를 하기가 어려웠습니다. 그런데 이 가정의 부모님은 명문대 영어교육과에 재학 중인 영어 과외 선생님을 붙여주면 자녀의 영어 성적이 오를 것이라 생각하신 거죠. 물론 하지 않는 것보다 나을 수 있습니다. 그러나 누구한테 무엇을 배우느냐보다 삶을 어떻게 살아가느냐가 더욱 중요합니다.

내 아이가 어느 날은 SNS를 한다고, 어느 날엔 게임을 한다고 시간 가는 줄도 모르고 새벽까지 스마트폰을 잡고 있지는 않나요? 그 아이들이 다음 날 등교해서는 어떨까요? 맑은 정신으로 수업에 임할 수 있을까요? 단언컨대 절대 못 합니다. 한 번 꼬이기 시작한 생활 리듬은 계속 악영향을 미칩니다. 학교에서 계속 졸고 있으니 밤이 되면 또 정신이 맑아지죠. 그럼 다시 게임과 유튜브, SNS를 시작하는 겁니다. 가장 나쁜 습관입니다.

자녀가 이런 경우라면 부모님부터 규칙적인 생활 습관을 잡으셔야 합니다. 부모님이 드라마를 몰아 보느라 새벽까지 잠을 자지 않는다든지, 술 한잔을 한다고 새벽 늦게까지 떠든다든지, 늦게 잤으니까 아침에 못 일어나서 자녀 혼자 등교를 하게 만든다든지 등 부모로서 자녀에게 이런 모습을 보이는 것은 바람직하지 않습니다.

중고등학생이면 다 컸으니 혼자서 등교해도 되는데 뭘 그러느냐 싶으시겠지만 그게 아닙니다. 아침에 부모님의 힘찬 인사와 격려를 받고, 따뜻한 아침 식사를 뭐라도 챙겨먹고, 집에서 웃는 부모님의 얼굴을 보고 학교를 가는 아이들과 그렇지 않은 아이들의 차이가 과연 없을까요. 이게 매일, 12년간 쌓이면 정서적 안정감과 행복감이 어마어마하게 차이 납니다. 365일 중 예외적으로 하루이틀 정도 늦잠을 주무신다거나 주말에 아이가 늦잠 잘 때 같이 잔다면 상관이 없겠지요. 하지만 자녀가 등교하든 말든 일어나 보지도 않고, 등교를 하는 아이한테 현관문에서 잘 다녀오라고 인사도 해주지 않고, 자녀가 아침에 빈 속으로 학교를 가든 말든 신경도 쓰지 않으면서 자녀가 학교생활을 올바르게 잘해서 좋은 성적을 척척 알아서 받아올 거라고 기대하시는 건 말도 안 됩니다.

부모로서 먼저 의무와 책임을 다하신 다음에야 자녀에게 올바르게 살아가야 한다고 말씀하실 자격이 생기는 겁니다. 따라서 부모님부터 일정 시간에 잠들고 일어나고, 일정 시간에 식사하고 운동하는 등 건강한 일상생활 루틴을 잡는 게 정말 중요합니다.

훈육이 필요한 순간, 이렇게 하세요

부모님들은 나름 최선을 다해 자녀의 뒷바라지를 하며 키운다고 키웠는데, 고등학생이 된 지금 그 누구보다 서먹한 사이가 되어 속상하고 서운하다고 말씀하시는 경우를 많이 보았습니다. 엄마나 아빠 둘 중 그 누구에게도 자녀가 속내를 털어놓지 않고 남보다 못하듯 대하는 것이죠. 자녀에게 10번 잘해주는 것보다 중요한 한 가지는 무엇일까요? 결론부터 말씀드리겠습니다. 바로 극단적으로 화내지 않는 것입니다. 이 말은 훈육을 하지 말라는 의미가 아닙니다.

부모님이 화를 내면 아이가 당장 말을 듣는 것 같아 효과가 있어 보입니다. 하지만 아이는 이때 주눅이 들고 상처를 받습니다. 훈육이 필요한 순간은 분명히 있지만 그 훈육과 화의 수위 조절이 필요하다는 이야기입니다. 시도 때도 없이, 부모님 스스로 분을 못 이겨 화를 내는 그런 행동은 절대 하지 말아야 한다는 뜻입니다.

심지어 습관적으로 화를 내거나 짜증을 내는 부모님들이 계십니다. 더 나아가 때리는 부모님도 있지요. 그러면 안 된다는 걸 알면서도 화를 조절하지 못해 손으로 엉덩이를 때리거나 뺨까지 때리고, 또는 '사랑의 매'라는 이름 아래 회초리를 드는 가정도 있습니다.

각 가정마다 처한 상황이 다르니 무엇이 틀리고 잘못되었다 단정 짓기에는 어려운 부분이 있습니다. 당장은 자녀를 제압해 잘못했다는 소리가 자녀의 입 밖으로 나오니까 이 훈육과 체벌이 맞는 방법처럼 보이죠. 하지만 무섭게도, 자녀는 부모님의 모습을 보고 그대로 배웁니다. 나중에 자녀가 폭력을 행사할 수도 있고, 커서 부모가 되었을 때 자신의 아이를 매로 다스릴 수도 있다는 뜻입니다.

고3 학생들을 상담하다 보면 어릴 때 부모님에게 맞거나 혼났던 기억을 아직도 생생하게 떠올리는 아이들이 있습니다. 부모님은 이미 잊으셨을 수도 있겠지만, 십수년이 지난 지금도 아이들에게는 그 상처가 고스란히 남아 있는 것이죠. 그날의 기억이 슬로모션처럼 또렷하게 다 기억이 난다고 말합니다. 그만큼 자녀에게는 충격이 컸다는 뜻이지요.

가장 좋은 건 매를 들지 않아도 훈육이 가능한 선까지만 가 있는 것입니다. 아이를 키우다 보면 화가 나는 일이 왜 없겠습니까. 그런 날이 그렇지 않은 날보다 더 많을 수도 있습니다. 하지만 그럼에도 아이들의 평생 기억 속에 나를 때린 부모라는 기억은 남겨주지 않아야 합니다. 그건 제대로 된 훈육이 아니고, 자녀에게는 평생의 상처가 되기 때문입니다.

자녀에게 가르칠 건 가르쳐야 하고 훈육할 건 또 훈육해야 하죠. 어떻게 보면 자녀가 커갈수록 잔소리부터 나가는 게 당연하다는 생각이 듭니다. 하지만 자녀를 최대한 믿고 맡겨주세요. 이건 진짜 아니다 싶은 것에 대해서만 훈육을 하시고 심각하지 않은 것들에 대해서는 가끔은 넘어가는 지혜도 필요합니다. 당장 화가 나는 감정에만 치우쳐 정도를 넘어서 지나치게 화를 내는 행동을 하지 않도록, 우리 모두 부모로서 노력해야겠습니다.

자녀에게 인생의 선배가 되어주세요

　자녀가 틈만 나면 불평불만을 하고 있나요? 매사에 "망했다"라는 말을 달고 살진 않나요? 자녀가 그렇게 반응하는 데는 나름의 이유가 있을 겁니다. 부정적으로 반응하고, 말하고, 행동하기까지에는 이유가 있겠죠. 먼저 부모님이 부정적인 모습을 보이지는 않으셨는지 곰곰이 생각해 볼 필요가 있습니다. 자녀는 엄마와 아빠를 반반씩 닮기 때문이지요.

　살다 보면 다양한 상황에서 어려운 일들이 발생합니다. 그럴 때마다 긍정적으로 해석할 수 있는 힘을 키워주세요. 어려운 일을 어떻게 긍정적으로 생각하겠냐고 하실 수 있지만, 이미 발생한 사건을 어떻게 하겠습니까. 자책하고 한탄하며 끝없이 땅속으로 파고 들어가 봤자 도움되는 게 없습니다. 그러므로 해석의 영역으로 들어가야 하지요.

　이런 사례를 예로 들어보겠습니다. 서울대학교에 수시 모집으로 지원할 정도의 성적도 만들어두었고, 자기소개서가 있던 시절이라 자기소개서까지 정성스럽게 다 작성해 둔 학생이 있었습니다. 그때 담임선생님이 대학별로 수시원서 접수 마감 기간이 다르니 따로 확인해야 한다고 분명히 몇 번이나 공지했는데도, 서울대학교 수시모집 원서 접수 기간을 놓친 사례가 있었습니다. 서울대학교에 갈 수 있을 정도의 성적을 받을 수 있는 인재임에도 접수 자체를 놓친 것이죠. 12년 동안, 특히 고등학교 기간 내내 그 내신성적을 받기 위해 정말 애를 쓰고 또 썼는데 원서 접수도 못 해보고 끝나버린 것입니다.

그 사실을 알게 되었을 때 이 학생의 심정은 어땠을까요? 부모님은 또 어땠을까요? 진짜 심장이 내려앉는다는 표현이 맞을 겁니다. 서울대학교 원서를 쓰고 난 뒤 불합격했을 때보다 더 미치고 팔짝 뛰겠다는 표현이 적합할 만큼이나 괴롭습니다.

그러나 한편으로는 이미 발생한 일을 어쩌겠습니까? 이런 사건이 생겼을 때 부모님의 반응은 크게 두 가지 부류로 나눌 수 있습니다.

첫 번째 반응은 자녀를 '크게 혼내는 것'입니다. "아이고, 내가 너 이럴 줄 알았다. 원서도 못 내보고 떨어지냐? 내가 너 때문에 못 살아!" 하면서 심한 말을 하며 말이죠. 두 번째 반응은 '잘못을 지적하되, 자녀에게 교훈을 전달하는 것'입니다. "정말 아쉽지만 끝까지 집중하지 못한 부분은 ○○이가 잘못한 것 같아. 잘못한 건 잘못한 거니까 이 부분은 꼭 반성하자. 끝날 때까지 끝난 게 아니니 무엇이든지 꼼꼼하게 챙겨야 한다는 교훈을 비싸게 치른 거지. 앞으로 다시는 이런 일이 발생하지 않도록 주의하자"라고 말씀하시는 겁니다.

노하우를 하나 더 드리겠습니다. 부모님의 부족한 점과 어려웠던 시절의 이야기를 솔직하게 들려주면 아이는 힘을 얻습니다. 부모님이 자녀에게 "뭐 그 정도 가지고 그러니? 아빠는 너만 할 때 그것보다 더 잘했어!"라든지 "영어 3등? 엄마는 학교 다닐 때 영어 100점 놓친 적이 없다" 등의 말은 자녀에게 도움이 되지 않습니다.

자녀의 마음에 공감하며 "엄마는 어렸을 때 ○○이랑 비슷한 어려움을 겪어봤어. 그 일을 극복하는 과정에서 지금처럼 성숙해질 수 있었지. 우리 ○○이도 지금은 힘들지만 이번을 계기로 이런 점을 배울 수 있을 거야. 지금 당장 힘든 감정도 시간이 지나면서 어느 정도 해결될 거라 믿어. 우리 함께 이겨내 보자"라는 식으로 말씀하시면 자녀가 더욱 힘을 얻겠지요.

자녀를 키우다 보면 이것보다 더 기가 막힌 일들이 많이 생깁니다. 그럴 때마다 그걸 확대해석하며 자녀를 쥐 잡듯이 잡지 마세요. 그 일로 인해 가장 힘든 사람은 자녀이니, 부모님이라도 한 발짝 떨어져서 그 상황에서 배울 수 있는 교훈을 자녀에게 전해 주세요. 자녀가 같은 실수를 반복하지 않도록 반성하는 시간을 주시되, 너무 자책해서 땅속 깊이 파고 들어가는 일은 없도록 도와주시기 바랍니다.

자녀는 부모와 독립된 인격체입니다

특목고에서 공부를 잘해서 SKY에 진학하는 학생들의 부모님들을 면밀히 관찰해 보면 "너 특목고 가야 해" "꼭 SKY나 의대 가야 해"라고 자녀를 들들 볶는 부모님이 거의 안 계십니다. 앞에서 자녀는 부모의 대리만족을 위해 태어난 존재가 아니라고 말씀드렸습니다.

집안 대대로 의사였기 때문에 자녀는 무조건 의사가 되어야 한다는 가정도 있습니다. 그 집안의 내력 덕분에 의학 및 과학 분야에 큰 관심을 가질 수도 있겠지요. 하지만 인간이라는 존재는 매우 다양하므로 반드시 그러리라는 보장은 없습니다. 또는 본인이 의사가 너무 되고 싶었는데 그러지 못한 경우, 자녀가 꼭 의대에 합격해서 의사가 되기를 바라는 부모님들도 계시기도 합니다.

이런 환경에서 자란 아이는 어렸을 때부터 표현은 안 해도 가족들의 기대감에 상당히 부담을 느꼈을 겁니다. 실제 부모님이 두 분 다 명문대를 졸업하셨거나 전문직이시라면 부모님이 아무 말씀을 하지 않으셔도 자녀들은 어쩔 수 없이 부담을 느끼게 되겠죠. 그런데 여기에 더해 자녀에게 압박을 준다면, 자녀의 심리적 부담감과 스트레스는 더욱 커질 것입니다. 어느 날 대중교통에서 어떤 분이 통화하는 내용을 듣고 깜짝 놀란 적이 있습니다.

"우리 아들, 이번에 수능을 생각보다 못 봐서 재수해야 할 것 같아. 10수를 해서라도 의대 가야지. 의대 꼭 보내야지."

이 말을 듣고 '아들 입장은 생각해 보셨을까? 10수? 그럼 그 학생은 대체 몇 살에 의사 생활을 시작할 수 있는 건가? 조금 무섭다'라는 생각을 했습니다. 또한 '다른 사람한테 저렇게 말할 정도면 실제 자녀에게는 지금까지 얼마나 압박을 해왔을까'라는 생각이 들기도 했습니다. 어렸을 때부터 압박하여 키운다면 자녀는 점점 스스로 생각할 수 없는 존재가 되어갑니다.

부모님이 시키는 대로 열심히 공부해서 부모님이 그토록 원하던 의대에 진학했는데, 어른이 되고 보니 그게 본인의 인생에는 큰 의미가 없다는 걸 깨닫고 자퇴를 하는 경우도 있습니다. 자녀에게 대리만족을 느끼려고 할수록 자녀는 힘들어집니다. 인정과 존중을 받고 자란 아이들이 적극적으로 본인의 길을 개척해 가는 경우를 많이 보았습니다. 먼저 있는 그대로의 자녀를 인정하고 존중하는 가정의 아이들이 잘된다는 점을 잊지 마시길 바랍니다.

자녀에게 올인하지 마세요

한국에는 자녀를 위해서라면 무엇이든지 다 할 수 있는 열혈 엄마들이 많이 계십니다. 자식에 대한 사랑을 어찌 막을 수 있겠습니까? 하지만 뭐든지 과유불급입니다. 결혼하면서, 특히 자녀를 출산하고 키우기 시작하면서 내 자신을 잃어버렸다고 말하는 엄마들이 많습니다. 사실 누구도 그렇게 하라고 한 적은 없습니다. 그러나 실제 육아를 하다 보면 잠도 제대로 못 자고, 먹고 싶을 때 밥도 못 먹고, 놀러나가는 것은 고사하고 친구를 만나는 것조차 쉽지 않아지면서 출산 전과는 너무나 다른 삶을 살아가고 있는 자신을 발견하게 되지요.

아빠들도 마찬가지입니다. 결혼 전에는 스스로만을 위해서 돈을 벌었지만 아이가 태어나고 먹여 살려야 하는 식구가 더 많아지다 보니 경제적으로, 심리적으로도 많은 부담을 느끼게 되면서 나를 위할 여유가 없어지죠.

특히 대한민국은 날로 늘어가는 사교육비 때문에 부모님은 본인에게 쓸 돈이 없다고 합니다. 학년이 올라갈수록 무슨 교육비가 그렇게 많이 드는지. 과목별로 몇십만 원씩 들이다 보면 아이 한 명당 월 몇백은 그냥 사라진다고 하더군요. 어떤 집은 자녀가 원해서 이 학원 저 학원에 간 것도 아닌데, 나중에 '내가 너한테 들인 돈이 얼만데 성적이 이것밖에 안 나오냐!'고 말해 부모 자식간에 마음이 상하는 건 물론이고 크나큰 갈등을 빚기도 합니다.

여기서 잘 생각을 해보셔야 합니다. 우리는 100세 시대에 살고 있습니다. 자녀가 우리의 노후를 책임져 주지 않습니다. 나의 100세 인생에서 필요한 돈이 얼마인지 장기적인 관점에서 계획을 확실하게 세우셔야 하고, 자녀에게 쓰는 시간과 에너지 그리고 돈을 가족 구성원 간에 잘 배분하는 현명함이 필요합니다.

4인 가족이면 '남편:아내:아이1:아이2 = 25:25:25:25'로, 3인 가족이면 '남편:아내:아이 = 33:33:33' 비중으로 에너지와 자원을 분산해 보세요. 현실적으로 말이 안 된다고 생각하실 수 있습니다. 하지만 장기적인 관점에서는 우리 가정에게 이것이 더 현명한 선택입니다. 엄마나 아빠라는 이름으로만 살아가지 말고, '나'라는 사람도 성장을 위한 독서와 자기계발을 해나갈 수 있어야 합니다. 그리고 60세 이후에도 100세까지 지속적으로 사회 활동을 이어갈 수 있도록 자신에게 투자할 수 있는 돈이 필요합니다.

수입은 한정적인데 대부분의 돈을 자녀 교육에 올인하는 것보다 더 나은 선택이 있습니다. 투자 원칙에도 '달걀을 한 바구니에 모두 담지 말라'라는 문장이 있습니다. 이 말처럼 가정에서도 골고루 분산투자를 하는 현명함을 발휘해야 합니다. 그렇게 하면 자녀도 오히려 부담을 덜 느낄 수 있습니다. 그리고 부모님께서 끊임없이 자기계발을 해나가는 모습을 보면서, 공부는 중고등학교 때만 미친 듯이 열심히 하고 마는 것이 아니라 평생 하는 것이라는 사실도 배울 수 있게 됩니다.

한 사람의 에너지와 시간을 100이라고 했을 때, 처음에는 자녀가 어리니까 100을 온전히 쏟고 커갈수록 그 비중을 줄이고 나한테 투자하면 되겠다고 생각하기 쉽습니다. 그러나 자녀가 어리다고 100을 다 쏟아버리면 갑자기 자신을 잃어버린 듯한 느낌이 들어 허무해하다 우울증을 앓게 될 수도 있습니다. 그리고 처음에 자녀에게 쏟은 100을 25~33까지 점차 줄이는 과정 또한 쉽지 않을 것입니다. 자녀는 커가면서 자아를 형성해 독립된 인격체로 성장합니다. 부모님들도 처음부터 나 자신을 잃지 말고, 내 인생의 중심을 잘 잡기 위해 밸런스를 맞춰가면서 생활하는 게 좋습니다.

마지막까지 집중, 또 집중하세요

모든 수험생들이 다 그러는 건 아니지만, 예민하지 않던 학생들도 수험생이 되면 극도로 예민해집니다. 그만큼 수험생으로서 스트레스를 많이 받고 있다는 뜻이지요. 고3이 되니 대입은 코앞에 닥쳤고, 성적은 원하는 대로 나오지 않고, 공부하고 싶은 마음은 굴뚝같은데 공부에 집중도 잘 안 되고, 체력마저 안 따라주니 스트레스가 이만저만이 아닐 겁니다.

학교에서는 스트레스를 분출할 데가 없으니 집에 가서 자신을 다 받아주는 부모님 앞에서 신경질을 부릴 수도 있습니다. 한두 번은 받아주시되 부모님이 보시기에 그 정도가 지나치면 자녀를 훈육할 필요가 있습니다. 대한민국 학생이라면 대부분 수험생활을 하게 되는데, 그렇다고 그 스트레스를 부모님한테 풀어도 된다는 건 아니거든요. 부모님에 대한 예의를 지키지 못하는 것이니 정도가 심하면 스트레스는 다른 방법으로 풀도록 유도하며 그 구체적인 방법들을 알려주세요.

예를 들어 수면 시간을 늘려서 피로를 풀기, 내신 시험이 끝나는 날에는 친구들과 재미있게 놀기, 일주일에 한 번 취미생활 하기 등으로요. 건강하고 바른 방법으로 스트레스를 푸는 일 또한 부모님께서 지도해 주셔야 합니다. 옆에서 함께 스트레스를 견뎌주는 것도 수험생 부모님의 역할입니다만, 부모님이 스트레스를 풀어도 되는 만만한 대상은 아니라는 것을 확실하게 지도해 주시기 바랍니다.

자녀가 예민해진 상태에서 지나간 일을 후회하느라, 또는 다가오지도 않은 미래를 걱정하느라 시간과 에너지를 쓰고 있지는 않은지도 확인해 주세요. 마지막까지 주변 환경을 탓하지 않고 현재

하고 있는 일에 몰입할 수 있도록 도와주셔야 합니다. 목표 의식이 있고 동기부여가 되어 있는 학생들을 관찰해 보면 지금 현재 할 공부와 일이 많기 때문에 과거를 후회하지도, 미래를 걱정하지도 않는 경우가 많습니다. 게임이나 유튜브 시청을 싫어하는 학생들이 있을까요? 거의 없을 겁니다. 그래도 그 와중에 자제할 줄 아는 아이들이 있습니다. 게임이나 유튜브 시청을 하긴 하지만 스스로 정한 시간만큼만 하고 공부에 집중하는 학생들이죠.

이런 면에서 공부를 잘하는 친구들은 자기통제력이 상당히 뛰어나다고 말할 수 있습니다. 어른도 게임 중독·SNS 중독·알코올 중독·소비 중독 등 각종 중독에 시달리는데, 10대가 자신을 통제한다는 건 상당한 능력입니다. 결국 몸과 마음 모두 건강한 자녀가 자기통제력도, 공부할 수 있는 끈기도 전부 손에 넣을 수 있습니다. 이것이야말로 고3 마지막까지 성공적인 수험생활을 하기 위한 매우 중요한 조건입니다.

행복한 가정과 자녀의 성공적인 입시를 위한 10가지 방법

1. 몸과 마음이 건강한 사람은 무엇이든지 해낼 수 있다는 믿음을 가지고 자녀의 건강을 최우선 순위로 둔다. (숙면, 균형 잡힌 식단, 화목한 가정)

2. 자녀에게 무엇인가를 바라기 전에 부모이자 인생의 선배로서 모범을 보일 수 있도록 최선의 노력을 다한다. 내가 할 수 없는 건 자녀에게 바라지 않는다.

3. 자녀의 타고난 기질과 능력을 있는 그대로 인정하고, 내 욕심이 반영된 방향이 아니라 아이가 행복하고 건강하게 자랄 수 있는 방향으로 지도한다.

4. 부모로서 나 먼저 예의를 지키고 신중한 언행과 사리 분별력을 가지고서 책임을 다한다.

5. SKY와 의대를 합격시키는 게 최우선이라는 시야 대신 좀 더 넓고 장기적인 안목을 가지고 자녀에게 올바른 가정교육을 한다. 학교에서 모범적으로 생활할 수 있도록 습관을 바르게 잡아준다.

6. 가정과 학교에서 기본을 지키고 책임을 다하는 사람만이 입시라는 마라톤에서도 원하는 목표를 이룰 수 있다는 것을 이해하고 지도한다. 그 다음에 필요한 사교육의 도움을 받는다.

7. 아이 인생의 첫 10년을 잘 보내야 학습도 잘 이루어질 수 있으며 극심한 사춘기 없이 보낼 수 있다는 사실을 이해하고, 첫 10년 동안 부모로서 자녀를 바르게 잘 양육한다.

8. 자기주도성과 자기주도학습 능력은 단순히 SKY와 의대 합격을 넘어서 인생의 자기주도성과 연결되는 부분이기에, 어렸을 때부터 스스로 일어서는 힘을 키워줄 수 있도록 노력한다.

9. 한 인간은 태어나는 순간부터 독립적인 인격체로 인정받고 존중받아 마땅하단 사실을 이해한다. 자녀는 내 소유물이 아닌 독립된 인격체로서, 올바르고 건강하게 성장할 수 있도록 도와주려 하고, 자녀를 진심으로 존중하고 자녀로부터 존경받는 부모가 되기 위해 다방면으로 노력한다.

10. 우리 아이에 대해 객관적으로 파악한 다음 교육 뉴스와 정책을 직접 체크하며, 사교육 시장에서 말하는 정보가 맞는지 아닌지 파악할 수 있을 정도의 교육 정보를 알아두기 위해 꾸준히 노력한다.

대입의 끝과 시작

성공적인 대입, 저는 이게 끝이 아니라 시작이라고 생각합니다.

학업의 길로 들어선다면 공부를 해야 하는 기간은 생각보다 깁니다. 초중고 12년 그리고 대학교 4년까지 총 16년간의 공부 이후에도 대학원 2년, 로스쿨 3년, MBA 2년, 석박사 통합 5년, 의사의 경우 인턴 1년 및 레지던트 4년 등 최소 16~23년 정도의 공부를 해야 합니다. 그러므로 중요한 건 무슨 학원을 다녔는지, 선행을 얼마나 했었는지가 아니라 자신이 기꺼이 오랜 시간 보람차게 공부할 수 있는 힘이 있느냐는 것입니다.

어렸을 때 숙제 좀 더 시키겠다고, 영단어 좀 더 외우게 하겠다고 아이를 힘들게 하는 건 결코 현명한 지도 방법이 아닙니다. 건강한 지적호기심을 바탕으로 세상을 향해 배우고 공부하면서 스스로 나아가는 힘을 길러주는 것이 아이가 올바르게 성장해 나갈 수 있는 비결입니다.

오늘도 아이들은 학교, 학원, 내신시험, 수능, 숙제, 수행평가까지…. 정신없이 바쁜 하루를 보내고 있겠지요. 아침에 일어나려니 몸이 무겁고, 졸린 걸 참아가면서 하루 12시간씩 앉아 있어야 하며, 공부한다고 하는데 성적은 오르는 것 같지 않은 막막함에 힘들어할 수 있습니다. 하지만 이건 내 아이만 겪고 있는 어려움은 아닙니다.

"하기 싫은 일을 해내는 사람에게만 하고 싶은 일을 할 기회가 주어진다."

제가 가르쳤던 학생들에게 종종 했던 말입니다. 우리가 바라는 마법같은 일은 우리가 피하고 있는 것 안에 있습니다. 하기 싫고 하기 어려운 그 일을 해낼 때, 비로소 우리가 그토록 바라는 마법같은 일이 펼쳐질 거라 생각합니다.

보통 16년, 길게는 23년 동안 학업의 길을 걸어갈 내 아이가 힘든 일을 겪을 때마다 그것을 극복하고 더 큰 힘을 키워서 앞으로 나아갈 수 있도록 도와주세요. 몸과 마음 모두 단단하고 건강한 어른으로 성장하는 데 초점을 맞추고 가정에서 함께한다면 행복하고 건강한 성공이 눈앞에 기다리고 있을 겁니다.

지금까지 이 책을 읽어주신 독자분들께 진심으로 감사드리며, 이 책에서 전했던 메시지를 저 또한 부모로서 실천하면서 살아가도록 노력하겠습니다. 제가 이 책을 쓰기까지 저의 모든 존재에 힘이 되어주신 소중한 가족들, 은사님들, 친구들과 선후배님들, 제자들 그리고 이웃분들까지 모두 감사드립니다.

2024년 6월 하지원

입시는 끝날 때까지 끝난 게 아닙니다.
몸과 마음 모두 건강하게 장기 레이스를 마치고
대입 최종점에서 승리를 거두시길 바랍니다.

초3부터 SKY는 시작됩니다

초판 1쇄 발행 2024년 6월 28일
초판 2쇄 발행 2024년 7월 17일

지은이 하지원
펴낸이 김선식

부사장 김은영
콘텐츠사업2본부장 박현미
책임편집 남슬기 **책임마케터** 문서희
콘텐츠사업7팀장 김단비 **콘텐츠사업7팀** 권예경, 이한결, 남슬기
마케팅본부장 권장규 **마케팅1팀** 최혜령, 오서영, 문서희 **채널1팀** 박태준
미디어홍보본부장 정명찬 **브랜드관리팀** 안지혜, 오수미, 김은지, 이소영
뉴미디어팀 김민정, 이지은, 홍수경, 서가을 **지식교양팀** 이수인, 염아라, 석찬미, 김혜원, 백지은
크리에이티브팀 임유나, 변승주, 김화정, 장세진, 박장미, 박주현
편집관리팀 조세현, 김호주, 백설희 **저작권팀** 한승빈, 이슬, 윤제희
재무관리팀 하미선, 윤이경, 김재경, 임혜정, 이슬기
인사총무팀 강미숙, 지석배, 김혜진, 황종원
제작관리팀 이소현, 김소영, 김진경, 최완규, 이지우, 박예찬
물류관리팀 김형기, 김선민, 주정훈, 김선진, 한유현, 전태연, 양문현, 이민운
외부스태프 디자인 스튜디오 수박

펴낸곳 다산북스 **출판등록** 2005년 12월 23일 제313-2005-00277호
주소 경기도 파주시 회동길 490 다산북스 파주사옥
전화 02-704-1724 **팩스** 02-703-2219 **이메일** dasanbooks@dasanbooks.com
홈페이지 www.dasan.group **블로그** blog.naver.com/dasan_books
용지 신승INC **인쇄** 정민문화사 **코팅 및 후가공** 제이오엘앤피 **제본** 정민문화사

ISBN 979-11-306-5457-7 (03370)

다산북스(DASANBOOKS)는 책에 관한 독자 여러분의 아이디어와 원고를 기쁜 마음으로 기다리고 있습니다.
출간을 원하는 분은 다산북스 홈페이지 '원고 투고' 항목에 출간 기획서와 원고 샘플 등을 보내주세요.
머뭇거리지 말고 문을 두드리세요.